新しい人事労務管理

第7版

佐藤博樹・藤村博之・八代充史［著］

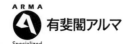
ARMA
有斐閣アルマ
Specialized

　『新しい人事労務管理』は，1999 年刊行の初版から 4 年ごとに改訂を行ってきた。2023 年刊行の第 7 版では，人事労務管理の標準的なテキストをめざした当初の刊行主旨を継承したうえ，企業の人事労務管理に影響を与える労働市場や働く人々の就業意識の変化，さらには労働法の改正などを踏まえて，*Column* も含めて大幅な加筆・修正を行った。たとえば，「ジョブ型雇用」や「エンゲージメント」など人事労務管理の最近のテーマも取り上げている。

　初版刊行から 25 年近くの間，多くの読者を得ることができたのは，本書が，大学における人事労務管理の基本的なテキストとしてだけでなく，企業の実務家にも評価され，人事労務担当者の新人研修や社会保険労務士の受験用テキストなどに採用されていることがあろう。この点に関して，読者の皆さんに感謝を申し上げる。

　終章の「幸せな職業人生を送るために」では，学生の皆さんが大学で学ぶことの意味や，企業で働き始めた後も継続的な学習が必要なこと，さらには在学中のアルバイト先や卒業後の就職先を選択する際の留意点などのテーマを取り上げている。この章は，他章とは独立した内容のため，人事労務管理を学ぶ前でも読むことができる。これから社会人になる皆さんへの著者 3 名からのメッセージとしてお読みいただけるとありがたい。

　第 7 版は，これまで同様に著者 3 名で分担執筆したが，相互に各章にコメントを加えるなどして，統一性のある内容となるよう

に努力した。また，ページ数の制約から参考文献一覧は本書に収録せず，有斐閣のウェブサイトに掲載している。読者の皆さんにご不便をおかけすることになるが，ご理解をいただけるとありがたい。

　最後に，本書の刊行に際して，有斐閣書籍編集第2部の得地道代氏と堀奈美子氏のお二人には，大変お世話になった。記してお礼を申し上げる。

　　　2023 年 11 月

著　　者

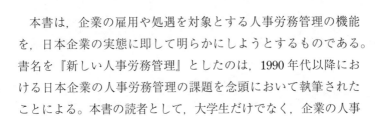
　本書は，企業の雇用や処遇を対象とする人事労務管理の機能
を，日本企業の実態に即して明らかにしようとするものである。
書名を『新しい人事労務管理』としたのは，1990年代以降にお
ける日本企業の人事労務管理の課題を念頭において執筆された
ことによる。本書の読者として，大学生だけでなく，企業の人事
労務担当者を想定して執筆した。

　本書は，1990年代の長期不況を背景に，長期雇用慣行の「終
焉」や年功賃金・年功昇進の「能力主義化」など，日本企業の雇
用や処遇の仕組みが大きく変化している時期に執筆された。本書
は，新しい人事制度といわれるものを正面から取り上げてはいな
い。しかし企業経営において人事労務管理が果たすべき機能を説
明することを通じて，最近流行している議論について正しい見方
を提供できるものと考えている。

　ところで大学生の皆さんの多くは，人事労務管理について，就
職活動の際に一時的に接触する機会があるにしても，入社後の職
業生活ではほとんど関係のないものと考えていると思う。しかし
企業に雇用されて働くかぎり，人事労務管理は皆さんの職業生活
のあり方を大きく左右するものである。たとえば，採用後の配属
先やその後の人事異動，さらには賃金などは人事労務管理の制度
や運用に規定される。管理職に昇進すれば，職場での部下の指導
や教育，さらには働きぶりの評価を行うことになる。管理職は，

自分の受け持っている部門の課題を遂行するだけでなく，職場で人事労務管理の機能も担っているのである。人事労務管理の担い手は，人事労務管理セクションだけでなく，職場の管理職もそれに含まれる。このように人事労務管理は，企業に雇用されて働くかぎり，常についてまわる重要な領域である。人事労務管理の性格と機能を正しく理解することは，皆さんが希望する職業生活を築き上げるうえで大いに役立つものと確信している。

　本書は10章から構成されている。第1章は，企業経営における人事労務管理の機能と人事労務管理の諸領域，さらに人事管理の担い手である人事労務セクションの業務内容を解説した総論部分である。第2章以下では，人事労務管理の具体的な機能を管理領域ごとに取り上げている。どの章から読みはじめてもよいが，第2章の雇用管理と第3章の人事制度をまず読まれることを勧めたい。

　本書は，可能なかぎり日本企業の人事労務管理の実態に即して記述を進めている。しかし生産現場などいわゆるブルーカラーの人事労務管理についての分析は弱い。大学でテキストとして利用されることを想定し，ホワイトカラーの人事労務管理を主に取り扱ったことによる。

　著者3名は異なる大学に所属するが，実態調査に基づいて企業の人事労務管理上の課題を明らかにしようとする研究スタイルに共通性がある。また，いずれも企業の人事労務担当者に対する教育に長年携わってきている。本書が，多少なりとも日本企業の人事労務管理の実態に即したものであるとすれば，それは調査研究にご協力いただいたり，教育にご参加いただいた人事労務担当者

の方々との議論に負うところが大きい。記して感謝を申し上げたい。

　最後に，本書は1年半ほど前に企画されたが，比較的短期間で刊行にこぎつけることができた。それはひとえに，有斐閣書籍編集第2部の伊藤真介さんの人事労務管理上の手腕によるものである。お礼を申し上げたい。

　　1999年3月末

佐　藤　博　樹

藤　村　博　之

八　代　充　史

➡ **佐 藤　博 樹**（さとう　ひろき）

1976 年，一橋大学社会学部卒業

1981 年，一橋大学大学院社会学研究科博士課程満期退学（所定単位修得）

現在，東京大学名誉教授

主著　『パート・契約・派遣・請負の人材活用（第 2 版）』（編著，日経文庫，2008 年），『人材活用進化論』（日本経済新聞出版社，2012 年），『ダイバーシティ経営と人材活用』（共編，東京大学出版会，2017 年）など

執筆分担　第 1 章（第1～4節），第 2 章（第1～3節），第 5 章，第 7 章，第 8 章（第3,4節），第 10 章（第3節），終章（第4,5節），*Column* ①③⑨⑪

➡ **藤 村　博 之**（ふじむら　ひろゆき）

1979 年，名古屋大学経済学部卒業

1984 年，名古屋大学大学院経済学研究科博士課程修了

現在，（独）労働政策研究・研修機構理事長，法政大学名誉教授，京都大学博士（経済学）

主著　『ものづくり中小企業の人材確保戦略』（共著，雇用開発センター，2008 年），『人材獲得競争』（共編，学生社，2010 年），『考える力を高めるキャリアデザイン入門』（編，有斐閣，2021 年）など

執筆分担　第 2 章（第4節），第 4 章，第 6 章，第 8 章（第1,2,5節），第 10 章（第1節），終章（第2節），*Column* ⑤⑦⑧⑩

➡ **八 代　充 史**（やしろ　あつし）

1982 年，慶應義塾大学経済学部卒業

1987 年，慶應義塾大学大学院商学研究科博士課程単位取得退学

現在，慶應義塾大学商学部教授，博士（商学，慶應義塾大学）

主著　『大企業ホワイトカラーのキャリア』（日本労働研究機構，1995 年），『管理職層の人的資源管理』（有斐閣，2002 年），『日本的雇用制度はどこへ向かうのか』（中央経済社，2017 年）など

執筆分担　第 1 章（第5,6節），第 3 章，第 9 章，第 10 章（第2節），終章（第1,3節），*Column* ②④⑥

目　次

Human Resource Management

第4章　賃　金　管　理　　　　　98
給与決定の仕組み

第5章　労働時間と勤務場所の管理　　　129
労働サービスの供給量と供給のタイミングの管理

第6章　能 力 開 発　　156

能力を高める意義と方法

第9章 労使関係管理 238

労働者の利益をいかに守るか

Column 一覧

本書の参考文献はウェブサイトに掲載しています。
下記 QR コードよりご参照ください。

https://www.yuhikaku.co.jp/books/detail/9784641222274

人事労務管理の機能と担い手

1 人事労務管理の機能

●労働者の意欲の維持と向上

経営管理における人事労務管理の３つの機能

企業経営は，ヒト（人的資源），モノ（原材料や生産設備），カネ（資本）という３つの経営資源から構成されている。さらに，経営資源に情報を加えることもある。情報には，特許使用料を支払って他社が開発した技術などを利用する場合のように，カネで企業外から購入できるものと，自社が開発した技術のように，企業内で創造されたものの，２種類がある。後者の情報が，企業の競争力の真の源泉であり，それは当該企業に所属する内部のヒトが生み出したものである。したがって，企業の競争力を支える

I

情報に限定すれば，ヒト，モノ，カネの3つで，企業活動を支える経営資源を代表させても大きな誤りではないことになる。

人事労務管理は，企業を構成する3つの経営資源のうちのヒト，つまり**人的資源**にかかわる管理機能を担う。他の経営資源であるカネにかかわる財務管理，モノにかかわる購買管理や生産管理などと並び，人事労務管理は経営管理の一翼を担っている。

人事労務管理に期待されている経営管理上の具体的な機能は，**図1-1**のように次の3つからなる。

第1は，企業経営の目的達成のために必要な一定の質の労働サービスを，必要とするときに必要とする量だけ負担可能なコストで確保できるように，人的資源を確保，育成し，その合理的な利用をはかることである（企業の労働サービス需要の充足機能）。

第2は，人的資源の担い手である労働者が，企業に対して期待している報酬内容（賃金などの労働条件に加えて，仕事のやりがいやワーク・ライフ・バランスなど）を適切に把握し，その期待を合理的に充足することである（労働者の就業ニーズの充足機能）。ここでの労働者は，企業に雇用されて働く人で，通常，社員や職員などと呼ばれることが多いが，それ以外にも多様な労働者が活用されている。この点は本章の**3**で説明する。

第3は，労働者やその集団（職場集団や労働組合など）が人的資源の活用方法（仕事内容など広義の労働環境）に関する要望や企業に対して提供を期待している報酬内容と，企業が合理的と考える人的資源の活用方法や企業が提供可能な報酬内容との間の調整をはかることである（個別的労使関係および集団的労使関係における利害調整，対立解消，安定維持）。

この第3の機能は，企業経営が必要とする労働サービス需要の充足と労働者の就業ニーズの充足の両立をはかるための調整機能

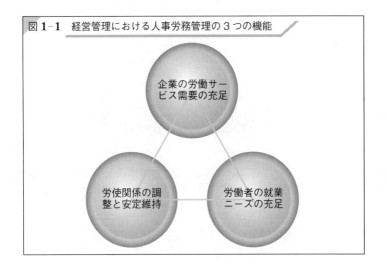

図1-1 経営管理における人事労務管理の3つの機能

企業の労働サービス需要の充足

労使関係の調整と安定維持

労働者の就業ニーズの充足

であり，第1と第2の機能が円滑に実現されるための前提条件となる。

　以上によれば，人事労務管理の対象には，労働サービスや人的資源のみならず，その担い手である労働者やその集団が含まれる。つまり人事労務管理が果たすべき機能は，企業経営がその目的達成のために必要とする労働サービス需要の充足，労働者の就業ニーズの充足，さらに企業の労働サービス需要と労働者の就業ニーズの調整にかかわる労使関係の調整・安定維持の3つとなる。これらの点を以下でさらに詳しくみていこう。

　ところで，これまで内容を説明せずに使ってきた，労働者，人的資源，さらに労働サービスの3つの用語が意味する内容と相互の関係は，図1-2のようになる。労働者が保有する人的資源が職業能力であり，**労働サービスは労働者が保有する人的資源を活用して企業に対して提供した具体的な労働内容である。人的資源は，潜在的な職業能力であり，労働サービスは労働者が自己の人

図1-2 労働者，人的資源，労働サービスの関係

労働者
人的資源の保有者

労働サービス
労働者が保有する人的資源を活用して提供した具体的な労働内容（顕在化した職業能力＝**顕在能力**）

人的資源
労働者が保有している職業能力（潜在的な職業能力＝**潜在能力**）

的資源を活用して提供した顕在的な職業能力ともいえる。

労働者による人的資源の発揮

人事労務管理は，企業活動の目的達成に必要な労働サービスを提供できる人的資源を保有する労働者の確保や育成を行うが，そのことによって必要とする労働サービスが自動的に提供されるものではない。労働サービスを提供可能な人的資源を労働者が保有していたとしても，労働者自身が人的資源を活用しようとする意欲（能力発揮意欲）をもたなくては，企業が必要とする労働サービスの提供は行われない。100の労働サービスを提供可能な人的資源を保有する労働者がいたとしても，能力発揮意欲が低い場合は，労働サービスの提供が0となったり，50となったりすることになる。つまり**顕在能力**である労働サービスの提供は，**潜在能力**である人的資源に規定されるだけでなく，労働者の能力発揮意欲あるいは能力活用意欲に規定される。労働サービスの提

供は，人的資源の保有者である労働者自身の主体的な働き方に依存するのである。人的資源の本質的な管理者は，企業や人事労務管理部門や直属の上司ではなく，労働者自身であることによる。

　雇用契約によって法律上，企業は，合意された労働条件のもとに事前に定めた労働サービスの提供を労働者に義務づけることが可能である。しかし，その実現を外部から労働者に強要することはきわめて難しいことが多い。とりわけ裁量度の高い仕事であればあるほど，外部からの他律的な管理は難しい。したがって人事労務管理においては，労働者の能力発揮意欲の維持や向上を促進すること，つまり労働者自身による自律的な管理の実現が課題となる。

　　人的資源の開発　　　人的資源の特徴は，他の経営資源である
　　　　　　　　　　　　モノやカネと異なり，時間とともに職業能力の水準や内容つまり潜在的な職業能力が変化することにある。人的資源すなわち潜在的な職業能力は，能力開発の機会を得ることによって，人的資源の水準が向上したり，その質が変化したりする可能性をもつ。前者が職業能力の向上であり，後者が職業能力の質の転換に当たる。もちろん人的資源すなわち職業能力は低下することもあるため，人事労務管理としてはその維持・向上が課題となる。企業は，特定の労働サービスの提供を期待してそれを可能とする人的資源を保有する労働者を採用し育成するが，企業が必要とする労働サービスの内容は，企業の事業構造や技術構造の変革などによって変化するため，職業能力の陳腐化などを避けるために，人事労務管理では人的資源の持続的な開発つまり能力開発が欠かせない。

　人的資源の開発つまり潜在的な職業能力の開発は，①人的資源の開発機会（能力開発機会，教育訓練機会）だけでなく，②人的資

源の保有者である労働者自身による職業能力の開発意欲に依存する。企業が人的資源の開発機会を労働者に提供しても，労働者自身が職業能力に関する開発意欲をもたなくては，その機会は生かされないことになる。また，労働者が開発意欲をもっていても能力開発機会がなくては人的資源の開発は実現できない。つまりいずれが欠けても人的資源の開発は実現されないのである。人的資源の開発が円滑に行われるためには，能力開発機会の提供に加えて，労働者自身の能力開発意欲の維持や向上が不可欠なものとなる。

　人的資源の開発機会には，仕事を離れた教育訓練機会と職場における仕事の経験の2つがある。前者が **Off-JT**（off-the-job training〔職場外訓練あるいは座学〕），後者が **OJT**（on-the-job training〔職場内訓練あるいは仕事に就きながらの訓練〕）と呼ばれる。OJT は，配属されている職場で仕事に従事しながら自分で仕事の方法を学んだり，上司や同僚からアドバイスや指導を受けたりしながら職業能力を獲得する仕組みである。

労使関係の調整と安定維持

人事労務管理の目的は，企業の目的達成に不可欠な労働サービスが，必要なときに必要なだけ提供されるように人的資源を合理的に活用することにある。そのためには，事業活動に必要とされる人的資源を保有する労働者を確保・育成するだけでなく，労働者自身による人的資源の活用意欲や開発意欲を引き出したり，高めたりすることが必要となる。人的資源の活用意欲と開発意欲をあわせて勤労意欲と呼ぶとすると，労働者の勤労意欲を維持・向上させるためには，意欲を引き出す**動機づけ**（モチベーション，motivation）となる**誘因**（インセンティブ，incentive）を開発し，それを労働者に提供することが求められる。

動機づけすなわちモチベーションは，「目標を達成するために努力しようとする個人の意思の強さ」である。労働者のモチベーションを高めるために機能する誘因すなわちインセンティブの開発と提供は，人事労務管理における広義の報酬管理の内容となる。仕事上の目標達成ということで，モチベーションでなく，ワーク・モチベーションが使われることも多い。

　動機づけは，外的な要因によって引き出される「外発的モチベーション」と，仕事自体が要因となる「内発的モチベーション」に分けられる。給与や昇進機会などが前者の外発的モチベーションであり，仕事がおもしろいことや仕事で成長できることなどは後者の内発的モチベーションである。内発的モチベーションは，自律的なモチベーションのため，外発的モチベーションに比較して持続性が高く，仕事における生産性や創造性に貢献する。動機づけを引き出す誘因は，労働者の価値観や就業ニーズに規定されるものであり，時代とともに変化するだけでなく，労働者によっても異なる。

　最近は，ワーク・モチベーションでなく，労働者の**ワーク・エンゲージメント**に着目し，それを測定し，その向上に取り組む企業も増えている。ワーク・モチベーションが仕事上の目標達成のために努力しようとする個人の意思の強さであるのに対して，ワーク・エンゲージメントが高い状態とは，仕事に対するポジティブな態度で，仕事に対して熱意をもって（「熱意」），生き生きと仕事に取り組み（「活力」），仕事に集中し夢中になるなど仕事に打ち込んでいる（「没頭」）状態を指すことが多い。ワーク・エンゲージメントが高い社員は，個人の仕事上のパフォーマンスが高いことが知られている。ワーク・エンゲージメントが高い状態と「ワーカホリック」（仕事中毒）の違いは，後者は仕事を楽しむ気持ちが弱く，達成感や喜びが少ないことにある。こうした結果，ワーカホリックはバーンアウト

（燃え尽き症候群）を引き起こすことになりがちである。

　人事労務管理が，労働者の仕事への動機づけを重視するのは，人的資源の担い手である労働者は，モノやカネとは異なり意思をもった主体的な存在であるため，労働者の主体性を尊重した人的資源の活用意欲や開発意欲の維持・向上策が最も有効であることによる（人的資源の他者管理から自己管理へ）。

　さらに主体的な存在である労働者は，自分が保有する人的資源の活用のされ方や報酬のあり方に関心をもち，それらに関して要望や不満をもっていることが一般的である。具体的には，労働者自身が労働サービスを提供する職場の環境や上司の管理の仕方，提供した労働サービスの評価の方法やその結果，労働サービスの提供に対する対価である報酬の内容や水準などに関して要望や不満をもっている。こうした労働者の要望や不満と，企業の人的資源の活用の考え方や活用実態との調整を行い，労働者の要望を実現したり不満を解消したりすることが，人事労務管理の重要な機能となる。これが，人事労務管理の機能の1つである労使関係の調整と安定維持の活動である。労使関係の調整と安定維持は，企業の労働サービス需要の充足と労働者の就業ニーズの充足の前提条件となる。言い換えれば，企業の人的資源の活用ニーズつまり労働サービス需要の充足は，労働者の就業ニーズによって制約され，人的資源の活用あるいは労働サービスの具体的な提供のあり方は，両者の調整過程を経た結果としてはじめて実現されることになる。人事労務管理にかかわる制度や運用は，この調整過程すなわち労使関係の産物である。

　これまで説明を加えてきた人事労務管理の基本的な課題をまとめると，図1-3のように整理できる。

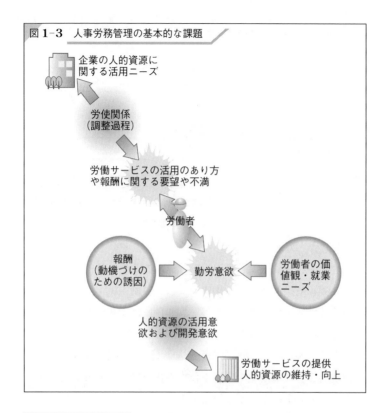

図1-3　人事労務管理の基本的な課題

企業の人的資源に
関する活用ニーズ

労使関係
（調整過程）

労働サービスの活用のあり方
や報酬に関する要望や不満

労働者

報酬
（動機づけの
ための誘因）

勤労意欲

労働者の価
値観・就業
ニーズ

人的資源の活用意
欲および開発意欲

労働サービスの提供
人的資源の維持・向上

人事労務管理の諸領域

人事労務管理の3つの機能を紹介したが、人事労務管理をその具体的な管理領域で分類すると、**表1-1**のように**雇用管理**，**報酬管理**，**労使関係管理**に分けることができる。

雇用管理は、企業が必要とする労働サービスの確保にかかわるもので、一定の人的資源を備えた労働者の採用（採用管理）、人的資源の開発（能力開発）、仕事に求められる労働サービスを提供可能な人的資源を有した労働者の職場や仕事への配置（労働者の配置や異動）、労働サービスの量と提供時期を規定する労働時間の

表 1-1　人事労務管理の管理領域

雇 用 管 理	採用管理，能力開発，配置・異動，労働時間管理，雇用調整，退職管理など
報 酬 管 理	人事考課（人的資源と労働サービスの評価），昇進管理（権限の配分），賃金管理（総人件費管理と個別賃金の決定），付加給付の管理など
労使関係管理	個別的労使関係と集団的労使関係の管理

管理，企業の労働サービス需要の変動（主として減少）に対応した労働サービスの供給量の調整（雇用調整），さらに定年制などの退職管理などからなる。

　報酬管理は，賃金などの報酬システムの開発，労働者の保有する人的資源や提供された労働サービスの評価（人事考課），労働者への役職ポストの配分（昇進管理），さらには支払能力に応じた総額人件費の管理（総人件費管理）や個々の労働者への賃金の配分（個別賃金の決定），福利厚生など付加給付の管理などからなる。

　労使関係管理は，職場環境や仕事や報酬に関する労働者の要望や不満を吸い上げ，労働サービスの提供が円滑に行われるように環境条件を整備するものである。個々の労働者の要望や不満の調整や解消が個別的労使関係の管理であり，労働者が自主的に組織した団体である労働組合から提示される要求への対応や不満の解消が集団的労使関係の管理となる。雇用契約などの雇用管理や賃金など報酬管理の個別化（個別契約化）が進展すると，労使関係のなかでも企業と労働者個人との間の個別的労使関係の比重が高くなる。

Column ① 動機づけ理論としての職務特性理論
(job characteristics model)

　動機づけに関しては，さまざまな理論がある。古典的モチベーション理論（1950 年代や 60 年代）としては，欲求階層理論（A. マズロー），X 理論−Y 理論（D. マグレガー），動機づけ・衛生理論（F. ハーズバーグ）などが知られている。その後の現代的モチベーション理論として，職務特性理論，目標設定理論，衡平理論，期待理論などがある。ここでは，R. ハックマンと G. オルダムによる職務特性理論を紹介する。

　職務特性理論は，内発的モチベーションに貢献する 5 つの職務特性を提示する。それらは，①技能（スキル）の多様性（skill variety），②職務の一貫性・完結性（task identity），③職務の重要性（task significance；他の仕事への影響度など），④職務遂行の自律性（autonomy；裁量性など），⑤職務遂行に関するフィードバック（feedback；仕事の結果に関する情報の提供など）の 5 つの職務特性である。この理論で興味深い点は，内発的モチベーションへの効果は 5 つの職務特性で異なり，上記の①，②，③は加算的効果をもたらすのに対して，④と⑤は乗算的効果があると想定されていることである。つまり，内発的モチベーションを高めるために職場の管理職としては，5 つの職務特性のうちの④と⑤を高めることの優先度が高いことになる。また，5 つの職務特性が内発的モチベーションに貢献する程度は，成長欲求が高い社員でとりわけ大きいことが指摘されている。

　従来の職務再設計で取り上げられてきた「職務拡大」（職務の横への拡大）は，技能の多様性や職務一貫性・完結性の向上に貢献し，「職務充実」（職務の縦への拡大）は，職務の重要性や自律性の向上に貢献することになる。

2 人事戦略，人事労務管理システム，内外環境

●人事労務管理システムを規定する諸要因

> 人事労務管理システム
> と内外環境

人事労務管理の機能と管理領域を説明したが，人事労務管理に期待される機能を実現するために設計された具体的な人事労務管理制度あるいは人事労務管理システムは，企業が自由に設計できるものではなく，内外環境の制約条件のもとに構築される。言い換えれば，人事労務管理システムは固定的なものではなく，内外の環境変動に適応するために常に変化していくことになる（佐藤［2012］）。

人事労務管理システムは，経営目標を実現するために必要とされる労働サービスの提供が合理的に行われるように設計されたものである。しかし経営目標以外に人事労務管理システムの設計のあり方を規定する要因がある。それは，企業が選択した人事戦略と人事労務管理システムをめぐる内外の環境要因である。したがって，人事労務管理システムは，内外環境による一定の制約条件のもとで，人事戦略に基づいて経営が戦略的に選択したものである（図1-4）。

人事戦略は，企業が選択可能であり，また特定の戦略が常に

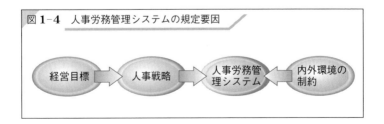

図1-4　人事労務管理システムの規定要因

経営目標 ➡ 人事戦略 ➡ 人事労務管理システム ⬅ 内外環境の制約

表 1-2　人事労務管理システムを制約する内外環境

（内部環境）
　経営者の価値観やイデオロギー→人事戦略を制約
　技術的条件（技術の性格など）→必要とされる労働サービスの質を
　　制約
　労働者の価値観や就業ニーズ→動機づけに有効な誘因を制約

（外部環境）
　市場的条件
　　労働市場の条件（労働力の需給条件と構造――人口構成〔年齢，
　　　性別〕，学校教育，労働組合の供給規制など）→人的資源の量と
　　　質を制約
　　企業の製品市場における位置（予算上の制約など）→提示できる
　　　労働条件を制約
　権力構造（中央集権的・分権的，民主主義の浸透度，資本構成や所
　　有と経営の分離の程度など）→経営目標やコーポレート・ガバナ
　　ンスの性格を制約
　法システム（労働基準法，労働組合法，男女雇用機会均等法，社会
　　保障システムなど）→最低限の労働条件や雇用ルールなどを制約

望ましいわけではない。人事戦略の例として，日経連（現・経団連）の「雇用ポートフォリオ論」や，J. アトキンソン（Atkinson[1985]）の「柔軟な企業モデル」（flexible firm model），さらに，C. ハンディ［1994］の「シャムロック型組織」（shamrock or-ganiza-tion〔三つ葉型組織〕）などを，あげることができる（ボイエット = ボイエット［1999］）。

　人事労務管理システムの選択を制約する環境要因として，内部環境では経営者の価値観やイデオロギー，技術的条件，労働者の価値観や就業ニーズが，さらに外部環境では労働市場や製品市場などの市場的条件，権力構造，法システムなどをあげることができる（**表 1-2**）。

　内部環境である経営者の価値観やイデオロギーは人事戦略を，技術的条件は企業が必要とする労働サービスの質を，労働者の価

値観や就業ニーズは動機づけに有効な誘因を，それぞれ制約する。また外部環境の労働市場条件は企業が採用可能な人的資源の量や質を，企業の製品市場における位置は企業が提示できる労働条件を，権力構造は経営目標やコーポレート・ガバナンスのあり方を，法システムは最低限の労働条件や雇用ルールなどを，それぞれ制約する。したがって，こうした内外環境が変動すると，たとえば法改正が行われたり人口構成が変化したりすることは，人事管理システムに改革を迫ることになる。

> 「自社型」雇用システムや「柔軟な企業モデル」

人事管理システムのあり方を規定する人事戦略は，企業が選択可能なものであるが，ここでは例示として，「メンバーシップ型雇用」と「ジョブ型雇用」を組み合わせた経団連による「自社型」雇用システムの提案や「柔軟な企業モデル」(Atkinson [1985]) を紹介する。なお，メンバーシップ型雇用とジョブ型雇用に関しては *Column* ②や濱口 [2021]，鶴 [2023] を参照されたい。

日本経済団体連合会編（以下，経団連）[2020] は，日本型雇用システムを「メンバーシップ型」と捉えたうえで，「メンバーシップ型のメリットを活かしながら，適切な形でジョブ型を組み合わせた『自社型』雇用システムを確立することが求められている」と提案している。この主張は，経団連編 [2021] にも引き継がれ，「メンバーシップ型雇用をメインに据えて運用する企業もあれば，ジョブ型雇用の導入・活用を大幅に拡充する方針を打ち出すケース，メンバーシップ型とジョブ型のハイブリット版を段階的に作り上げていくなど，様々なアプローチがあり得よう」としたうえで，「メンバーシップ型とジョブ型を最適に組み合わせた『自社型』雇用システムをつくり上げていくことが何よりも大

切」（同書，37頁）としている。また経団連編［2020］は，「『ジョブ型』は，当該業務等の遂行に必要な知識や能力を有する社員を配置・異動して活躍してもらう専門業務型・プロフェッショナル型に近い雇用区分をイメージしている。『欧米型』のように，特定の仕事・業務やポストが不要になった場合に雇用自体がなくなるものではない」と説明している。「ジョブ型雇用」の多くの議論では，欧米の雇用システムの仕組みを想定している場合が多いが，経団連は，それとは異なると説明していることが注目される（佐藤［2022］）。

「**柔軟な企業モデル**」は，国際競争の激化や競争範囲の拡大，さらには産業構造や技術構造の変化などを背景とする製品市場における不確実性の増大などに対し，人事労務管理面における企業の適応力を高める方法として提起されたものである。「柔軟な企業モデル」は，企業の労働力需要の①量的変動と②質的変動の両者への対応能力の向上，さらには③企業の支払能力を適切に反映した労働費用の実現をめざしたものである。労働力需要の量的な変動への対応能力を**数量的柔軟性**（numerical flexibility），質的変動への対応能力を**機能的柔軟性**（functional flexibility），支払能力と労働費用の連動化を**金銭的柔軟性**（financial flexibility）と呼び，それぞれの柔軟性の向上を可能とする人事労務管理システムを提示している。数量的柔軟性から**時間的柔軟性**（temporal flexibility）を分離して議論することが多いため，ここでもそれを採用する。上記の4つの柔軟性の向上を，人的資源のセグメント化，業務の外部化，労働時間制度の柔軟化，賃金制度の成果主義化などで達成しようとするのが，「柔軟な企業モデル」の骨子である（図**1-5**）。

数量的柔軟性は，有期雇用の労働者の活用，業務の外部化，派

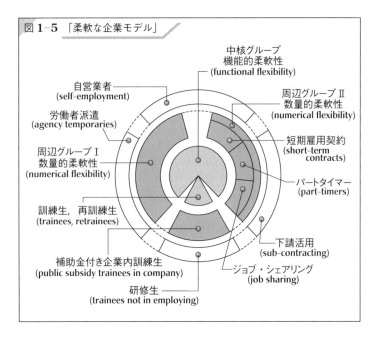

図1-5 「柔軟な企業モデル」

中核グループ
機能的柔軟性
(functional flexibility)

自営業者
(self-employment)

周辺グループⅡ
数量的柔軟性
(numerical flexibility)

労働者派遣
(agency temporaries)

短期雇用契約
(short-term contracts)

周辺グループⅠ
数量的柔軟性
(numerical flexibility)

パートタイマー
(part-timers)

訓練生，再訓練生
(trainees, retrainees)

下請活用
(sub-contracting)

補助金付き企業内訓練生
(public subsidy trainees in company)

ジョブ・シェアリング
(job sharing)

研修生
(trainees not in employing)

遣労働者や請負労働者など外部人材の活用，さらには継続雇用されるが，キャリアが浅く技能レベルが低い労働者（高い離職率，キャリアが浅い内部労働市場）の活用など，労働力需要の変動に対して柔軟に労働投入量の調整を可能とする仕組みを導入することで実現し，機能的柔軟性は，職種や職場の転換を受け入れることを可能とする幅広い技能・知識を保有した労働者を確保・育成することで実現し，金銭的柔軟性は，成果給や利益配分制などで実現し，最後の時間的柔軟性は，フレックスタイム制や変形労働時間制などで実現するとされている。

数量的柔軟性を担う有期労働契約の労働者や派遣労働者など外部人材が配置される業務には，①定型的で単純な業務つまり高い技能水準を要しない仕事と，②異なる企業でも活用できる一般的

Column ②　ジョブ型雇用とメンバーシップ型雇用 ⌒⌒⌒⌒

　日本企業の雇用制度を,「ジョブ型」と対比して,「メンバーシップ型」と規定したのは,濱口桂一郎である。

　ジョブ型雇用において重要なのは「職務」である。従業員は,もちろん企業に雇われるのだが,第一義的には「職務」に対して雇われる。仕事の具体的な内容や範囲を決めるのは職務であり,賃金を決めるのも職務である。他方メンバーシップ型雇用では,職務が重要でないわけではないが,従業員が雇用されるのは「企業」である。労働条件や勤務地を決めるのは職務ではなく,就業規則や「包括的合意」という労働法の判例法理であり,従業員は辞令ひとつで全国を異動する。こうした人事異動を下支えしているのが,職能等級と職能給(第3章参照)にほかならないのである。

　一般に,メンバーシップ型は評判が悪い。学界でもセミナーでもメディアでも,ゼミの学生の卒論でも,みなジョブ型がよいという。メンバーシップ型は,常に「悪玉」である。

　確かに,ジョブ型には理に適う部分が多い。ジョブの空席をみながら採用を行えば,人員計画も立てやすいし,ヒトを余分に雇うこともない。また,ジョブで賃金管理を行えば,ジョブと賃金が対応し,無駄にお金を払うことにもならないだろう。

　反面,ジョブ型では,「職務の喪失」はイコール「雇用の喪失」を意味する。ジョブで雇用されている以上,ジョブがなくなれば当然雇用機会もなくなる。またジョブ型では,職務が変わらないかぎり給料も上がらない。能力の研鑽に努めても賃金が上がらないのなら,今の企業にとどまるよりも転職をするほうが有利だと思う人も多いだろう。こういう人が増えるのは,人事労務管理的に問題はないのだろうか。

　これに対してメンバーシップ型では,工場が閉鎖されて職務が喪失しても,それは雇用の喪失にはつながらない。従業員は,特

定「職務」ではなく，会社という目にみえない「法人」に雇われているからである。しかし，雇用を維持するためには配置転換が不可欠である。企業が人事権を掌握し，転勤が判例で支持されているのは，この点に理由があるといえるだろう。

ここから明らかなように，メンバーシップ型とジョブ型の違いは単に賃金を仕事で決めるかどうかという違いにとどまらず，人事権や，根源的には，その前提となる雇用保障の問題を内包している。しばしば職能給から職務給への転換が主張されるが，そのためには，まず人事制度を「メンバーシップ型」から「ジョブ型」に転換しなければならない。そして，それには外枠である「雇用」に関する考え方を変えなければならないのである。

スキル（general skill）で専門的な高い技能水準を必要とする仕事，の両者が含まれる。なお前者の仕事は，後者の仕事に比べ労働条件は相対的に低いものとなる。また，機能的柔軟性は，企業による人的資源投資によって**企業特殊的技能**（enterprise-specific skill）を習得し，かつ昇進やスキルなどに関して上限が高いキャリアが提供された労働者が担うものである。これらの労働者は，機能的柔軟性を担うことで，雇用保障と良好な労働条件を獲得できることになる。

内部化と外部化

「柔軟な企業モデル」は，企業が必要とする人的資源を備えた人材を企業内で育成する**内部調達**（内部化）とそうした人材を企業外から即戦力として採用する**外部調達**（外部化）を組み合わせることで，環境変動への適応能力を高める戦略とみることができる。この内部化と外部化の組合せや両者の境界，さらに両者の比率はどのように決まるものなのか（キャペリ［2010］）。内部化と外部化を規定する

要因には，①それぞれの業務に求められる技能の企業特殊性の程度，②外部労働市場における需給の状況や外部労働市場から供給される人的資源のレベル（技能水準），③企業の人事労務管理や労使関係の慣行，④外部化する業務を企業内の他の業務から分離する際の難易度，などをあげることができる。技能の企業特殊性が高いほど，外部労働市場から必要な人的資源の調達が困難であるほど，業務の分離が難しいほど，労働組合が業務の外部化に反対しているほど，企業は人事戦略として人的資源の内部調達（内部化）を選択する傾向が強まることになる。

3 企業が活用する多様な人材

　企業の人事労務管理の対象となる人材は，従来であれば企業が直接雇用する社員のみであった。しかし最近は，企業が直接雇用する人材だけでなく，企業との雇用関係がないさまざまな人材が活用されている。具体的には派遣会社を活用した間接雇用としての派遣社員や，請負会社が雇用する請負社員，さらに社内の業務を個人に委託する個人請負（フリーランス）など，多様な外部人材の活用が進展している。フリーランスに関しては，*Column* ⑨「個人請負に関する2つの見方」を参照されたい。

　同時に，企業が直接雇用する社員の多様化も生じており，無期労働契約の社員に加え，有期労働契約の社員（いわゆる非正規従業員や非正社員など）の活用も増加している。さらに，無期労働契約のいわゆる正社員も，勤務地が限定された社員（勤務地限定正社員）や担当する職能分野や職務の範囲が限定されている社員（職務限定正社員），さらに短時間勤務や短日数勤務の社員（短時

間正社員）など多様化している。これらに加え，労働契約法の無期転換ルールによって有期労働契約の社員から無期労働契約の社員に転換した場合でも，当該企業のいわゆる正社員に転換する事例だけでなく，労働契約が無期に変更されるだけで処遇等は転換前と同じ社員も増えている（たとえば，有期労働契約のパート社員から，時間給の無期労働契約に転換した社員など）。こうした多様な人材活用のうち，有期労働契約の社員や派遣社員などについては，主に第7章で取り上げる。

なお，本書で「正規従業員」あるいは単に「社員」という用語を使用する場合は，従来型の無期労働契約の，いわゆる正社員を指している。

4 内外環境の変化と人事労務管理システム
●人事労務管理が取り組むべき課題

労働力供給構造の変化：労働力人口の減少，高齢化，女性化

前掲の表1-2で指摘した，人事労務管理システムを制約する内外環境の要因のなかからいくつかを取り上げて説明しよう。

労働力の供給構造では，少子化によって，若年労働力の減少が確実視されており，若年労働力（24歳以下）の減少は，すでに1990年代半ばに始まっている。人口に占める生産年齢人口（15歳〜64歳）の割合をみると，1990年代の後半から低下傾向が続いている。同時に，65歳以上人口の割合が増加している（図1-6）。人口の高齢化である。

労働力人口（就業者と失業者の合計）は，人口と労働力率の積で決まるため，人口が減少しても，労働力率を高めることができ

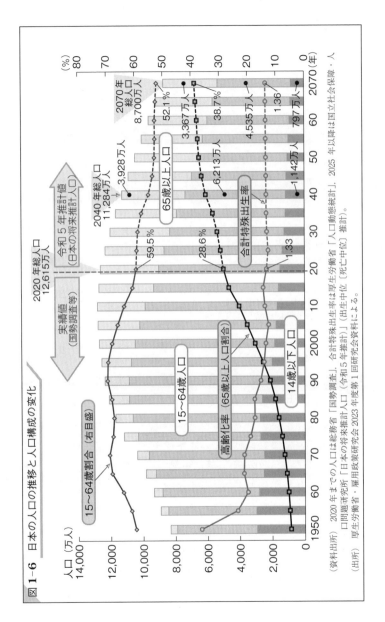

図 **1-6** 日本の人口の推移と人口構成の変化

（資料出所）2020年までの人口は総務省「国勢調査」、合計特殊出生率は厚生労働省「人口動態統計」、2025年以降は国立社会保障・人口問題研究所「日本の将来推計人口（令和5年推計）」（出生中位（死亡中位）推計）。
（出所）厚生労働省・雇用政策研究会 2023年度第1回研究会資料による。

4　内外環境の変化と人事労務管理システム　21

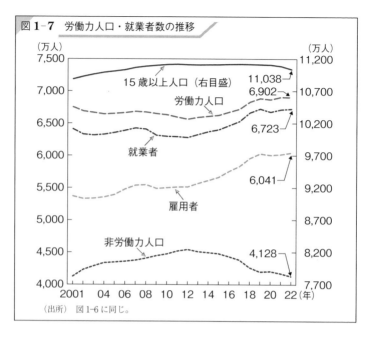

図1-7 労働力人口・就業者数の推移

（出所）　図1-6に同じ。

れば，労働力の減少の抑制あるいは増加が可能となる。実際，人口が減少するなか，2013年以降は労働力人口が増加している（図1-7）。これは，女性や高齢者の労働力率が高まったことによる。政府や企業などによる，女性の就業継続および再就業などを支援する施策や，定年延長あるいは定年後の継続雇用などの効果といえよう。ただし，2020年以降は労働力人口の増加傾向に鈍化がみられ，今後は労働力人口の減少が続く可能性が高い。

　以上のような少子化による労働力人口減少や**労働力供給構造の変化**，具体的には労働力の高齢化や女性化を前提とすると，人事労務管理としては次の点が課題となる。

　第1に，労働力供給の減少傾向は，企業に対する労働者の交渉力を高める可能性が高いことから，質の高い人的資源を確保する

ために，企業としては労働者にとってより魅力ある仕事や報酬を提示することが重要となる。第2に，女性が出産や子育ての時期においても就業を継続しやすい制度や働き方を整備することが求められる（労働時間の削減だけでなく柔軟な働き方や，仕事と子育ての両立支援など）。第3に，60歳代後半以降も希望すれば働き続けることが可能となる条件を整備することである（**生涯現役社会の実現**）。第4に，高齢者人口が増加することは，要介護の親を抱える従業員が増加することを意味する。介護が，従業員の就業継続を阻害しないよう，仕事と介護の両立を支援することが重要になってきている（佐藤・矢島［2018］）。仕事と介護の両立支援は，次に述べるワーク・ライフ・バランスの新しい課題になっている。第5に，外国人技能実習生を含めた外国籍社員の円滑な活用が，企業の人材活用の課題となろう。

ワーク・ライフ・バランス支援とダイバーシティ経営

大企業の人事労務管理システムは，最近まで，会社や仕事を中心としたライフスタイルをもった従業員像を想定して設計されていた。とりわけ1970年代まではそうした傾向が強くみられた。たとえば，フルタイム勤務かつ残業を前提とした働き方による長時間労働，仕事中心の生活を背景とした低い有給休暇取得率，会社や職場を中心とした人間関係が企業外の生活にまで浸透する仕事中心の生活などは，そうした従業員像を反映したものであり，とりわけ男性従業員に当てはまるものであった。しかし労働者の価値観に関する調査をみると，会社や仕事を中心としたライフスタイルを支持する者は，1970年代半ば以降になると若者を中心に減少を始め，最近ではそうした層が中高年でも少なくなりつつある（NHK放送文化研究所編［2020］）。企業の人事労務管理としても，前提とする従業員像の修正を求められることになっ

ている。つまり，労働者が，自分の生活を仕事にあわせるのではなく，企業が労働者に対して生活と仕事の調和を可能とする働き方を提供することが，人事労務管理システムの課題となってきている。とりわけ，労働者に占める既婚女性や高齢者の比重が高くなったり，フルタイム勤務の共働き社員が増えたりしたことなどを背景に，男女ともにワーク・ライフ・バランスを重視するようになってきているため，生活に仕事をあわせる働き方の提供が企業の人材活用に求められる。こうした取組みが，「仕事と生活の調和（ワーク・ライフ・バランス）」(work and life balance) という考え方である（佐藤・武石［2010］；佐藤・武石編［2014］）。

　さらに，仕事と仕事以外の生活を両立できる働き方の提供に加えて，多様な属性や価値観をもった人材を受け入れ，多様な経験や能力を活用する，ダイバーシティ経営に取り組む企業も増えてきている。経済産業省［2019］によると，**ダイバーシティ経営**とは，「多様な人材を活かし，その能力が最大限発揮できる機会を提供することで，イノベーションを生み出し，価値創造につなげている経営」と定義されている。ここにおける，「多様な人材」には，「性別，年齢，人種や国籍，障がいの有無，性的指向，宗教，信条，価値観などの多様性だけでなく，キャリアや経験，働き方などの多様性」も含むとされる（佐藤・武石・坂爪編［2022］）。

労働法制と人事労務管理

1980 年代半ば以降になると，企業の人事労務管理のあり方に影響を及ぼす労働法制の施行や改正が多数行われ，その状況は現在まで続いている（菅野［2004］；荒木［2022］；濱口［2018］）。たとえば，労働者派遣法，男女雇用機会均等法，高年齢者雇用安定法，労働基準法，育児・介護休業法，次世代育成支援対策推進法，労働契約法，女性活躍推進法，短時間・有期雇用労働法など

の施行・改正である。これらの多くは，人事労務管理システムに変更を求めるものであった（男女の雇用機会の均等，無期労働契約の社員と有期労働契約の社員の間の不合理な処遇差の解消など）。

さらに，子育て支援のための次世代育成支援対策推進法など，企業に対して人事管理システムを自主的に改革することを促進する仕組みも組み込まれた。社員の仕事と子育ての支援に関して企業に行動計画の立案を義務づけ，行動計画の実現度に応じて政府が認証する仕組みが，その典型である。この仕組みは，女性活躍推進法でも採用されている。

5 人事労務管理の担い手

●人事労務管理の組織と機能

人事労務管理の分業体制

人事労務管理について考える場合，それがどのような担い手によって行われているかが重要である。一般に人事労務管理は，基本方針を決定するトップ・マネジメント，計画立案および制度づくりや専門的なサービスを提供する人事労務管理担当部門（以下，「人事部門」），現場で実際に部下の管理を行うライン管理職という3者による「分権的管理体制」によって行われている。

これら3つの主体のなかで重要な役割を果たしているのは，いうまでもなくライン管理職である。しかしライン管理職の仕事は，人事労務管理だけではない。したがって，ライン管理職による管理が円滑に行われるためには，人事部門の役割を無視することはできない。「新しい評価制度の導入」という課題を例にあげると，トップ・マネジメントが制度の導入を決定し，ライン管理職が新しい制度に基づいて評価を行うのが役割だとすれば，人事部門の

役割は，他社の事例の研究，社外の専門家との情報交換，制度原案の設計，社内の各部門や労働組合との調整，さらにライン管理職に対する考課者訓練など多岐にわたっている。

人事部門の組織と仕事

人事部門の組織はどのようになっているのだろうか。この点については，本社機構に「人事部門」があるということでは各企業共通しているが，それ以外には人事労務管理を担当する組織は存在しない事例（金融機関），事業部・事業所に人事担当組織がある事例（製造業），事業部門に企画担当組織があり，そこで人事労務管理の仕事もしている事例（総合商社）などいくつかのタイプに分けられる（日本労働研究機構編［1992］）。こうした人事担当組織のなかで，とくに本社の人事部門がどのような仕事を行っているかを組織ごとに整理すると，以下のとおりである。

第1は，正規従業員の**募集・採用**を担当する「採用課」である。ただし正規従業員といっても，本社人事部が担当するのは主に事務・技術職（いわゆるホワイトカラー）であり，技能職（いわゆるブルーカラー）の採用などは多くの場合，事業所の人事担当組織が担当している。

第2は，正規従業員の**初任配属・異動・昇進・昇格**，といった個別人事である。多くの企業では，「人事課」という組織がこうした仕事を担当している。

第3は，個別人事の前提となる人事制度の企画・立案を担当する「人事企画課」である。こうした企画ラインと個別人事ラインとの関係は，人事部門の機能を考えるうえできわめて重要である。もしも，昇進・昇格の制度やルールの決定と，ルールの運用（すなわち個別人事）を同じラインが担うことになると，「○○を昇格させたいからこういうルールにしよう」ということになりかね

い。そのようなことを防ぐためには，両者の間は組織上の「壁」によって仕切られている必要がある。

しかし，両者を隔てる組織上の壁があまりにも高ければ，現場の従業員の声は企画ラインに届くことなく封殺されてしまう。そうならないためには，個別人事のラインも，時には「壁」を越えて，意見具申をしなければならない。したがって，企画と個別人事との間では，人事担当者のジョブ・ローテーションによって，両者を隔てる壁が必要以上に高くならないようにするべきだろう。

第4は，**賃金管理**や労働組合との折衝を担当する「労務課」である。

第5は，従業員の教育訓練であり，「能力開発課」といった名称で呼ばれることが多い。ただし教育訓練については，近年，別会社化している企業も少なくない。

以上のほか，従業員の**福利厚生**を担当する組織を設置している場合もある。加えて近年は，ダイバーシティ推進や女性活躍推進，さらには働き方改革を担当する専門部署を，経営トップの直轄組織として設置している企業も多い（日本経団連出版編［2007；2008］）。

| 人事部門の機能 | こうした人事部門の役割を理論的に検討しよう。なぜ人事部門は必要なのか。なぜ人事労務管理をラインの管理職だけで担うことはできないのだろうか。

第1は，「集積のメリット」である。集積の対象として，まずあげられるのは従業員の人事に関する情報（職能等級，人事考課の結果，社内での異動歴，資格など）である。こうした人事情報は，ライン管理職の手元にあるよりも1ヵ所に集中していたほうが，「サービス提供」のためには望ましい。

また集積のメリットの対象としていまひとつ重要なのが，人材すなわち人的資源自体である。ライン管理職の仕事は人事労務管理だけでなく，売上や業績目標の達成も彼らの重要な仕事である。したがって，人事労務管理に関する専門的な知識をもった人材を人事部門に集約し，ライン管理職に対して「サービス提供」を行えば，ラインが人事労務管理に時間や資源を費やすことで生じる「機会費用」を節約できるだろう。

　第2は，人事部門の存在が，全社的観点からみた社内の人的資源の最適配置を可能にすることである。従業員の評価や育成は，日常の仕事ぶりを把握しているライン管理職によって行われるのが望ましい。しかし反面，ライン管理職が有している情報は，あくまでも自分の管理範囲のものでしかない。また彼らは，売上や業績の責任をもたされているほど，自分の管理範囲の利益を最大化するように行動し，その結果，中長期的な人材育成のための異動などを考慮せず，自分の部下を職場内に抱え込んでしまいがちとなる（部分均衡）。

　したがって，ラインによる評価・育成を尊重しながら，それとは独立した主体，すなわち，人事部門が全社的観点から人的資源の配置や異動，さらには育成などに関与することが必要になる（全体均衡）。これは具体的には，①人事考課の評定結果への関与，②異動，育成，昇進，昇格といった個別人事への関与，という2つの側面に分けられる。先に述べた人事情報の集積がそれを可能にすることはいうまでもない。しかも，長期雇用を維持するためには，企業内で労働力を移動させる必要があり，そのため人事部門の個別人事への関与は不可欠である（一守［2016］）。

　ただし，そうはいっても，人事部門が「全知全能の神」のごとく振る舞い，社内の人的資源の配置を自由自在にコントロールし

ているわけではない。人事部門，とくに本社人事部とライン管理職との間には一種の「分業関係」があり，本社人事部が個別人事に関与する範囲は，本社の課長層以上に限られているのが実態である。

人事部門の変化　近年多くの企業が少数精鋭化を進めており，人事部門も，その例外ではない。こうした少数精鋭化が人事部門に及ぼす影響は次の2つに分けられる。

　第1は，人事部門の要員は減少したが仕事の絶対量は変わらないというケースである。この場合は，要員の生産性を「事後的」に高めるため，課制の廃止やプロジェクト・チーム制といった配置人員の仕事範囲を拡大するための対策が講じられている。第2は，要員の減少とともに仕事の絶対量が減少するというケースである。この場合は，人事部門が担当していた仕事の一部が，社外・社内のいずれかで担われざるをえない。前者をアウトソーシング，また後者を分権化という（社会経済生産性本部・平成9年度経営アカデミー人事労務コースCグループ［1998]）。分権化のタイプとしては，①本社人事部から事業部・事業所の人事担当組織へ，②本社人事部，事業部・事業所の人事担当組織からライン管理職へ，などが考えられるだろう。

　これまで述べたことは，次の2つの問題を引き起こす。第1は，こうした流れのなかで，人事部門が人的資源配置の「全体均衡」をいかに担保するかということである。第2は，管理職の数を増やすことが難しいなかで人事業務が増大するとすれば，彼らの生産性をいかに高めるのか，また何をインセンティブとして用意するかといった点を解決することは避けて通れないだろう。

6 人事の国際化

●国境を越える従業員の異動とその管理

　日本企業の活動が国際的に広がるとともに，人事労務管理の対象は一国内にとどまらず，国際的なものになっている。こうした人事の国際化にまつわる問題は，これまで「**国際人事管理**」という観点から研究されてきた。

海外派遣要員の雇用管理

　国際人事管理の第 1 の側面は，**海外派遣要員**の雇用管理，すなわち彼らの選抜・育成・帰任後の処遇をいかに行うかという問題である。人事労務管理の目的は「適材適所」であるが，国際人事管理において「適材適所」を実現するためには，まず海外勤務という仕事に適性のある者が選抜され，次いで必要な能力開発が行われ，さらに海外勤務を終えて帰国した後には，日本国内でそれにふさわしい部署に配属することが必要になる（白木編 [2014]）。

　この点，海外派遣要員に対する調査結果である労働政策研究・研修機構編 [2008] によれば，海外派遣の内示期間は業種によって違いがあるが，平均で 3.4 ヵ月，派遣期間は規定・目安がある場合，平均で約 4.2 年である。また派遣要員の約半数は，現地法人で担当する職務数が増大しており，赴任先での職位は会長・社長が 45.1％ である。さらに，派遣要員に対する支援策としては，「日本の会社・仕事関連の情報提供」（46.3％）が比較的高いものの，「帰国後のキャリア形成についての支援体制」をあげる企業は 9.3％ でしかなく，本社が派遣者の帰国後のキャリアを組織的にバックアップする体制がないことが明らかである。

| 経営現地化の問題 | 国際人事管理の第2の側面は，**経営現地**化の問題である。先述した海外要員は |

「日本人出向者」というかたちで現地法人に派遣される。日本人出向者の果たしている役割は，一言でいえば「**技術移転**」，すなわち「ハード」(生産技術)，「ソフト」(経営管理技術) を含む技術を送出し国から受入れ国へ移転することである。しかし，ハードの技術に比べてソフトの技術移転には時間がかかるため，日本人出向者が現地法人の枢要なポストを占有することになる。こうした日本人出向者による管理体制が，現地法人採用従業員の昇進機会の制約となり，彼らのモチベーションを低下させることは明らかである。

実際，海外の日系現地法人，支社，支店を対象にした調査結果である労働政策研究・研修機構編 [2006] をみると，現地法人の日本人比率は，地域にもよるが，平均では取締役で78.9%，中間管理職で25.3%である。日本人が本社から派遣される理由（複数回答）では，取締役以上では「現地法人の経営管理のため」(80.0%)，「日本本社の経営理念・経営手法を浸透させる必要があるから」(70.7%)，「日本本社との調整に必要だから」(61.3%) が主となり，部課長層では「日本本社との調整に必要だから」(51.0%)，「現地従業員が十分育成されていないから」(36.8%)，「日本から技術移転が必要だから」(36.1%) が主となる。

| 国際人事管理の双方向化 | 従来の国際人事管理は，日本本社を中心に「一方通行」でとらえられていた。他方，近年の欧米多国籍企業の人事管理の |

課題は，単に資本国籍の従業員のみならず，親会社―現地法人という全世界的レベルで「適材適所」を実現する，たとえば，現地法人採用の従業員を現地法人のみならず親会社の幹部に登用する

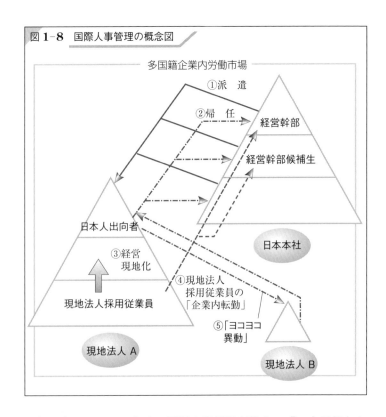

図1-8 国際人事管理の概念図

多国籍企業内労働市場

①派遣

②帰任

経営幹部

経営幹部候補生

日本人出向者

日本本社

③経営現地化

④現地法人採用従業員の「企業内転勤」

現地法人採用従業員

⑤「ヨコヨコ異動」

現地法人A

現地法人B

ことにある。このことは，国際人事管理が従来の「一方通行」から「双方向」化していることを示している。

　たとえば，アジアにおける欧米多国籍企業の人的資源管理を検討したアジア人材活性化委員会［1999］によれば，欧米多国籍企業では現地法人の人材を含めて幹部候補生の登録制度を実施しており，定期的に登録者の「洗い替え」が行われている。ヒューレット・パッカードでは，「キー・ピープル」に対しては特別な注意を払い，国を越えての異動など教育訓練を積極的に行っている。彼らがいつまで「キー・ピープル」であり続けるかはわか

らないので，将来の昇進について言質を与えるようなことはしない。これとは別にシニア・マネジメントの登録制度があり，世界で500〜600人が本社で登録されている。他方，日本でもグローバルに事業展開している自動車産業では，本社人事部門が地域でタレントに選ばれた人材を管理し，彼らに計画的な配置転換を施す，タレント・マネジメントを行っている（八代（充）[2017]）。

　以上をまとめたのが，図1-8である。まず日本人出向者は，①派遣や②帰任というかたちで日本本社と現地法人とを環流している。他方，現地法人採用従業員は，③経営現地化によって現地法人企業内労働市場で上方に異動し，さらに今後は，④企業内転勤によって日本本社への出向が増大することが予想される。さらに，日本本社と現地法人の「環流」は，両者間の「往復」だけでは必ずしもなく，近年は現地法人間を異動する，⑤**ヨコヨコ異動**も増大している。こうした「多国籍企業内労働市場」における労働力移動の増大によって，異なる法人間で人事制度をいかに調整するかが，今後の課題となるだろう。

演習問題

1 人的資源と他の経営資源との違いについてまとめてみよう。

2 就職する際に,「ジョブ型雇用」の企業と「メンバーシップ型雇用」の企業を選択できるとした場合,あなたはどちらの企業に就職したいと考えますか。その理由を説明してください。

3 1980年代半ば以降の労働法制の変化を取り上げ,その人事労務管理システムへの影響を調べてみよう。

4 企業に人事労務管理を担当する部門が存在する理由はどのようなものだろうか。

5 多国籍企業における人事異動にはどのようなタイプがあるかを整理してみよう。

文献ガイド

1 今野浩一郎・佐藤博樹［2022］『新装版 人事管理入門』日本経済新聞出版。

2 濱口桂一郎［2021］『ジョブ型雇用社会とは何か――正社員体制の矛盾と転機』岩波新書。。

3 八代充史［2017］『日本的雇用制度はどこへ向かうのか――金融・自動車業界の資本国籍を越えた人材獲得競争』中央経済社。

4 鶴光太郎［2023］『日本の会社のための人事の経済学』日本経済新聞出版。

5 佐藤博樹・武石恵美子・坂爪洋美編［2022］『多様な人材のマネジメント』中央経済社。

雇用管理

人と仕事の結びつき

採用計画　　欠員補充型採用　　不定期採用　　定期採用　　通年採用
インターンシップ　　リファラル採用　　ジョブ型雇用　　勤務地限定正
社員制度　　ポジティブ・アクション　　現場経験　　仮配属期間　　人事
異動　　異動　　ローテーション　　定期人事異動　　自己申告制度
社内公募制　　人材発掘手段　　人材の抱え込み　　社内ベンチャー制度
キャリア管理　　専門職制度　　キャリアの多元化・複線化　　出向
転籍　　企業グループ内の準内部労働市場　　数量調整　　賃金調整
ワークシェアリング　　希望退職者募集　　整理解雇の４要件（４要素）
解雇権濫用法理　　定年制　　勤務延長　　再雇用　　高齢者雇用

1 採用管理

●入り口の管理

採用計画

採用管理とは，企業が事業活動に必要と する労働サービスを充足するために，企 業の外部，つまり外部労働市場から人的資源を保有する従業員を 調達することである。採用管理では通常，企業の業務量に基づい て必要とされる労働サービス量を測定し（必要要員数の算定），そ れと現有の従業員によって提供可能な労働サービス量を比較検討 する作業が必要となる。企業内で確保可能な労働サービス量を上 回る労働サービス需要を従業員数に換算したものが欠員数（不足 する人員数）であり，それが必要な採用数となる。必要採用数を

確保するための計画が，**採用計画**である。

　必要採用数の算定には，短期と中長期があり，それぞれに応じて採用計画も短期と中長期に分かれる。短期の採用計画は，通常，欠員が発生してから採用を立案し，採用活動を始めるものである（**欠員補充型採用**）。他方，中長期の採用計画は，現時点での必要要員数だけではなく，企業の中長期の事業計画などに基づき将来の必要要員数を算定するとともに，現有の要員数に，変動要因となる定年や自己都合による退職者数，従業員の育成計画や昇進予定などを組み込み，それに基づいて作成される。必要要員数あるいは採用数の算定は，人数という量だけでなく，必要とされる労働サービスの質，つまり人的資源の質を加味して行われる。したがって，中長期の採用でも，新規学卒採用だけでなく，従業員が保有する職業能力のバランスを考慮して，即戦力の中途採用も行われる。さらに必要とされる採用数に関する具体的な採用計画は，いわゆる正規従業員や非正規従業員などの雇用形態別に加え，学歴別や職種別など従業員の種類別に立案されることが多い。

採用の類型

　人的資源の性格に着目すると，即戦力となる人材の採用と，即戦力としてではなく採用後における訓練可能性（潜在能力や育成可能性）に基づいた採用に分けられる。欠員補充型の採用は，前者の即戦力の採用が中心となる。後者は，新規学卒者の採用が典型例であり，また，人材育成計画を組み込んだ中長期の採用計画に基づく場合が多い。

　採用の時期に着目すると，欠員補充型の即戦力採用では，その定義からして採用時期が欠員の発生に規定される**不定期採用**となる。他方，新規学卒者採用は，卒業後の4月の**定期採用**が日本では一般的である。もちろん企業による採用活動は，具体的な採用時期よりも早く行われることになる。いくつかの先進国では，新

規学卒者の採用でも採用が特定の時期に固定されていないことが多い。大学などの入学時期が学期ごとで，各学期末での卒業が可能であることなどによる。日本でも大学の入学や卒業の時期が多様化すると，新規学卒者についても4月の定期採用や全社一斉の入社式がなくなる可能性もある。すでにそうした企業もでてきている。つまり，新規学卒者の採用計画によって各年度の採用者数が決められるが，採用時期つまり入社時期が4月に固定されない，いわゆる**通年採用**への移行である。主として海外大学の卒業生あるいは日本人の海外留学生などを対象に通年採用を導入している企業もある。

　採用の時期と雇用形態の関係をみると，パートタイマーやアルバイトなどのいわゆる非正規従業員では，必要が生じたときに採用する不定期採用が主となる。

採用の主体　採用の主体別にみると，工場や支店など事業所を複数もつ企業では，全社が必要とする人材を本社で一括して採用する場合と，各事業所が個別に採用する場合に分かれる。本社採用であるか，事業所採用であるかは，採用後のキャリアの違いと関連している場合が多い。本社採用者には事業所間異動があるのに対し，事業所採用者には原則として事業所間異動がなく，当該事業所の内部にキャリアの展開範囲が限定される。たとえば，複数の工場をもつ製造業の大企業などでは，主に高卒の生産工程従事者は事業所採用で，事務職や技術職など主に大卒や大学院卒のホワイトカラーは本社採用であることが多い。なお，最近では，ホワイトカラーであっても居住地変更を希望しない社員のニーズに対応するために入社時点から「転勤なし」（通勤圏内の異動のみ）や転勤の範囲を選択できる「勤務地限定制度」を導入する企業もある。（本章 *Column* ③や今野

［2012］)。

　またパートタイマーやアルバイトなどのいわゆる非正規従業員については，工場や店舗など事業所に採用権限があることが一般的である。ただし事業所に採用権限がある場合でも，本社の人事労務管理部門が人件費の総額を管理していることが多い。

就職とインターンシップ

インターンシップとは，在学中の学生に対して，専攻分野や将来のキャリアに関係した就業を経験できる機会を提供するものである。インターンシップの場合，企業との雇用関係はないことが一般的である。在学中に一定の就業体験を得ることで，仕事やキャリアに関して考える機会を学生に提供し，学校から職場への円滑な移行をはかるために考案されたものである。不適切な職業選択による離職を減らすことや，明確な職業意識をもった学生を採用したいという企業の意向がインターンシップ導入の背景にある。

　現状は，インターンシップの呼称であっても，1日や数日など短期間が主で，企業が新卒採用のために開催する職場見学会的なものが多い。本来，インターンシップは，学生の職業意識の啓発や職業選択の円滑化を目的としたものであるため，その期間は少なくとも数週間以上が望ましいと考えられる。他方で，在学中に実施するため，長期の実習を行うことが難しいという制約もある。そのためインターンシップの本来の趣旨にそったものでも，1〜2週間から長くても1カ月のものが多くなる。期間が限定されるため，インターンシップの内容・プログラムを精査すると同時に，送出し側の学校や受入れ側の企業が事前に学生に対してオリエンテーションを実施することで，インターンシップの目的を学生に理解させたり，学生を動機づけたりすること，さらにはインター

ンシップ後のフォローアップの実施なども求められる。

インターンシップのプログラムと学校での教育との連続性や連携の確保も有効である。教育内容に関連したインターンシップによって，大学で学んだ知識・理論と実務経験の結びつきをはかるのである。こうした場合では，インターンシップ参加を大学の単位認定に組み込むことも可能となろう。

受入れ企業は，業務面や経費面の負担が大きなものとなるが，学生の指導を担当した従業員にとっては，自分自身の能力開発の機会ともなる。なぜなら教えることは，学ぶための機会となるからである（佐藤・堀・堀田［2006］）。

募集と選考 採用計画に基づいて必要な採用者数の量と質，具体的には雇用形態や学歴や職種や経験年数など従業員の種類別の採用数が決まると，具体的な募集活動に移ることになる。募集方法には，店頭における求人情報の掲示（店頭募集）や自社のホームページでの求人掲載などインフォーマルなものから，公的な職業紹介機関（ハローワーク），民間の職業紹介会社，求人紙・誌，新聞の折込み，インターネット上の求人情報提供サイト，SNS（ソーシャル・ネットワーキング・サービス）の活用など多様な手段がある。さらに，自社の従業員に採用候補者を紹介してもらう「**リファラル採用**」を活用する企業も増えている。リファラル採用では，従業員が候補者に声をかけ，当該者を企業に推薦し，その後，企業は選考して採用することになる。

多様な募集方法があるが，採用する従業員の雇用形態の種類や募集範囲などによって有効な手段が異なる。たとえば，パートタイマーの募集では，対象者として主婦が多く，徒歩圏など通勤範囲が狭いため，採用する事業所の周辺地域を対象とする求人手段

が効果的となる。他方，新規学卒の大学生を採用する場合では新卒向けの求人媒体・求人サイトが，高度な技術などを保有する人材を即戦力として採用する場合はヘッドハンティング会社など民間の人材紹介会社などが有効となる。

　求人に対して応募者があると選考の手続きに入ることになる。募集人員に応募者数が満たなくとも慎重な選考が求められる。即戦力採用のように採用後に配置する仕事が特定化されている場合は，当然のことながらその仕事に必要な職能要件を満たす職務遂行能力を保有しているかどうかが採用基準となる（いわゆるジョブ型雇用，第1章の *Column* ② 参照）。即戦力としての採用であっても，採用後に他の職場や他の仕事への異動が想定される場合では，採用する仕事に必要な職能要件による選考だけでなく，他の仕事をこなしうる潜在能力を保有しているかどうかなども選考基準に加えられることになる（尾形［2021］）。

　新規学卒採用の場合では，大卒あるいは大学院卒についてみると，事務営業系や技術系といったような大括りの職能区分を設けて採用する企業が少なくない。営業，経理・財務，人事労務，技術開発，生産管理など採用後の配属先の職能分野を決めて採用するにしても，各職能分野内における具体的な配属先の仕事は特定せずに選考を行う場合が多い。この場合は，採用後に配属する仕事が選考時点では特定されていないため，具体的な職務遂行能力に即して選考を行うことができないことになる。こうした結果，訓練可能性などの潜在能力や，職能分野に関する専門的な知識をどの程度学んだかではなく，一般的な知識水準が選考基準として重視されることになりがちとなる。

　ただし近年は，採用時点で勤務する事業所を限定する**勤務地限定正社員制度**（本章の *Column* ③）や，配置される仕事を限定す

る職務限定正社員制度を導入する企業もある（第1章参照）。勤務地限定正社員制度は，転勤を望まない従業員の希望を，職務限定正社員制度は特定の職務での就業を希望する従業員の希望を，それぞれ実現するために導入されたものである。従来，正社員の人材活用は，就業する事業所や職務を限定せずに企業が雇用して，その後，企業が必要に応じて配属する事業所や職務を決める仕組みが通常であった（企業主導型の人事管理）。こうしたなかで，勤務地限定正社員制度や職務限定正社員制度は，正社員の働き方を多様化（いわゆる正社員の多様化）するものである（佐藤・佐野・原［2003］；今野［2012］；鶴［2023］）。ただし，キャリアの初期段階において職務限定正社員制度のある企業への就職を選択する場合には，仕事に従事してから適職であるかどうかを判断することができず，仕事とのミスマッチが生じる可能性を考慮する必要がある。そうした場合では，企業内での職務を変更することが難しくなり，転職がその後のキャリア選択の方法となる場合もある。

> **募集・採用にかかわる法律上の規制**

法律上，労働者の職業選択の自由および企業の採用の自由が保障されている。後者の採用の自由は，従業員の採用実施や採用者数の決定は，企業にゆだねられていることを意味する。しかし，障害者雇用促進法によって障害者に関して一定の雇用率が設定されているように，企業に雇用義務を課しているものもある。また企業は，従業員の採用基準に関して選択の自由が保障されている。ただし，企業による従業員の選択の自由に関して男女雇用機会均等法は，募集，採用，配置，昇進，降格，教育訓練，定年，解雇などにおいて，男女双方に対する性別を理由とする差別を禁止している。ただし，男女異なる扱いをすることに合理的な理由がある職業での募集・採用では，男女別の募集・採用が認められ

表 2-1　男女雇用機会均等法の概要

性別を理由とする差別の禁止等	職場におけるセクシュアルハラスメント対策（第11条）
・募集，採用における性別にかかわりない均等な機会の付与（第5条） ・配置・昇進・降格・教育訓練等における性別を理由とする差別の禁止（第6条） ・間接差別の禁止（第7条） ・女性労働者についての措置に関する特例（第8条）	職場における妊娠・出産等に関するハラスメント対策（第11条の2）
	母性健康管理の措置（第12条，第13条）
【省令第2条】 合理的な理由がない措置である場合「間接差別」となる ①労働者の募集または採用にあたって，労働者の身長，体重または体力を要件とするもの ②労働者の募集もしくは採用，昇進，または職種の変更にあたって，転居を伴う転勤に応じることができることを要件にすること ③労働者の昇進にあたり，転勤の経験があることを要件とすること	労働者と事業主との間に紛争が生じた場合の救済措置
	・苦情の自主的解決（第15条） ・紛争の解決の促進に関する特例（第16条） ・労働局長による紛争解決の援助（第17条） ・機会均等調停会議による調停（第18条）
	法施行のために必要がある場合の指導等
	・報告の徴収と助言，指導，勧告（第29条） ・勧告に従わない場合の企業名公表（第30条）
婚姻，妊娠・出産等を理由とする不利益取扱いの禁止（第9条）	

（出所）　日本経済団体連合会［2018］。

る（業務の遂行上，一方の性でなければならない職業，たとえば俳優，モデルなど）。また，女性の少ない職域に関して女性の進出を促進するために行われる女性の採用拡大などの取組みは，法律上認められている（女性労働者についての措置に関する特例〔第8条〕としての「ポジティブ・アクション」）。男女雇用機会均等法の概要は表 2-1 を参照されたい。

　正規従業員は，通常，労働契約期間に定めのない無期労働契約

である。ただし，労働契約期間に定めがない契約であっても定年制が設けられていることが多く，通常は定年年齢までの雇用となる。労働契約期間を定めた有期労働契約を結ぶ場合，労働契約期間の上限は３年である。ただし，現状の有期労働契約は１年までが多い。

　労働契約法によって，有期労働契約の従業員が，同一の企業における雇用契約が更新されて通算の雇用契約期間が５年を超えかつ当該従業員が無期の労働契約への転換を申し入れた場合には，無期労働契約に転換されることになる（無期転換ルール）。法律上は，労働契約の期間を無期に転換すればよく，処遇は，有期労働契約の時点と同内容でもよいとされている。たとえば，有期労働契約で時間給の短時間勤務の従業員が無期労働契約に転換すると，短時間勤務でかつ時間給の無期労働契約の従業員となる。もちろん，従来型の無期労働契約のいわゆる正規従業員に転換している企業もある。

2 配置と異動

●キャリアの管理

初任配属

他社から経験者などを即戦力として採用する場合は，特定の職場や仕事に配属することを前提として採用するため，初任配属といった課題はない。初任配属が課題となるのは，新規学卒者の採用の場合である。新規学卒者の採用の場合，採用者数は，事業計画などによる採用計画に基づいて決められる。だがすでに述べたように，採用後の配属先を特定して採用活動を行う企業は一般的ではない。採用選考や内定の段階で決められているのは，事務・営業系や技術系など

といった配属先の大括りの職能分野であることが多い。したがっ
て，入社後に具体的な配属先の職場が決まることが多く，これが
初任配属となる。

　新規学卒者の初任配属の方法には，大きく分けると2つの類型
がある。第1は，営業所や工場などいわゆる「現場」に新規学卒
者の全員を1年，2年など一定の期間配属し，その後に当初の採
用計画で配属が予定されていた職能分野の職場に配置するもので，
第2は，はじめから当初の採用計画で配属が予定されていた職能
分野の職場に配置するものである。

　前者の方法を採用する企業は，本社など間接部門に将来配属さ
れる社員に対しても現場の仕事を一通り経験させることを考慮し
たものである。こうした方法による現場経験，たとえば営業所で
の営業経験は，本社で営業企画の仕事を担当する際に有益なもの
となると考えられていることがある（**現場経験**の重視：小池・猪木
編［2002］；小池［2005］第2,3章）。

　第1と第2のいずれの配属方法であっても，採用計画で予定さ
れていた職能分野へ配属された後の一定期間を，従業員の適性を
観察する期間，つまり本配属前の**仮配属期間**として位置づけ，本
人の希望や管理職の意見などを踏まえ，配属先の職能分野や職場
を変更する機会を設けている企業もある。いずれにしても初任配
属先の職能分野や職場は，新入社員研修での情報や本人の希望な
どに基づいて人事労務管理部門が決めることになる。

　　　　　　　　　　　　　　初任配属された職場に定年までとどまる
　初任配属後の異動　　　　ことは例外的である。通常は，一定期間
で別の職場に移ることになる。職場間の移動を人事労務管理では
人事異動と呼ぶことが一般的である。

　異動には，同一の職能分野のなかで職場を変わるものと，職能

分野を越えて職場を変わるものの2つがある。たとえば，人事労務の職能分野に配属された者が，本社の人事労務管理部門から事業所の人事労務管理担当へ異動することは同一職能内での異動で，他方，人事労務の職能分野から営業職能分野への異動は，異なる職能分野への異動となる。このほかに事業所間の異動や職場内の配置の異動がある。従業員が居住地の変更を必要とする事業所間異動は，転勤と呼ばれることが多い（*Column* ③）。職場内の配置の異動は，通常，ローテーションと呼ばれる。ローテーションは，職場内における仕事の幅を広げる能力開発のために行われることが多い。

　異動の理由や目的には，適性発見の機会とすること，仕事の経験の幅の拡大を通じて職業能力の幅を広げること，異なる仕事やよりレベルの高い仕事を経験することで職業能力の伸長をはかること，異なる職能間や同一職能内の人的交流を広げること，組織の統廃合に対応すること，仕事量のアンバランスを解消することなど多様なものがある。

　異動には，定期的な異動と不定期の異動がある。定期的な異動を実施せずに，すべての異動を必要に応じて行う企業もあるが，一定時期（年に1回ないし2回）に従業員を異動させる定期異動，つまり**定期人事異動**を採用している企業が多い。定期異動は，適性発見や能力開発，さらには人的交流を目的としたものが主となる。

　初任配属は，本社の人事労務管理部門が配置の権限をもっているが，初任配属後の異動に関して人事労務管理部門は，異動の基本的な方針を出すにしても，異動の実質的な権限，とりわけ職能分野内の異動に関する権限は，人事労務管理部門ではなくそれぞれの事業部門（○○事業部など）や職能分野（経理・財務職能など）

Column ③ **転勤と勤務地限定正社員制度**〜〜〜〜〜〜〜〜〜〜

　日本の企業は社員の配置に関して包括的な人事権を保持し，それに基づいて転勤を含めた人事異動を行うことが一般的であった。しかし，共働きの社員や親の介護の課題を抱えた社員の増加など，従来のように転勤を受容できない者が増加してきている。女性にとっては配偶者の転勤が離職の要因となることも多く，女性活躍の阻害要因となっている。

　こうした転勤問題の解決には，日本企業の人事権のあり方の見直しを必要とする。たとえば，人事異動をすべて社内公募制に移行することなどである。しかし，このような人事権のあり方の大きな変更は，日本企業の現行の人事システム全体の変革を必要とするため，当面は導入が難しいと考えられる。そこで，企業が人事権を保持したうえで，転勤に関する異動管理を見直す方法として，以下のような取組みが考えられる。

　第1に，転勤の運用を変更する前に，転勤以外を含めた異動全体の現状を把握し，異動を見直すことである。なぜなら異動の頻度が少なくなったり，間隔が長くなったりすれば，結果として転勤も少なくなる可能性が高いことによる。とりわけ経営上のニーズのうちの組織活性化と人材育成を目的とした異動に関して，その目的が実現できているかを検証することが重要となる。異動が，それぞれの目的に貢献するものとなっているのか，他の方法でその目的の実現を代替できないのかなどの検討を行うのである。

　第2に，異動のうち転勤を必要とするものに関しては，その運用を見直すことが必要となる。社員の個人的な事情とのすり合わせが鍵で，社員が生活設計をしやすい転勤の運用とすることが必要となる。たとえば，①転勤の可能性がある社員に関しては，事前に個人的事情を定期的に把握する，②社員が転勤を受け入れやすいように転勤実施までの内示期間を長めにする，③転勤の期間

を可能な範囲で事前に明示する，④社員が本拠地を選択でき，転勤後には必ず本拠地に戻るようにする，⑤転勤を免除する期間を設定できるようにする，などといった多様な取組みが考えられる。

第3に，企業として転勤可能な社員を事前に把握できるように，勤務地限定正社員制度を導入することである。ただし，前述の第1や第2の取組みをせずに，現状の転勤施策を維持し，それに対応できない社員のために勤務地限定制度を導入することは，当該雇用区分を選択した社員のキャリア形成にマイナスの影響を及ぼすことになるので避けるべきである。つまり，勤務地限定正社員制度を導入する前に，第1や第2の取組みを先行させることが重要となる。勤務地限定制度を導入した場合には，転勤ありの雇用区分に関しても，育児・介護休業法などによる社員の個人的事情の配慮だけでなく，第2にあげた取組みが有益で，そうした取組みを行うことは，転勤ありの雇用区分を選択できる社員を増やすことに貢献しよう（久本［2018］の第4章など）。

の責任者にあることが多い。また，職場内の配置の異動つまりローテーションは，当該職場の管理職に権限がある。たとえば，課長には，課内における部下の配置権限があることになる。

以上の結果，異動の範囲が同一の職能内や特定の職場内に固定される傾向がみられる（小池［2005］第3章）。つまり異なる職能間の異動はそれほど多くない。言い換えれば，初任配属の職能分野が，その後のキャリアの展開範囲を決める可能性が高いといえる。

職能分野間の異動ではなく，事業所間の異動をみると，複数の事業所をもつ大企業においても，事業所間異動は本社採用のホワイトカラーが主で，事業所採用の従業員では例外的である。事業所採用の従業員では，新設事業所への異動や事業を縮小する事業

所からの転出の場合などに限られることが多い。事業所間異動は，主として本社採用のホワイトカラーに限定されている。

| 自己申告制度 |

異動実施や，異動先を決めるのは，人事労務管理部門や事業部門，さらには職能分野の責任者などであることが一般的である。しかし最近は，従業員から出された配属先希望を，異動実施の際の情報として重視したり，本人の希望に基づいて異動を行ったりする企業が増えている。異動などキャリアに関する希望を従業員が企業に提出できる仕組みが**自己申告制度**で，企業が提示した事業や仕事に従業員が応募し，従業員の希望に基づいて異動を行う仕組みが**社内公募制**である。

自己申告制度では，従業員が提出した希望に関する情報に基づき，上司との面談を実施する企業も少なくない。上司との面談が行われる場合では，上司の意見や評価も人事労務管理部門に集められ人事情報として異動などに活用されることになる。以前は自己申告の内容を参考程度にしか活用しない企業が少なくなかった。しかし最近は，従業員の希望に合った配置や適材適所のために積極的に自己申告制度を活用する企業が多くなっている。

自己申告制度を導入する目的は次のようになる。第1は，従業員の仕事やキャリアなどに関する希望を人事労務管理部門として適切に把握し，従業員の希望を生かした異動や配置につなげ，従業員に意欲をもって仕事に取り組んでもらうことである。従業員のキャリアや仕事上の希望などはある程度まで人事労務管理部門や上司が把握可能であるが，本人の事情（夜間や週末にビジネススクールで学んでいる）だけでなく，家族の個別的な事情（親が要介護状態にあることや，配偶者が転勤の可能性等）などは，本人の申告によらなくては把握が難しいことが少なくない。そのため自

己申告のデータが人事異動立案の際に重要な情報となる。

　第2は，自己申告制度は，従業員に対してこれまでのキャリア，適性や能力，さらにはこれから希望する仕事やキャリアについて考える機会を提供するものでもあり，自己申告の機会を契機にして仕事やキャリアに関する従業員自身の希望が明確となり，今後の能力開発目標のより強い自覚につながることに貢献する（人材育成機能としての自己申告制度）。

　第3は，上司との面談が実施される自己申告制度の場合では，面談によって上司と部下とのコミュニケーションが活性化されるとともに，上司は仕事やキャリアなどに関する部下の意向をより適切に把握できることになる。

　自己申告制度は，運用しだいでは次のような問題が生じることもある。上司との面談が行われる結果，従業員は自己申告に際して本音を記入しにくいといったマイナスの効果がもたらされる可能性がある。また従業員が希望した申告内容のすべてが実現されるわけではないため，自己申告の内容が実現されないことが何度も続くと従業員の仕事への意欲が低下したり，自己申告制度を軽視する風潮が生まれたりすることにもなる。さらに自己申告制度を通じて提出される従業員の仕事やキャリアに関する希望は，申告時点における会社の事業分野や，本人のそれまでの仕事やキャリアを前提としたものとなるため，新しい事業分野の仕事を担えるような人材を探し出す人材発掘機能は弱い。この弱点を補うために，自己申告制度に加えて，社内公募制を導入している企業も少なくない。

社内公募制　　社内公募制は，従事する事業や仕事を明示してその事業や仕事に従事したい人材を社内から広く募集する制度である。応募してきた人材のなかか

ら，企業がその事業や仕事に最も適していると考えられる従業員を選ぶことになる。人事労務管理部門などが，従業員の過去のキャリアや自己申告データなどに基づいて，事業や仕事に適した人材を探すのではなく，まず従業員に手を挙げさせる点が従来の企業主導型の人材配置とは異なる。この点から社内公募制は，企業内における転職の仕組みともいわれる（「社内転職」としての社内公募制）。

社内公募制の導入目的は次のようになる。第1は，**人材発掘手段**としての活用である。たとえば，企業が異業種などの新規事業へ進出する場合，その事業を担える人材を，既存の事業内容を前提とした人事情報によっては探し出すのが難しいことによる。もちろん社外から新規事業を担う人材を採用することも可能であるが，社内の隠れた人的資源を掘り出すための手段として社内公募制が活用されている。

第2は，人材活性化策としての活用である。従業員に担当する仕事を選択する機会を提供することによって，従業員の仕事への意欲を高めようとするものである。「やりたい」仕事を従業員自身が選択できたほうが仕事への意欲が高くなると考えられることによる（「希望した人材に仕事を任せる」）。

第3は，組織活性化策としての活用である。部下を持った管理職は，有能な部下を自分のセクション内にとどめたいとする意識が強くなるため，企業全体としての適材適所や，配置転換による人材育成が阻害されやすい。こうした管理職による「**人材の抱え込み**」の弊害を取り除き，社内における人材の流動化を促し，適材適所や組織活性化を実現するために社内公募制が活用されている。

第4は，能力開発活性化策としての活用である。人材発掘や人

材と組織の活性化を目的とした社内公募を積極的に実施すると，異動のかなりの部分を社内公募制で行うことになる。すなわち「社内転職市場」の誕生である。もちろんこれまでのところ社内公募制は，定期人事異動などの補完として活用している企業がほとんどである。しかし異動のすべてを社内公募で実施するまでに至らなくとも，社内公募制による異動の適用範囲を広げていくことで，従業員の能力開発意欲を高めることができる。なぜなら，希望する仕事に就くためには，次の公募時期までに，事業や仕事に求められる能力の習得に励むことが必要となるからである。さらに能力開発を行うことで希望する仕事に就けるという組織風土が生まれると，組織の活性化につながることにもなる。

　社内公募制の運用上の留意点は次のとおりである。第1に，社内公募制に従業員が自由に応募できるようにしなくてはならない。たとえば，上司や同僚に気がねなく応募できるように，人事労務管理部門へ直接応募する仕組みとしたり，人選からもれても応募の事実が明らかにならないようにしたりするなどの配慮が求められる。

　第2に，社内公募制の趣旨や機能を管理職が正しく理解することである。有能な部下が社内公募に応じ，それが認められると，短期的に当該セクションにおける戦力低下が生じたり，また応募の秘密保持のため上司は最終決定まで部下の応募を知らされないことなどから，管理職は社内公募制を歓迎しないことも少なくない。こうした状況を改善するために，定期人事異動の際に人員を補充することや，管理職が制度の主旨を十分に理解できるように情報提供することが重要となる。

　第3は，社内公募制の人選にもれた従業員に対する人事労務管理部門によるフォローである。従業員が仕事への意欲を低下させ

ないように，定期異動での配慮などが求められる。

社内公募制に類似した制度として，**社内ベンチャー制度**がある。社内公募制は，会社が人材を募集する事業や仕事を提示し，それに従業員が応募するものであるが，社内ベンチャー制度は，事業計画を従業員から募集し，提案された事業計画を会社として採用した場合に，提案者に事業の立上げを任せるものである。

キャリアの多元化・
複線化

入社してから定年までの間に従業員が仕事を経験する範囲つまりキャリアの展開範囲は，従業員層によって異なる。たとえば，大卒事務技術系の従業員と高卒技能系の従業員では，初任配属後のキャリアが展開する範囲や昇進の上限が異なることが多い。複数の事業所をもつ企業の大卒事務技術系の従業員では，事業所間の異動があるが，高卒技能系の従業員はそれがないことが一般的である。また，後者では職能間異動も例外的である。前者では，転居をともなう異動である転勤や営業職能から経理職能への異動など職能間異動もある。さらに昇進の実態をみると，大卒事務技術系では課長相当職（管理職や専門職）以上まで昇進する者がいるが，高卒技能系の従業員では課長相当職へ昇進する者は少なく，多くは現場監督者までの昇進となる。

以上のように，同一企業に勤務する従業員であっても従業員層を一定の基準で区分けした**キャリア管理**（雇用区分の多元化）が行われている（佐藤・佐野・原［2003］；今野［2012］）。これまで同一キャリア・グループ（キャリアの展開範囲が同じ従業員層）として括られていた従業員層のキャリアをさらに多元化あるいは複線化する企業がみられる。たとえば，従来は1つのキャリア・グループとして管理されていた大卒事務技術系の従業員についても，部下を指揮命令して仕事を進める「管理職」キャリアと，マネジ

メントではなく高度の専門能力を生かして仕事を担う「専門職」キャリア（専門職制度）の2つを用意する，などである。また，前述したように転勤の有無に基づき複数のキャリアを用意する企業もある（勤務地限定正社員制度）。

このようにキャリアの多元化・複線化が行われてきたのは，管理職ポストの不足から従業員の間に存在する管理職昇進のニーズを分散化するといった企業側の必要性だけでなく，従業員側のキャリア希望の多様化に対応したものである。たとえば，大卒事務技術系の従業員のなかにも管理職に昇進するよりも，自分の専門能力を生かせる仕事を継続することを希望したり，また転勤のないキャリアを希望したりする者などが少なくないことによる。また，多様な価値観を持った社員や外国籍社員，さらには在宅勤務や短時間勤務など多様な働き方を希望する社員が増加し，管理職に求められる部下マネジメント能力が高度化・複雑化したため，そうしたマネジメント能力の高い者を管理職に登用したいと考える企業が増えたことがある。言い換えれば，管理職には部下マネジメントの専門能力が求められてきている（専門職としての管理職）。

キャリア形成と能力開発

異動の目的の1つが，従業員の能力開発にあることを指摘した。つまり異動によって多様な仕事やより高度の仕事を経験する機会を従業員に提供し，能力開発の機会とするわけである。しかし異動を経験することが自動的に能力開発に結びつくわけではない。同じ職能分野内でより高度な能力が求められる仕事への異動であっても，保有している職務能力からあまりにもかけ離れた能力が求められる仕事への異動では，従業員が能力を獲得するまで相当の時間を要することになり，受入れ職場として育成負担が大きくなりすぎることになる。それだけでなく，当該従業員が

新しい職場の仕事をこなせるまで能力が伸びないなどのリスクも大きい。また異なる職能分野への異動など，現在の仕事と異動先の仕事の関連がほとんどない職場への異動の場合では，蓄積した能力を新しい職場で生かせる部分が少なく，それまでの人的資源投資が無駄になることにもなる。

したがって，同じ職能分野内部での異動では，仕事の幅を広げたり，いままでよりも幾分レベルの高い仕事を経験できたりする職場への異動が，また異なる職能分野への異動では，獲得している職業能力をできるだけ生かせる職場への異動が望ましいことになる。

大企業の大卒ホワイトカラーのキャリアを調べると，複数の職能間を経験する者もあるが，当該企業におけるキャリアの相当部分が特定職能分野のなかに収まる者が多い。複数の職能分野（例えば営業，経理・財務，人事労務など）を平均的に経験した者をジェネラリストとし，特定の職能分野（経理・財務のみなど）を長期に経験した者をスペシャリストと定義して，アメリカ，ドイツ，イギリス，日本の4ヵ国に関して大企業の大卒ホワイトカラーのキャリアを比較すると，日本では，ジェネラリスト，スペシャリスト，両者の中間タイプがバランスよく育成されていることが明らかにされている（佐藤 [2002]；小池 [2005] 第2,3章）。

キャリアの広がり：
出向と転籍

従業員のキャリアの範囲は，勤務先の特定の企業内にとどまるものではない。企業が雇用する従業員のキャリアの範囲は，当該企業と資本関係や取引関係にある企業にまで広がっていることも少なくない。こうした企業間の異動の仕組みが**出向**や**転籍**である。出向は，出向元の企業と雇用関係を残したまま出向先と雇用関係を結び，出向先の企業に対して労働サービスを提供する仕

組みである。出向は出向元と出向先の両者と雇用関係があるため，労働者派遣法上の派遣とは異なる（第7章の図7-1参照）。転籍は，雇用されていた企業との雇用関係を終了させ，転籍先と新たな雇用関係を結ぶものである。出向には，出向元に戻ることを予定した一時出向と，出向を一定期間経験した後に出向先に転籍することを予定したものがある。転籍と通常の転職との違いは，転職は従業員自身の選択によるのに対して，転籍による企業間異動には，転籍元と転籍先の両企業が関与していることにある。

　大企業は，出向・転籍者の送出しだけでなく受入れも実施しているが，中小企業では，受入れのみを行っている場合も多い。また大企業の出向・転籍先は，資本関係や取引関係のある企業が主となる。

　出向・転籍者の年齢構成は，若い者から高齢者まで広く分布するが，中高年層の占める比重が高く，とりわけ転籍を予定した出向の対象層では中高年層が多くなる。

　企業が出向や転籍を実施する目的は多様であるが，次のようなものをあげることができる。すなわち，①従業員の能力開発，②出向・転籍先の人材不足解消，③出向・転籍先への技術指導・経営指導，④出向・転籍先との人的な結びつきの強化，⑤出向・転籍元の労務費軽減，⑥出向・転籍元の従業員削減，⑦出向・転籍元の管理職ポスト不足解消，⑧出向・転籍者の定年後の雇用機会確保などである。こうした出向・転籍の目的は，出向と転籍で，さらには対象となる従業員の年齢層によって異なる。たとえば，中高年層を対象とした出向・転籍では，出向・転籍先の人材不足の解消，出向・転籍先への技術指導・経営指導，出向・転籍先との人的結びつきの強化が多く，さらに中堅層の出向・転籍に比べると，出向・転籍元の管理職ポスト不足の解消と出向・転籍者の

定年後の雇用機会確保の比重が高くなる。

　以上のように大企業を中心として，人材の育成・活用・調整の範囲が，企業単位から出向・転籍を通じて企業グループ単位へと広がり，資本関係や取引関係を通じて形成された**企業グループ内の準内部労働市場**（準企業内労働市場）が形成されつつある。また大企業に雇用された従業員の側からみると，企業内における定年までの継続雇用のシステムが，企業グループ内における継続雇用のシステムに変化したことを意味する（永野［1989］；稲上［2003］）。

　出向・転籍先として，資本関係や取引関係のある企業が多い。他方，出向・転籍先を資本関係や取引関係のある企業だけで確保することが難しい場合には，取引関係や資本関係のない企業へと拡大していく可能性もある。

3 雇 用 調 整

●労働サービス供給量の削減方法

雇用調整の方法

　雇用調整とは，企業の労働サービス需要の量と質の変化に対応できるように労働サービスの供給量とその質的な構成を変更する施策である。この定義によれば，雇用調整には労働サービス需要が増加するときと減少するときの両者への対応策が含まれるが，通常は景気後退期など労働サービス需要の減少期における対応について使われることが多い。

　雇用調整の方法は，労働者数と労働時間数を削減することによる**数量調整**と，賃金などを削減することによる**賃金調整**に分けることができる。労働サービスの供給量を削減する数量調整は，従業員数の削減と1人当たりの労働時間数の削減のいずれか，ある

いは両者の組合せによって可能となる。賃金調整は，数量調整を行わなくとも，それと同一の効果をもたらすことが可能となる。たとえば，賃金額を半減することは，従業員数を半減することと同様の効果がある。実際の雇用調整では，数量調整と賃金調整の両者を組み合わせて実施されることが多い。

数量調整の方法には，残業抑制などの労働時間削減，新規採用者数削減，退職者不補充，出向・転籍，希望退職者募集，解雇などがある。ただし，労働時間の削減は，労働サービスの供給量の削減には貢献するが，月給額などの基本賃金を維持したまま所定労働時間を削減するのでは，企業の時間当たりコストを増加させるだけで効果はない。こうしたことから労働時間の削減は，残業など所定外労働時間の削減による場合が一般的である。なお，所定労働時間の削減に合わせて賃金も削減する**ワークシェアリング**が活用されることもある（脇坂［2002］）。

解雇が最も直接的な数量調整の方法であるが，労働組合や従業員のなかでも正規従業員は，定年までの雇用機会の確保を強く企業に期待しており，また，後述する「解雇権濫用法理」と呼ばれる判例法理に基づいて制定された労働契約法などによって企業の解雇権の濫用に歯止めがかけられている。そのため企業は，通常，解雇を雇用調整の最終的な手段と考えている。しかし解雇に至る前に，**希望退職者募集**が実施されることも多い。希望退職者募集は，退職金の割増しなどによって自発的な退職者を募集するものである。希望退職者の募集に対して，企業側が退職を強力に促すと，希望退職に名を借りた解雇となることもある。正規従業員以外の有期契約の非正規従業員の場合は，雇用契約の途中での解雇よりも，雇用契約を更新しないかたちでの雇い止めが行われることが多い。

出向や転籍が，雇用調整の方法としても活用される。転籍は数量調整に貢献し，出向では，受入れ企業が一定の賃金額を負担するため，送出し企業は，受入れ企業が負担する賃金との差額のみを負担すればよく，賃金調整に貢献する。

　賃金調整には，賞与の削減，ベースアップの停止・削減，定期昇給の停止・延期などがある。

　配置転換も雇用調整の方法として活用されている。ただし，企業内の事業所間や部門間で労働サービスの需給にアンバランスがある場合にのみ活用できるものである。つまり労働サービス需要が減少した事業所や部門から，相対的に労働サービス需要が旺盛な事業所や部門へ従業員を異動できる条件があるときに有効な施策となる。

「解雇権濫用法理」と公共政策

　企業は，経営状況がよほど悪化しないかぎり，正規従業員の解雇を避けることを指摘した。これは法律で，企業に解雇を禁じているためではない。たとえば，民法は，「雇用期間の定めのない雇用契約」は2週間の予告期間を置けばいつでも解約できると規定している。労働基準法は，従業員を解雇しようとする場合，少なくとも30日前に予告しなくてはならないとしているが，賃金を支払えば予告日数を短縮でき，30日分以上の賃金（予告手当）を支払えば，予告日数が不要となる。つまり，法律上は，解雇の裁量権が企業に与えられているといえる。

　しかしながら低成長経済に移行した1970年代後半から10年ほどの間に，人員整理に関する裁判例が積み重ねられ，経営の合理化の必要性から余剰となった従業員の削減を目的とした解雇，つまり「整理解雇」が有効であるための4つの要件が確立した。これは「整理解雇の4要件」と呼ばれる。最近は，4つのうち1つ

でも欠けると解雇権の濫用に当たると判断するのではなく，総合的に考慮する立場から「整理解雇の4要素」と呼ぶことが多い（荒木［2022］）。

第2次大戦後の解雇をめぐる裁判例において，客観的に合理的な理由を欠いた解雇や，客観的に合理的な理由が存在しても解雇を適用することが社会通念上，妥当であると認めることができない場合（「社会通念上相当性のない解雇」）は，解雇権の濫用として解雇を無効とするいわゆる「**解雇権濫用法理**」が確立した。前述の「整理解雇の4要素」は，整理解雇に関して「解雇権濫用法理」がより精緻化されたものである。なお，判例上確立した「解雇権濫用法理」は，2003年の労働基準法の改正により「解雇は，客観的に合理的な理由を欠き，社会通念上相当であると認められない場合は，その権利を濫用したものとして，無効とする」という第18条の2が新設された。同条はその後，2007年に労働契約法が制定されたことで同法の第16条に移された。

整理解雇が有効となるための4要素とは，第1に，経営上，人員削減を行うべき必要性があること（整理解雇の必要性），第2に，人員削減措置を実施する前に，配置転換，一時帰休，希望退職者募集など解雇を回避する努力が行われていること（解雇回避努力義務），第3に，年齢，勤続年数，勤務成績，職種，再就職の可能性など解雇対象者の選定基準が妥当なものであること（解雇対象者選定の合理性），第4に，労働組合や従業員に対して，整理解雇の必要性とその時期・規模・方法および被解雇者の選定基準や解雇条件などについて，十分に説明・協議していることである（解雇手続きの妥当性）。第2の要素は，整理解雇が解雇回避の努力がなされた後の最後の手段として行われたものであることを意味する。こうした整理解雇の4要素は，企業による整理解雇が解

雇権の濫用に当たるかどうかの判断基準となるものであり，企業の解雇を抑制する規範として機能している（菅野［2004］；荒木［2022］など参照）。

雇用政策では，解雇を避け，企業の経営状況が回復するまで従業員を企業内に雇用し続けることを支援する法律（雇用保険法）をあげることができる。雇用保険法のなかの雇用安定事業として「失業の予防，雇用状態の是正及び雇用機会の増大」をはかるためにさまざまな助成金制度が設けられている。その1つが，雇用調整助成金である。雇用調整助成金は，景気の変動，産業構造の変化などによって事業活動の縮小を余儀なくされた企業が，労使協定に基づいて，雇用関係を維持したまま従業員の休業，教育訓練，または出向を行った場合，企業に対して賃金などの一定部分を，それぞれ負担するものである。景気後退期に，企業による従業員の解雇を避け，景気回復まで従業員の雇用を継続させようとする政策である。

4 定年制と高齢者雇用

●出口の管理

定年制とは

定年制とは，従業員が一定年齢に到達したときに自動的かつ無差別的に雇用関係を終了させる仕組みである。年齢基準による解雇ともいえる。定年制の機能として，企業にとっては定年で雇用関係を終了できることを，他方，従業員にとっては定年年齢までの雇用機会の提供を企業に期待することができ，職業生活の設計が可能となることをあげることができる。

定年制は，大正末から昭和の初めにかけて官営企業や民間の大

企業の一部に導入され，戦後の高度経済成長期に大企業に普及・定着し，しだいに中小企業にまで導入されるようになった。しかし定年年齢は，戦後長い間，50歳や55歳に設定されていた。定年退職が職業生活からの引退と同義であった時代は，定年までの雇用機会の提供は，いわゆる「終身雇用」の用語が当てはまるものであった。しかし平均寿命の伸長などを背景に，定年退職が職業生活からの引退ではなく，第2の職業生活への出発，つまり定年後に再就職する者が多くなる時代となる。

1970年代後半になると，定年延長の社会的要請が強まり（1973年の60歳を目標とする定年延長の閣議決定，79年の「昭和60年度までに60歳定年制の一般化」を目標とする第4次雇用対策基本計画の策定など），55歳定年が主流であった大企業でも定年延長に動き始め，80年代に定年延長が加速する。一律定年制を設けている企業のうち60歳以上の定年制の導入率は，1974年が35.4％で，40％を超えたのが81年，50％を超えたのが84年であり，92年には70％を超えた。

60歳定年から生涯現役へ

法制面では，1986年に高年齢者雇用安定法が施行され60歳定年が努力義務となり，98年には改正高年齢者雇用安定法が施行され，定年を設ける場合は60歳を下回ってはならないことが定められた。同法の改正で2006年4月からは，公的年金の支給繰延べにあわせて，60歳を超えて65歳までの段階的な継続雇用制度（定年年齢の引上げあるいは**勤務延長**制度や**再雇用**制度）の導入が義務化された。ただし，当初は，継続雇用制度の対象者を限定することができたが，2013年4月からは，その仕組みが廃止され，希望者全員を65歳まで継続雇用することが企業の事実上の義務とされた。さらに法改正によって2021年4月以降，

65 歳から 70 歳までの就業機会の確保が企業の努力義務となった。

　これら一連の法改正は，公的年金の支給開始年齢が 65 歳に向かって引き上げられていることに呼応するものである。私たちの社会は，働いて社会を支えている人とそれらの人たちによって支えられている人に大別される。現在，約半数の人が社会を支える側にいるが，この割合を減らさないことが社会の活力維持にとって重要である。

　急速な高齢化は，私たちに多くの問題を突きつけているが，見方を変えれば，日本は不老長寿という人類の理想を実現しつつあるということもできる。人口構成の高齢化は，日本だけの現象ではない。ヨーロッパはもとより，アジアの国々も高齢化している。高齢化が進んでも社会の活力を維持できる手法を日本が開発できれば，他国の範となることができる。日本社会は，これまで人類が経験したことのない，壮大な挑戦に取り組んでいるのである。

高齢者雇用と若年者雇用の関係

高年齢者雇用安定法の改正が議論されていたころ，経営側から次のような意見がしばしば聞かれた。「高齢者雇用の重要性はわかるが，高齢者を雇用し続けると若年層を雇えなくなる。若年層の就職が難しいなかで，**高齢者雇用**を推進するのはいかがなものか……」。経団連が実施した調査をみても，「高齢者雇用に取り組むと若年層の雇用に悪影響が出る」と回答した企業が約 4 割にのぼった。

　高齢者と若年者の競合関係については，多くの研究者が興味をもち，研究対象としてきた。これまでに幾多の研究結果が発表されているが，それらをみると，競合する場合もあるし競合しない場合もあるというのが，いまのところの結論である。

　両者の雇用が競合するのは，単純な要員管理をしている職場で

ある。ある生産工程で 10 人働いていて，そのなかの 1 人が 60 歳の定年年齢に達したとする。その人が継続雇用されるとポストが空かないので新しい人は入ってこられない。この場合は，競合関係にあることになる。

　他方，技術進歩があるような職場の場合，事情は異なる。たとえば，20 年前に製造された機械を使っている顧客がいるとき，その機械のメンテナンスをする要員が必要になるが，最近雇った若手にわざわざ古い技術を教えて 20 年前の機械のメンテナンスをさせる企業はまずない。若手には最新の技術を使った機械の開発・製造に従事してもらい，20 年前の機械の世話は高齢者に任せるのが普通である。このような場合，両者は競合関係になく，むしろ補完関係にある。高齢者がもっている知識を若手に伝えるという効果も期待できる。若手の技術の幅を広げるには，古い技術を知っておくことも重要だからである。

　コンピュータのシステム・エンジニア（SE）というと，最先端の技術をつねに追い求めていなければならないというイメージがある。しかし，現在，50〜60 歳代の SE がとても重宝されている。それは，古いコンピュータ言語で書かれたプログラムがまだ動いているからである。銀行のホスト・コンピュータのなかには，COBOL という言語で書かれたプログラムが使われているものがある。若手の SE は，最新の言語を習得しているので，COBOL のことはわからない。そこで，50〜60 歳代の SE がメンテナンスを担当することになる。現場を詳細に観察すると，いろいろな事実がみえてくる。

旧西ドイツの経験が参考になる

高齢者と若年者の関係をみるうえで，旧西ドイツが 1980 年代にとった政策が参考になる。80 年代の初め，当時の西ド

イツは若年層の高失業率に悩まされていた。そこで考えられたのが，高齢者の引退を促進することによって企業内に空きポストをつくり，そこに若年層が入ることで失業率を下げるという政策である。西ドイツ政府は，早期引退の仕組みをつくり，高齢者層の引退を促した。

ヨーロッパの人たちは，条件さえ整えば1日でも早く年金生活に入りたいと思っている。旧西ドイツ政府の政策は，60歳代前半層に支持され，たくさんの人が年金生活に入っていった。この点では，旧西ドイツ政府の政策は成功だった。しかし，肝心の若年層の失業率はほとんど下がらなかった。いったい，何が起こったのだろうか。

高齢者層は技能が高いので，彼らが引退すると会社のなかで配置転換が起こり，入口の仕事に空きができる。入口の仕事は，給料が安く，決して楽な仕事ではない。そういった仕事を当時の西ドイツの若者たちは敬遠した。そのため，若年層の失業率にほとんど変化はなかった。高齢者の引退によってできた空きポストに入っていったのは外国人労働者だったのである。

高齢者と若年者の競合関係に関する日本の議論をドイツの研究者に紹介すると，必ず上記の経験を話してくれる。「両者は競合関係にないから，安心して高齢者雇用の施策を展開するといい」という答えが返ってくる。

世代間の争いではなく雇用形態の差

高齢者と若年者が雇用の場を奪い合うというと，世代間の争いのようにみえる。しかし，観点を変えると，正規従業員か有期雇用契約かの差であることがわかる。若年層を企業が採用しようとするとき，正規従業員として雇用することを前提として人物評価を行う。面接にきた若者を前にして，採用担当者は次のよ

うに考える。「この若者を雇っても大丈夫だろうか。場合によっては，40年以上にわたってわが社で働くことになるのだが，そういう決断をするに値する人材だろうか」。生涯所得で3億円を支払うだけの価値があるかどうかを見極めようとするのだから，慎重にならざるをえない。

　他方，定年後に再雇用される高齢者は，1年契約の更新というかたちで採用されることが多い。これまでわが社で長く働いてくれた人だから，どんな人物かよくわかっている。賃金もそれほど高くないし，長くても5年で契約が終わる。採用する側としては気楽である。高齢者は有期雇用契約で若年者は正規従業員という点に注目すれば，また違った見方ができるはずである。

| 若年者雇用は別問題 |

　筆者（藤村）は，勤務先の大学で2007年度から4年間，キャリアセンター長を務めた。学生の就職活動のお世話をする最前線で，学生たちの実態をみてきた。その経験からいえるのは，若年層の就職が難しいのは，高齢者層が邪魔をしているというよりも若年層自身に原因がある場合が多いということである。

　4年生の10月になって，内定がまったくとれていない学生がキャリアセンターに相談にくる。そういった学生と話をしていると，ほぼ例外なく「この人物を雇いたいと思う企業はないだろうな」と感じる。基本的な受け答えができないのである。自分の考えを尋ねても，ちゃんとした答えが返ってこない。「これからどうしたいのか」と訊いても，反応が薄い。のれんに腕押しという感じである。

　このような学生をしっかり指導してこなかった教育機関としての責任はあるが，コミュニケーション能力を短期間で高めるには限界がある。突き放すわけにはいかないので，キャリアセンター

の職員が丁寧に応対し，指導して，なんとか正規従業員としての就職先をみつけるようにしている。

　若年層の雇用については，これまでとは違った対応策をとる必要がある。ここ20年間にわたって取り組まれてきたキャリア教育をみなおし，仕事の実態を理解させるプログラムを開発することである。高齢者も若年者も社会のなかでそれぞれの役割を果たせるようにしていくことが重要である。両者が対立するような場面を少なくすることが今後の課題といえる。

演習問題

1 新規学卒者などの採用に際して，企業が大学で学んだ知識をあまり評価しない理由について考えてみよう。

2 65歳への定年延長，再雇用などによる65歳までの雇用機会の提供，定年撤廃などの施策を比較検討してみよう。

3 高齢者と若年者が補完関係にある業務をみつけだし，どのように仕事が分担されているかを検討してみよう。

文献ガイド

1 小池和男・猪木武徳編［2002］『ホワイトカラーの人材形成——日米英独の比較』東洋経済新報社。

2 今野浩一郎［2012］『正社員消滅時代の人事改革』日本経済新聞出版。

3 苅谷剛彦・本田由紀編［2010］『大卒就職の社会学——データからみる変化』東京大学出版会。

4 高崎美佐［2023］『就活からの学習——大学生のキャリア探索と初期キャリアの実証研究』中央経済社。

5 服部泰宏［2016］『採用学』新潮社。

第3章

職能資格制度と職務等級制度

人事制度と昇進管理

1 職能資格制度

●能力開発・人事考課・昇給・昇格をどのように結びつけるか

等級制度とは

まず，等級制度とは何かを説明しよう。

等級制度とは，従業員を階層化して，彼らの企業内における相対的位置関係を表すものであり，最も卑近な例は軍隊の階級である。

そもそも企業が等級によって従業員を「切り分ける」（階層化する）理由はいったい何か。まず，等級の存在は賃金決定を容易にする。等級がなければ，1つひとつの職務と賃金を対応させなければならないが，これは大変な手間である。第2に，従業員の役割（役職）への配分は，上長の「好き嫌い」ではなく，適材適所

の観点から合理的になされる必要があるが，等級制度があれば役職者の候補をプールすることができる。さらに，従業員を等級によって切り分ければ，上位の級に昇級したいというインセンティブが現在の仕事の励みになるだろう。

こうした等級は，次の2つのタイプに分けられる。まず第1は，企業が従業員に与える役割の最小単位である「職務」に基づいた**職務等級**（ジョブ・グレイド）である。職務等級では，まず職務評価が行われる。そして職務評価で類似の価値をもつと判定された職務が，等級というかたちでくくられる（現在は，ヘイ・コンサルティング・グループのヘイ・システムが最も普及している）。したがって，下位の等級から上位の等級に昇級することは，すなわち，下位の等級に属する職務から上位の等級に属する職務に異動することにほかならない。こうした職務等級は，国内の外資系企業や欧米企業で広く普及している。

他方，第2のタイプは，職務という従業員の役割期待ではなく，従業員のさまざまな属性によって彼らを階層化するというもので，これを**資格制度**という。

資格制度とは　資格制度は，次のように定義できる。すなわち「職制とは別に，企業内における従業員の序列や処遇を明確にするために設けられている制度」（高年齢者雇用開発協会編［1984］）である。この制度は大規模企業ほど普及しており，とくに従業員規模5000人以上の企業では93.4％と圧倒的多数の企業で導入されている（労働大臣官房政策調査部編［1999］）。資格制度は，ラインの職制と並ぶ人事制度の1つであると先に述べたが，ラインの役職と決定的に異なるのは，それが正規従業員全員に適用されることである。

ところで，資格制度の運用は，決して時間の経過を超えて一律

ではない。いうなれば，従業員をどのような基準に基づいて階層化するかが変貌を遂げたのである。

　まず，明治以降第2次大戦終了までの時期は，「工員」(ブルーカラー) と「職員」(ホワイトカラー) といった従業員の身分を明確にするための「身分的資格制度」だった。第2次大戦後，1950年代に身分制が撤廃されると，身分的資格制度は，従業員の処遇を年齢・勤続によって行う「年功的資格制度」に置き換えられた。しかし，高度成長期に若年労働力不足が顕在化するにともない，こうした年功的性格の強い資格制度は人件費の高騰をもたらすことになった。そこで，日本経営者団体連盟は「能力主義管理」，具体的には資格制度の運用を**職務遂行能力**によって行う「**職能資格制度**」を提唱した (日経連能力主義管理研究会編 [1969])。今日，資格制度といえば，ほぼ職能資格制度を意味しており，以下の記述も職能資格制度を念頭においたものである。

　それではなぜ，日本企業では職能資格制度が，また欧米の企業では職務等級 (ジョブ・グレイド) が，それぞれ主流なのだろうか。一言でいえば，長期雇用を基本とする日本企業は，企業内の人材育成の過程で，従業員の能力をみきわめ，処遇に反映させていく。他方，転職が常態である欧米企業では，採用段階の限られた時間で評価するのが難しい「能力」ではなく，客観的に測定可能かつ外部労働市場に開示が容易な「職務」が機軸となるだろう。

　職能資格制度の役割　次に，職能資格制度が人事労務管理のなかでどのような役割を果たしているかを説明しよう。

　まず，各々の職能資格には**職能要件** (つまり職務遂行能力の要件) が定められている。これは，当該資格の在籍者が満たさなければならない条件である。従業員は，職能要件を満たすべく OJT

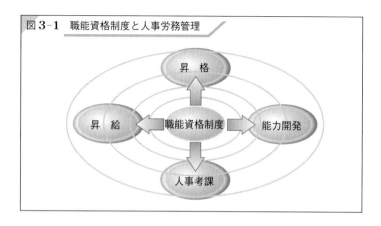

図3-1 職能資格制度と人事労務管理

昇格

昇給　←　職能資格制度　→　能力開発

人事考課

（on-the-job training）や Off-JT（off-the-job training）を経験し，それを充足すると上位資格に異動する。これが「昇格」である。しかしそのためには，従業員の職務遂行能力が実際に向上したか否かを確認しなければならない。そのための手段が人事考課である。人事考課の結果は，昇格とともに同一資格内の昇給にも反映される。なお下位の資格の場合は，職能要件の充足とともに当該資格に一定期間在籍することが昇格の条件となることが多い。これを**必要滞留年数**という。

　ここから明らかなように，職能資格制度は従業員の能力開発を意図しており，人事労務管理のなかで重要な役割を果たしている（図3-1）。

役職，資格，賃金の関係

　先に資格制度の特徴として，役職とは異なり，正規従業員全員に適用されるという点を指摘した。それでは，役職と資格はどのような関係にあるのか。また，賃金は役職で決まるのだろうか，それとも資格で決まるのだろうか。

　図3-2は，典型的な企業における役職，資格，賃金の関係を

示したものである。ここから明らかなように、役職と資格の関係は1対1ではなく、緩やかな対応はあるが切り離されている。

では、役職と資格が分離している理由はどこにあるのだろうか。企業が従業員を雇用するのは、彼らが企業目的を達成するためなんらかの貢献をすることを期待しているからである。従業員が企業のなかで果たさなければならない役割期待の最小単位を**職務**（あるいは役職）という。これは、いうなれば労働需要側の要因である。

しかし、ピラミッド型の組織構造を前提にすれば（最近は、組織のフラット化が強調されるが、組織構造の基本は、やはりピラミッド型である）、上位の職務になるほどその数は減少する。すなわち労働需要側の要因である職務は、その数に限りがある。

他方、職能資格は、従業員の職務遂行能力の指標であるから、いわば労働供給側の属性であり、組織上の供給制約は存在しない。つまり役職と資格とは、前者は労働需要側の要因であるのに対し、後者は労働供給側の要因で、両者は独立のものであるといえるだろう。しばしば役職と資格は元来1対1対応にあったのが、管理職ポスト不足によって「分離」したといわれるが、これはあくまで運用上の結果である。

さて図3-2で役職と資格の関係をみると、資格は、主に対応する役職から下に対しては弾力的に設定されている。たとえば理事という資格は、主に対応する役職は部長であるが、少なくとも制度上は課長や係長とも対応している（図3-2の実線部分）。したがって同一資格の在籍者でも、ある者は部長、ある者は課長であり、さらに部長級、課長級の「役職に就かない管理職」が存在する。他方、主に対応する役職よりも上位の役職と対応している場合は、上位資格に在籍している者との間で昇進の「逆転」が発生

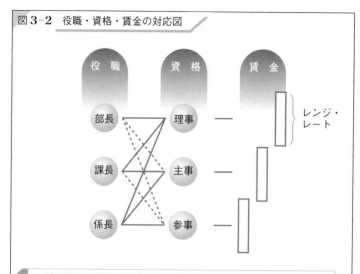

図3-2　役職・資格・賃金の対応図

| 役　職 | 資　格 | 賃　金 |

部長　　理事　　　　　　　　レンジ・
　　　　　　　　　　　　　　レート

課長　　主事

係長　　参事

　役職と資格の関係で，なぜ点線のような対応が稀であるかは，「ストック型雇用制度」の概念で容易に説明できる。すなわち「主事」在籍者は，「課長」レベルの能力を有する者のストックであり，「部長」レベルの能力は，いまだ「ストック」されていないのである。
　他方，職能資格制度で「降格」が少ないことも，いったん「ストック」された職務遂行能力は容易に陳腐化しないと考えれば，理解できるだろう。

するだろう（図3-2の点線部分）。

　それでは，職能資格制度のもとでは従業員の賃金はどのような方法で決められているのか。一般に，基本給の決め方としては，年齢給・勤続給をベースとしたうえで（第4章4節参照），仕事の価値を重視する**職務給**と，職務遂行能力を重視する**職能給**とに分かれるが，多くの企業は職能給によって基本給を決めている。すなわち労働需要側の要因ではなく，労働供給側の要因によって賃金が決められているのである。ただし，ほとんどの場合，職能給はシングル・レート（同一資格同一給与）ではなく，給与水準が一定の幅をもつレンジ・レートである。

それでは，同一資格の在籍者が異なる役職に配置されているにもかかわらず，なぜ彼らの賃金は職務ではなく，資格に対して支払われるのだろうか。それは，企業が従業員の現在配置されている「フロー」としての職務でなく，ある資格に到達する過程で「ストック」された職務遂行能力に対して賃金を支払うからである。仕事の価値に対して賃金を支払えば，仕事が変わらないかぎり賃金は大きく変わらない。しかしそれでは，職務遂行能力の伸びをきめ細かく賃金に反映させることはできない。職能資格制度の目的が従業員の能力開発であるなら，賃金は従業員が配置されている仕事ではなく，彼らの能力に対してこそ支払われなければならない。

　ここから明らかなように，日本の雇用制度は職能資格制度を基本にした「ストック型雇用制度」である。そしてこうしたストック型雇用制度は，昇進という側面から観察することもできる。役職と資格が分離しているために，上位役職への昇進は，ある資格に昇格した者のなかから対応する役職に昇進する者が決められる（これを**昇格先行**，**昇進追随**と呼ぶ）。したがって役職昇進は，ある役職に対応する資格の在籍者という「人材ストック」のなかから，「フロー」としての職務配置を行うことにほかならない。

「育成の論理」と
「選抜の論理」

次に，職能資格制度がどのような原理によって規定されているかをみることにしよう。

　職能資格制度のもとでは，従業員は当該資格の職能要件を満たすべく OJT や Off-JT を経験し，それを「卒業」すると上位資格に昇格する。これを**卒業方式**という。企業によっては，当該資格だけではなく，上位資格の要件を満たしていることをも昇格の条件にしている。これが**入学方式**である。いずれにしても，職能資

格制度を規定しているのは**育成の論理**である。この点は，職能資格制度の概説書によって等しく強調されている。

しかし，従業員が上位資格に昇格することは，賃金が資格によって決められている以上，必然的に人件費コストを増大させる。また，職能資格は労働供給側の属性であり，供給制限が存在しない。したがって「昇格」という資源の供給を一定の水準で調整しなければ，インセンティブが低下してしまう。これが**選抜の論理**である。

ここから，企業は職能資格制度によって従業員の能力開発を行い，職能要件を「卒業」した者は昇格させたい反面，昇格にインセンティブを与え，人件費コストを抑制するため昇格者をなるべく厳選したいという「育成の論理と選抜の論理の矛盾」に直面している（八代（充）[2002]）。この点に企業がどのように対応しているかは，第2節で説明しよう。

職能資格制度の問題点 これまで職能資格制度のさまざまな側面について説明したが，この制度の問題としては次の点があげられる。

まず第1に，先に役職（＝職務）が労働需要側，資格が労働供給側であると述べた。こうした企業内労働市場における需給のマッチングをはかるのが，配置・異動管理にほかならない。しかし，先に述べた「ストック型雇用制度」という性格を反映して，各々の役職に対する有資格者は，実際の職務に対し慢性的に供給超過となる。その結果，上位の資格には「昇格」したものの，上位の役職には「昇進」できないということが起こりうる。とくに，彼らが人件費に見合った貢献を企業になしえない「役職に就かない管理職」である場合は，問題はより深刻である。

第2に，現在，社内人材育成だけでは対応できない分野が出て

きており，こうした人材は，外部労働市場から調達せざるをえない。しかし，社外から人材を調達する際に，とくに金融デリバティブの専門家のようにその「値づけ」が外部労働市場でなされている場合は，職能資格制度では魅力的な労働条件を提示できない。それは，この制度があくまでも企業内労働市場における人材育成を促進し，そこで「ストック」された能力の「値づけ」を行うための人事制度だからである。

　それでは，こうした職能資格制度の問題点には，どのような解決策が考えられるだろうか。

　1つは，賃金体系によって企業内労働市場を「分割」することである。これは，企業内人材育成を必要とする領域には従来どおり職能給を適用し，他方，外部労働市場から即戦力を調達する領域には，外部労働市場による「値づけ」に即応する賃金体系，具体的には職務給を導入することを意味する。なぜなら，即戦力として調達する人材は「ストック」された能力を蓄積することよりも，それを「フロー」として発揮することが期待されているからである。したがって，この点をさらに進めれば，「企業内労働市場（長期雇用）＝職能給，外部労働市場（有期雇用）＝職務給」という選択肢も当然考えられるだろう。この点は，企業の「雇用ポートフォリオ」戦略と密接に関連しているのである（第1章2節参照）。

　また最近は，管理職層と非管理職層で賃金制度を「分割」し，管理職層には職務給やこれに類似する役割給を導入し，非管理職は従来どおり職能給という企業もある（日本生産性本部［2016］）。「企業内育成＝職能給」という先の図式に従えば，これは従業員育成期間の短縮につながるだろう。実際，日本生産性本部［2019］において企業の賃金制度の導入状況をみると，非管理職層では職

能給が76.5%，役割・職務給は57.8％と職能給が多数派だが，管理職層になると役割・職務給は78.5%，職能給が57.8%と職務給が多数派となっている。

ただし，職能資格制度の問題点やその対策について論じる際は，単にコスト面をみるだけでは十分ではない。職能資格制度は確かに運用が年功的に傾くので，コスト面で問題があることは否定できない。反面，仕事と賃金の関係が1対1対応ではないので，配置・異動の柔軟性を確保するのは容易であり，モチベーションの維持や能力開発に貢献するところが大きい。他方職務給は，確かにコスト面では優れているが，仕事と賃金の対応関係が配置・異動面での制約を多くしている。企業が大枠として長期雇用を維持するのであれば，配置・異動の柔軟性や能力開発は不可欠であり，したがって職能資格制度をまったく捨て去ることは難しい。人事制度の「イイトコ取り」は結局「虻蜂取らず」に終わりかねない。

2 人事考課制度
●「育成の論理」と「選抜の論理」

人事考課の役割

人事考課とは，「従業員の日常の勤務や実績を通じて，その能力や仕事ぶりを評価し，賃金，昇進，能力開発等の諸決定に役立てる手続き」（白井[1992]）である。この定義からも明らかなように，人事考課の役割は次の2点に集約できる。

まず第1点は，能力や仕事ぶりを評価して，それを被評価者にフィードバックすることによって従業員の能力開発を促進することである。前節で述べたように，従業員の能力開発は職能資格制度によって行われるから，人事考課は職能資格制度のサブシステ

ムとして位置づけられる。その前提として，従業員が当該資格の
職能要件をどの程度充足しているかを確認するのも人事考課の役
割である。

この点を人事考課における「育成の論理」とすれば，第2点は
従業員に「差をつける」ことである。すなわち人事考課における
「選抜の論理」である。人事考課によって昇給・昇格に差をつけ
ることは，従業員にインセンティブを与え，人件費を効率的に配
分するために不可欠である。

ここから明らかなように，人事考課は「育成の論理と選抜の論
理の矛盾」に直面している。こうした矛盾が，職能資格制度にお
ける2つの論理の矛盾を反映していることはいうまでもない。

ところで，日本の企業ではブルーカラーに対しても人事考課が
行われているが，これは必ずしも海外では一般的ではない。たと
えばアメリカのブルーカラーの場合は，先任権という「マギレの
ないルール」が存在し，昇進は先任権（すなわち勤続年数）順に，
解雇は先任権の逆順に行うという原則が確立している（小池
［1977］）。

こうした人事考課の日本的特徴は，ブルーカラーに対して月給
制が採用されていることや，その賃金が勤続にともなって右上が
りになることとあわせ，「ブルーカラーのホワイトカラー化」（小
池［1981］）を示している。

評価の基準　次に，人事考課の具体的内容に話を進め
よう。先に，人事考課の目的は「能力や
仕事ぶりを評価する」ことであると述べたが，それは具体的には
次の3つに分けられる（以下の記述は，今野［2008］に依拠すると
ころが大きい）。

まず第1は**能力評価**であり，仕事経験や教育訓練をとおして

「ストック」された職務遂行能力を対象にしている。第2は**情意評価**であり、仕事に対する姿勢、具体的には出勤などの勤務態度を対象にしている。

以上の2つが仕事に取り組む過程の評価であるのに対し、第3は、仕事の成果を対象にした**業績評価**である。これは「ストック」された能力でなく、「フロー」すなわち一定期間にどの程度企業に貢献したかという「顕在的貢献度」が評価の対象である（ただしこのことは、能力評価が「潜在能力」だけを評価対象にしていることを必ずしも意味しない）。

一般に能力評価は年1回行われ、その結果は昇給や昇格に反映される。他方、情意評価と業績評価は一般に年2回の**賞与評価**のなかで行われる。能力評価は、業績評価や情意評価に比べて評価のスパンが長いというのが、その理由である。

それでは、企業が「能力」「姿勢」「成果」を組み合わせた評価体系を作り上げている理由は何か。仮に、個人が同じ能力と姿勢をもっていても、さまざまな環境条件によって仕事の成果は短期的には変動しうる。したがって、評価体系が成果を中心にしたものになると、成果がみえにくい仕事に配置された人が低く評価され、その結果、能力向上や労働意欲が阻害されるという問題が生じる。また、先に述べたように仕事の成果は短期で評価されるので、成果中心の評価は従業員が長期的視野に立って能力を高めることを妨げる。しかし企業は市場、技術、経営戦略の変化に対応するため、長期的な能力開発を怠ることはできない。

他方、能力や姿勢を中心に評価を行えば、これまで述べた問題は回避できるが、今度は仕事の成果を高めるインセンティブが働かなくなる。「仕事に取り組む姿勢」と「仕事の成果」は、いずれも評価基準として欠くことはできないのである。

表3-1　評価段階・評価主体・評価方法

	評 価 主 体	評 価 方 法 （能力評価）	評 価 方 法 （業績評価）
一 次 評 価	直 属 上 司	絶 対 評 価	相 対 評 価
二 次 評 価	部 門 長	相 対 評 価	相 対 評 価
最 終 調 整	人 事 部 門	相 対 評 価	相 対 評 価

評 価 の 方 法

　表3-1は，具体的な評価の方法をみたものである。まず能力評価に際して，直属上司が行う一次評価については，一般に職能資格制度の「育成の論理」を反映して**絶対評価**で行われる。しかし部門長が行う二次評価に関しては，「選抜の論理」に基づいて**相対評価**の観点から調整が行われる。さらに多くの企業では人事部門が人事考課の調整に関与し，さまざまな手段で一次評価，二次評価の結果を「検証」する（たとえば都市銀行では，本店人事部に「臨店」と呼ばれる組織があり，全国の支店を回って，支店長以下従業員の面接を行っている）。その結果に基づいて分布調整（人事考課結果の分布の調整）を行い，その過程で場合によってはライン管理職に評価結果を照会し，さらには評価を修正させる場合もある。

　表3-2は，ある企業の人事考課表の一部をみたものである。この企業では，人事考課は先に述べた「能力評価」「情意評価」「業績評価」の３つに分かれており，ここに掲げたのは能力評価の考課表である。通常考課表の内容は資格ごとに異なり，下位の資格ほど知識面が重視され，上位資格になるほど行動面が重視される。

　他方，業績評価は，評価期間の初めに部下と上司の間で業務目標を設定し，評価期間の終わりに目標の達成度により業績を評価する目標管理制度によって行う場合が多い。業務目標の設定は，

表 3-2　ある企業の人事考課表：能力考課

評価項目	評価要素（評価の着眼点）	被　考　課　者			
		資格又は滞留年数	級号年	級号年	級号年
		入社年度発令年月　・／	・／	・／	・／
		考　　課　　者	考課者／調整者	考課者／調整者	考課者／調整者
役割意識	ⓐ 担当分野の目標を充分理解すると共に担当業務に関する問題点把握は的確であるか。				
	ⓑ 仕事に対する取組姿勢，行為，発言は前向きであるか。				
	ⓒ 率先垂範し前向きにリーダーシップをとっているか。				
	ⓓ 同僚・後輩の仕事の進捗状況を良く把握し必要に応じ援助を積極的に行っているか。				
ヒューマンリレーション	ⓐ 表現は解り易く適切であるか。				
	ⓑ 相手の立場や意見を理解しようと傾聴に努めているか。				
	ⓒ 明朗で活力的に陰日向無く仕事をし明るい職場づくりに努めているか。				
	ⓓ 人間関係は円滑で同僚からも信頼され良き相談相手となっているか。				

（出所）　八代（充）[2002]。

各部門の管理者が部門の方針・計画・目標を設定し，それを念頭において個人の業務目標が設定される。そして，能力評価が絶対評価と相対評価の折衷であったのに対して，業績評価は相対評価で行われる。もっとも目標管理制度は能力開発を目的にしていることもあり，この場合，評価方法は絶対評価である。

　しかし，目標管理が上司と部下との話合いによって行われると，部下が情報を操作して意図的に低い目標を設定する可能性は否定できない。この点への対応として，高い資格にある者ほど難しい目標が設定されるが（今野 [2008]），評価者の側もこれまで以上に部下の業績や仕事能力を把握することが求められるだろう。もちろん，より高い目標とより高い報酬とがリンクすべきであることはいうまでもない。

最後に，ノーレイティングについて説明
したい。確認だが，ノーレイティングと
は評価をしないことでは決してない。そ
うではなくて，数字や記号を使わずに，上司と部下との面談を通
じて定性的な観点から評価を行うことをノーレイティングと呼ん
でいる。

人事考課とは，従業員の働きぶりを確認して賃金や昇進・昇格
等の配分に活用することが目的の1つである。昇進・昇格も昇給
も限りがある以上，評価結果を人件費昇進・昇格枠に収めるため
には分布形成が欠かせない。ただでさえ，直属上司の評価には中
心化傾向や寛大化傾向が存在するので，この点はなおさらである。
その結果，人事考課の目的は従業員の処遇にメリハリをつけ，イ
ンセンティブを与えることだったはずが，分布をつくるのが自己
目的的になり，人事担当者は分布づくりに疲れ果て，従業員は評
価の結果に不満を持ち，管理職は評価結果を説明できないという，
三方一両損に堕してしまう。ノーレイティングが求められる所以
は，この点にあると言えるだろう。

しかし，分布形成を前提としないノーレイティングには，問題
も多い。第1に，数字や記号を使わずに，いったいどのようにし
て評価を行うことができるのだろうか。分布形成を廃すれば，評
価は勢い定性的なものにならざるをえない。その結果評価の主観
性が高まるとかえって問題である。第2に，そうならないために
評価手順が複雑になり，かえってマネジャーの負担が増大するこ
とも懸念される。

結局，分布を廃するノーレイティングは，管理職と部下との面
談のやり方や評価結果を処遇に反映させることができるかどうか
が，その成否を分けるといえるだろう。

3 企業内昇進の基礎理論

●育成・選抜・動機づけ

昇進管理における「育成」「選抜」「動機づけ」

ここまで人事制度について説明してきたが，以下では，こうした制度を「運用」して，昇進管理がいかに行われているかを検討しよう。まず，昇進管理には，次に述べる3つの側面が存在する。

第1は，**育成**である。企業における人材育成手段としては，OJT が重要である。その結果，OJT を効率的に行うために，同一企業のなかでやさしい仕事から難しい仕事に至る仕事群，つまりキャリアが形成される（小池［2005］）。したがって，昇進は企業内労働市場における従業員の育成という重要な機能を果たしている。

しかしこうした育成は，必ずしも昇進と同義ではない。昇進の第2の側面として，**選抜**という点を無視することはできない。OJT によって育成された個人が，実際に上位役職に昇進するか否かは，その個人が企業によって選抜されるか否かに依存する。

一般に，日本企業の昇進管理の特徴として**年功的昇進管理**という点があげられる。しかし，こうした年功的昇進管理が文字どおりのかたちで行われることは，不可能である。組織の構造はピラミッド型であるから，ある年に入社した従業員の一定割合が年々徐々に退職することを前提としないかぎり，こうした昇進管理は維持できない。しかし，それは日本の長期雇用慣行とは相容れない。ピラミッド型組織構造を前提とすれば，遅かれ早かれ，昇進選抜が行われることは避けられないのである。

こうした昇進選抜には，次の2つの意味がある。まず第1に，通常，部長は課長から，また課長は係長から，それぞれ選抜される。したがって企業からすれば，課長に誰が昇進するかを選抜することは，実は部長への昇進候補者を選抜することにほかならない。このことは，昇進選抜が**トーナメント形式**（勝抜き戦）で行われることを示している。

　また第2に，昇進選抜をどのようなかたちで行うかは，トップ・マネジメントの「育成」とも密接に関連している。一般に，企業は将来の幹部候補生を育成するために，候補生を早期に選抜したいという志向をもっている。しかし，決定的な選抜がキャリアの早期であるほど，それは限られた情報に基づいて行われざるをえない。すなわち，昇進管理は「早期選抜」と「情報の非対称性」とのトレードオフに直面しているのである。

　以上述べた「選抜」と「育成」に共通していたのは，**効率**という要請が働いていることである。企業が従業員を育成するため昇進機会を与えるとすれば，「投資効率」が重視されざるをえない。「早期選抜」という発想も，まさにこうした要請の延長線上にあるといえるだろう。

　しかし，企業内昇進には，いま1つ従業員の貢献に対する報酬という処遇的な側面がある。言葉を換えれば，企業内昇進の**動機づけ**の側面である。従業員は昇進することによって，仕事上の権限が拡大し，賃金が増大し，社会的な評価も上昇するから，多くの従業員は昇進に対して強い期待をもっている。したがって昇進機会の多寡は，従業員の仕事意欲に決定的な影響を与えるだろう。

　ここから明らかなように，「育成の論理」「選抜の論理」に従えば昇進機会を極力限定する必要がある反面，「動機づけの論理」からすれば，できるだけ多くの者にそれを与えるのが望ましい。

すなわち，企業は昇進管理において，「効率」と「動機づけ」という相矛盾する制約要因に直面しているのである。

「資格昇格選抜」と
「役職昇進選抜」

ところで，第1節で述べたように，企業には「役職」と「資格」という2つの人事制度があり，両者には一定の対応関係があるが，切り離されている。したがって昇進選抜にも，下位の職能資格から上位の職能資格に異動する**資格昇格選抜**と，下位の職能資格に対応する役職から上位の職能資格に対応する役職に異動する**役職昇進選抜**という2つの側面がある（八代［2002]）。そして，同じく第1節で述べたように，役職と資格の間には，「昇格先行，昇進追随」という関係があるから，「資格昇格選抜」によって上位資格に昇格した者のなかから，「役職昇進選抜」によって，誰が上位役職に昇進するかが決められる。先に昇進機会の多寡が従業員の動機づけに影響すると述べたが，こうした2つの昇進選抜は，企業の昇進管理の裁量性を高めるといえるだろう。

人事部門とライン管理
職

それでは，いま述べた2つの昇進選抜は，各々どのような要因によって決められるのだろうか。

第1に「資格昇格選抜」については，まず多くの企業が各々の資格に必要滞留年数を設けており，それを充足することが必要である。しかし，最も重要なのは，人事考課の結果が一定水準に到達することである。冨田［1992]の事例研究によれば，従業員は，下位の資格では必要滞留年数を満たすとおおむね差がつかないで昇格する。しかし一定年齢以上については選抜が行われ，上位資格になるほど人事考課の結果の差が昇格のより大きな差となって現れる。

また第2節で述べたように，職能資格制度のもとでは，人事考

課は本来絶対評価で行われるべきだが，実際は「育成の論理と選抜の論理の矛盾」を反映して，直属上司のほかに部門長や人事部門が考課に関与し，それらによって相対評価の観点から調整が行われる。

第2に「役職昇進選抜」を決定するのは，ライン管理職からの役職昇進申請である。一般に，「役職昇進選抜」においては，資格昇格選抜に比べてラインの意向が強く反映される。なぜなら，売上や利益に対して責任をもつ事業部門は，個別の人事に対して強い利害関係があるからである。

しかし第1章で述べたように，ライン管理職に個別人事の決定がゆだねられると，全社的な観点からみた適正配置が損なわれる危険性がある。したがって役職昇進選抜については，ライン管理職と人事部門との間に「分業関係」が成立しており，一定職位（通常，本社の課長）以上については，本社人事部が個別人事に関与する。そして人事部門は，試験，研修，面接結果など多面的な情報を収集し，それを人事考課と突き合わせることによって誰を役職に登用するかを決定している（八代（充）[2002]）。

図3-3は，企業が昇進選抜（正確には「役職昇進選抜」）に際してどのような要因を重視するかを示している。これをみると，課長クラス・部長クラスともに，「能力・業績」「資格制度上一定のレベルに達していること」「職場の上司の推薦」が多くなっている。これまで述べたことから，「能力・業績」は人事考課に，「資格制度上一定のレベルに達していること」は必要滞留年数と上位資格への昇格に，また「職場の上司の推薦」は役職昇進申請に，それぞれ対応しているといえるだろう。

同期入社の昇進競争

次に検討すべきなのは，昇進選抜がいつ行われるかということである。日本の企

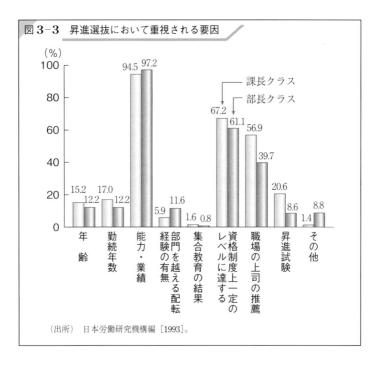

図3-3 昇進選抜において重視される要因

(%)

課長クラス
部長クラス

- 年齢: 15.2 / 12.2
- 勤続年数: 17.0 / 12.2
- 能力・業績: 94.5 / 97.2
- 部門を越える配転: 5.9 / 11.6
- 集合教育の結果: 1.6 / 0.8
- 資格制度上一定のレベルに達する: 67.2 / 61.1
- 職場の上司の推薦: 56.9 / 39.7
- 昇進試験: 20.6 / 8.6
- その他: 1.4 / 8.8

(出所) 日本労働研究機構編 [1993]。

業を念頭においた場合，昇進選抜の特徴としては，次の3点があげられる。

　まず第1点は，昇進選抜が主として同じ学歴の同一入社年次のなかで行われることである。つまり，同期で入社した者が昇進選抜の母集団となる。もちろんこのことは，下の年次の者が上の年次の者を追い越す「抜擢人事」や「逆転人事」を無視するものではない。

　第2点は，こうした同一年次内の昇進選抜が**長期の競争**（小池編［1991］）に基づいて行われていることである。先述したように，「効率」という観点からは，幹部候補生をなるべく早期に選抜することが求められる。しかし，決定的な選抜がこうした「短期の

競争」に基づいて行われれば，選抜に漏れた従業員の仕事意欲は必然的に低下する。また，早期選抜には，いま1つ，従業員各人は自分の仕事能力について正確な情報を有しているが，企業はそれを十分把握していない「情報の非対称性」という問題もある。したがって，なるべく多くの情報に基づいて選抜を行い，多くの従業員の意欲を維持するためには「長期の競争」が望ましい。こうした「長期の競争」は，長期雇用という企業内労働市場の原理・原則に根ざしている。

第3に，同一入社年次内の格差は，まず賃金の差となって現れ，それが「資格昇格選抜」に影響し，最後にそれらが「役職昇進選抜」に反映するというかたちで拡大していくのである。

ところで，日本労働研究機構編［1993］によれば，1000人以上規模の大企業2000社を対象にした調査の結果，64.5％の企業が入社後一定期間は同一年次入社の間に昇進・昇格で差をつけないとしており，その期間としては，「入社後5年程度」(62.7％) が最も多く，「7～8年程度」(21.1％) がこれに続いている。他方，通商産業省産業政策局企業行動課編［1983］によれば，昇進選抜の時期としては「課長昇進に際して」が，45.6％と最も多くなっている。

このような2つの調査結果の違いが生じる理由として，1つには，調査の時期が異なるという点があるだろう。しかし，いま1つの可能性は，昇進選抜が2つの段階で行われていることである。

この点，今田・平田［1995］は，ある大企業の事例研究に基づいて，企業の昇進選抜は，①一律年功，②昇進スピード競争，③トーナメント型競争，という3つの側面からなる「重層型キャリア」であると規定した（図3-4）。

まず一律年功だが，先に述べたように，入社後数年間は同期入

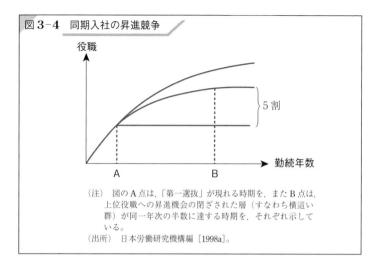

図3-4　同期入社の昇進競争

役職

5割

勤続年数

A　　　　B

(注)　図のA点は,「第一選抜」が現れる時期を,またB点は,
上位役職への昇進機会の閉ざされた層(すなわち横這い
群)が同一年次の半数に達する時期を,それぞれ示して
いる。

(出所)　日本労働研究機構編［1998a］。

社の間で昇進・昇格に差はつかない。これは「同一年次同時昇進」
とも呼ばれている。もっともこの期間も人事考課は行われている
から,給与面では格差がつく場合もある。八代(充)［1995］によ
れば,同一年次同時昇進を行う理由は「従業員の能力評価を正確
に行う」(73.4%) が最も多く,「従業員の意欲を高める」(58.4%),
「従業員の能力開発」(52.1%) がこれに続いている。

　しかし入社後一定期間が経つと,同一年次のトップで昇進する
第一選抜が現れ (図3-4のA点),昇進する者と昇進しない者と
が分化する。これが昇進スピード競争である。

　ただし,この時期は,昇進が遅れた者も昇進機会がまったく断
たれるわけではない。第一選抜から大きく引き離されないでつい
ていくという「踊り場」(今田・平田［1995］) 現象や,逆に,次の
選抜では第一選抜で昇進するという「敗者復活」がみられる。実
際,労働大臣官房政策調査部編［1995］が大手企業2000社に行
った調査の結果によれば,課長直前資格に在籍する者で最終的に

課長相当資格まで昇格する比率は，59.6％と約6割に達している。

　しかしこうした昇進スピード競争が観察されるのは課長昇進までであり，それ以降昇進選抜は，毎回の競争の勝者のみが次の競争に参加できるというトーナメント型競争で行われる（Rosenbaum［1984］）。その結果，今度は昇進時期の早い遅いの分化ではなく，昇進する者とそれ以上昇進せずに同一役職・資格に滞留する者（「横這い群」〔日本労働研究機構編［1998a］〕）との分化が明確になる（図3-4のB点）。

　ここから，先の2つの調査結果で昇進選抜の時期が異なるのは，「入社後5～7，8年」が図3-4のA点に対応するのに対して，「課長昇進に際して」は図3-4のB点に対応すると考えれば理解できるだろう。

───────────
「長期の競争」のコスト・ベネフィット
───────────

　ところで，従業員の意欲を維持し，「情報の非対称性」を解消することは，日本企業にかぎらず人事労務管理の普遍的な課題である。それでは，諸外国の昇進管理に，こうした特徴はどの程度観察されるのだろうか。

　この点に関し，日本労働研究機構編［1998］が，日本，アメリカ，ドイツの3ヵ国で，人事，営業，経理・財務の3職能の部長クラス，課長クラスに対して，郵送質問紙調査で尋ねている。その結果は，まず図3-4のA点は，日本が7.9年であるのに対し，アメリカは3.4年，ドイツは3.7年，またB点についても，日本が22.3年であるのに対して，アメリカ9.1年，ドイツ11.5年というものであった。「長期の競争」が日本の特徴であること，すなわち国境を越えた普遍性をもつベストプラクティスではないことが明らかである。

　それでは，同期入社の従業員間で一定期間昇進・昇格に差をつ

けないという「長期の競争」には、どのような問題があるのだろうか。「長期の競争」のもとでは、結果的に「横這い群」になる者とトーナメント競争に勝ち残って上位役職に昇進する者とが、ある時期までは差がつかずに同時に昇進・昇格（すなわち昇給）していく。先に述べたように、こうした方式には、従業員の仕事意欲を長期間にわたって維持し、また情報の非対称性を回避するというメリットがある。

　しかし従業員側、とくに若手従業員の意識がこうした昇進選抜のやり方に適合しているかどうかは自明ではない。逆に潜在能力の高い従業員が、「長期の競争」によって仕事意欲を低下させている可能性もある。一般に、従業員の能力分布には、高いほうからみて「2・6・2」原則があるといわれる。「長期の競争」は、「6」の部分の意欲を高めることを主眼にしてきたが、仮に企業が今後上位の「2」の部分の意欲を高めることを重視すれば、むしろ早期選抜が選好されるだろう。

　実際、欧米の企業は**ファスト・トラック**、すなわち経営幹部候補生の早期選抜制度を導入しており、対象者はキャリアの早期に「ディベロップメント・センター」と呼ばれる心理的な技法によって決められる。彼らは企業内の枢要な仕事を経験し、2段跳び、3段跳びで昇進していく。またイギリスの企業では、ライン管理職が個別の人事を行うのが一般的だが、ことファスト・トラックについては、人事部門が個別人事に関与し、時にはライン管理職のあげた候補者と人事部門のそれとが「競合」する場合もある。その理由は、彼らが多くの場合、本社の予算によって管理されているからである（八代（充）［1994］）。

　このことは、長期の競争を旨とする日本の企業でも、優秀な人材を定着させ、本人に明確な意識づけを行うためには早期選抜が

必要になることを示している。

しかし，確かに早期選抜は「2・6・2」の上位の「2」の層に対しては重要だが，そもそも企業が「2・6・2」原則の「6」の層を重視するのはなぜだろうか。もしも昇進格差がキャリアの初期から拡大しても，「負け組」が転職しなければ，やる気の低下した従業員が何十年も居続けることになる。しかも，第2章で述べたように，日本は整理解雇に関する判例法理の結果，従業員を「辞めさせにくい」社会であるので，企業はこの点についてなおさら神経をとがらさなければならない。

したがって，解雇が容易で転職性向が高い社会では，「2・6・2」の上位の「2」の層の従業員のやる気を高めるのがなによりも重要であるのに対して，従業員が「辞めない，辞めさせられない」社会では，「2・6・2」の「6」の層のやる気を可能なかぎり維持することが死活的に重要となる。「長期の競争」が国境を越えたベストプラクティスとはなりえないにもかかわらず，日本の企業で今日まで続いている理由の1つは，この点にあるといえるだろう。

日本の企業で年次管理に基づく「長期の競争」が定着しているいま1つの理由は，企業が労働力の給源を新規学卒採用に依存していることにある。新規学卒者は仕事の経験がなく，かつ企業からすれば持ち味がわからないという点で共通している。したがって，「情報の非対称性」を解消し，また彼らの意欲を維持するために，「長期の競争」を採用することには合理性がある。要するに，長期の競争か早期選抜のいずれが採用されるかは，「2・6・2」の上位の「2」を重視するか，あるいは「6」を重視するかで決まるのである。

表3-3　調査対象者の属性

仮名	最終学歴	卒業年	E社勤務	在籍期間
A	大学院卒	2003年	初職	3年3カ月
B	大学卒	1989年	2職目	5年5カ月
C	大学卒 (1991年大学院卒)	1981年	2職目	5年4カ月
D	大学卒	1988年	3職目	9年
E	短大卒 (5年, 2年, 2年)	1982年	3職目	15年
F	大学卒	2003年	2職目	6年
G	大学院卒	1998年	2職目	6年
H	大学院卒 (1年3カ月, 3年9カ月)	1990年	5職目	15年6カ月
I	大学卒 (7年)	1989年	2職目	14年
J	大学卒 (2年2カ月)	1996年	2職目	15年2カ月
K	大学卒 (3年1カ月, 5年6カ月, 5年1カ月)	1987年	2職目	15年3カ月
L	大学卒 (1年10カ月, 1年8カ月)	1995年	2職目	10年7カ月
M	修士卒	1995年	4職目	3年
N	大学卒	1987年	2職目	4年7カ月
O	大学卒	1988年	2職目	2年10カ月
P	大学卒	1998年	4職目	6年10カ月
Q	大学院卒	2003年	3職目	2年9カ月
R	大学卒	1991年	2職目	7年2カ月
S	大学卒	1990年	2職目	6年

（注）　仮名アンダーラインはA社退職後日系企業に再入職した者。なおG氏はA社以前の勤続年数。アンダーラインは2021年1月現在勤務中。R氏が担当したシックスシ
（出所）　八代［2023］。

外資系企業の昇進管理

これまで述べたことは，暗黙のうちに日本企業を念頭に置いた話だった。最後にここではその対極にある大手外資系企業A社人事部門の昇進管理についてA社の勤務経験者19名に対する調査結果を紹介したい（八代［2023］，表3-3参照）。

　A社では，在籍期間が10年以上の従業員はビジネス・ユニットや被買収企業の人事部長以上に昇進している。しかしこうした

	担当職務数	最終職位
2003–2006	3	金融スタッフィングマネジャー
1999–2005	3	ヘルスケア部門マネジャー
2000–2005	3	金融部門関連企業執行役員，人事シニアバイスプレジデント
2002–2011	2	日系との合弁企業人事部長
1996–2011	4	金融部門の HR リーダー
2006–2012	4	コーポレイト採用の責任者
2002–2008	3	金融部門モーゲージ組織開発部長
1999–2015	4	ヘルスケア部門取締役人事本部長
2000–2014	4	日立，東芝との合弁企業の人事部長
2001–2018 （途中休職）	7	金融部門の HR リーダー，プロダクトカンパニーのアジア太平洋部門の組織開発部門責任者
1987–2002	6	メディカル部門人事取締役
2007–2017	5	ヘルスケアアジア・パシフィック人事部長
1998–2001	1	被買収企業の PMI 担当
2001–2006	1	本社部門の人事部で買収案件を担当
2006–2008	1	消費者ファイナンス人事部長
2012–2018	2	本社機構人事部 COE 担当
2007–2009	2	金融部門傘下企業 HR クライアントマネジャー
2001–2003	2	ヘルスケア，シックスシグマリーダー
2003–2009	3	金融部門傘下企業執行役員人事部長

日系勤務経験はなし。E氏，H氏，I氏，J氏，K氏，L氏の下段は，E社退職後勤務先グマとは，E社の本社によって推進された品質管理の技法である。

勤続年数と役職昇進との関係は，新規学卒採用のないA社では年次管理のように予定調和ではなく，あくまで結果として勤め続けた者が昇進しているにすぎない。A社では，ハイポテンシャルなタレントは，昇進や異動によって早い時期に抱え込まれる。さもなければ，貴重なタレントを失うからである。昇進や異動のスピードは，そのタレントがどの程度必要とされているかの指標であり，転職されては困る人には，特別なオファーが出る。その結

果，彼らはより上位の役職のタレント・プールとなる。その半面，調査対象者の平均勤続年数は8.1年であり，その過程では多くの者が退職しているのも事実である。上位役職ほど数が少なくなるのが組織の常である以上，彼らは社内の昇進可能性や異動の機会と社外への転職可能性を天秤にかけながら仕事をしている。これが，**アップ・オア・アウト**と呼ばれているものである。

こうしたＡ社と日本企業の昇進管理の違いは，第1に新規学卒採用の有無である。年次管理が行われるのは，勤務経験のない新規学卒者を入社後一定期間1つのグループとして扱わなければならないからである。Ａ社のように労働力の給源がもっぱら中途採用であれば，彼らを同一のグループとして扱う必要はない。第2の違いは人事制度がジョブ型か，あるいはメンバーシップ型かということである。ジョブ型のＡ社では，同一職（ジョブ）を巡り上司と部下とが競争関係にあるので，上司が自分の昇進する予定職を当面「占有」するとみれば，これは即転職につながるのである。

なおＡ社に10年以上勤務した人は，概してその後の転職先で勤続年数が短い。人事部長等の高いレベルの職位まで昇進しているために，転職先では少なくとも同レベルか，さらに高い職位で執行役員や取締役クラスに就任することが多く，それ以上昇進が見込めなければ転職せざるをえないからだろう。

Column ④　なぜ，企業はアルムナイを導入するのか

　最近，アルムナイという言葉を聞くことが多くなった。卒業生？　あるいは同窓会のこと？

　アルムナイとは，一般には卒業生の同窓会組織を指すが，人事労務では自社を退職した社員を組織化すること，さらに狭義には，自社をいったん退職した従業員を再度受け入れることである。中小企業や離職率が高く，充足率の低い企業では以前から行われてきたが（筆者の親族もアルムナイで再就職したし，BPO〔ビジネス・プロセス・アウトソーシング〕の大手企業ではアルムナイで重役まで昇進した例もある），大企業でアルムナイの実績が出ているのが最近の特徴である。ひと昔前ならこうした制度は「辞めた奴は裏切り者だ，また辞めたらどうするんだ！」と一喝されていただろう。とはいえ，育児休業制度がない頃に退職女性の呼び戻しのために導入された「再雇用制度」は元祖アルムナイだと考えられる。

　企業がアルムナイを導入するインセンティブは，1回勤務した従業員は人的資本投資をしているので，再雇用する場合に即戦力として活躍が期待できることである。他方，従業員からすると，以前在籍していた企業は気心が知れているし，仕事に関する情報の非対称性も存在しない。ただし，ほとんどの企業が回数制限（通常1回）を設けている。大手コンサルティング会社を退職したゼミのOBにアルムナイについて聞いたところ，いずれ戻る意思はあるが現在は考えていないという。回数制限がある以上，どこでカードを切れば自分を高く売れるかを天秤にかけているのだろう。

　ただし，よく考えてみるとアルムナイが成立するためには，退職した従業員と当該従業員が在職していた企業の両方が再雇用に同意しなければならない。これは，なかなかハードルが高い。お互い，「ワケあり」で解消した雇用関係を再度結ぶわけだから

ある意味当然である。

　順番としては，まず従業員がアルムナイを「発議」するわけだが，こうした「発議」に企業がイエスというか，あるいはノーという返事をするかを分けるのは，やはり退職の経緯だろう。砂をかけて退職した，集団で退職した，実質はリストラだった！　こうした理由だと再雇用は難しいだろう。

　しかし，上記の高いハードルにもかかわらず，2018年のエン・ジャパンの調査によれば72％の企業が（制度の有無に関係なく）一度退職した社員を再雇用した実績があるという。長らくいわれてきた「労働市場の流動化」は，意外にもこうしたところから始まるのかもしれない。

演 習 問 題

1　職能資格制度は，人事労務管理のなかでどのような役割を果たしているのだろうか。

2　職能資格制度では，賃金は職務ではなく資格に対して支払われるが，それはなぜだろうか。

3　職能資格制度を職務給に変更すると，それは賃金管理以外に人事労務管理のどのような側面に影響するのだろうか。

4　人事考課には直属の上司以外に複数の主体が関与するが，それはなぜだろうか。

5　役職と資格が切り離されていることは，昇進管理にどのような影響を与えているだろうか。

文献ガイド

1 小池和男 [2005]『仕事の経済学（第3版）』東洋経済新報社。

2 日経連能力主義管理研究会編 [1969]『能力主義管理——その理論と実践』日本経営者団体連盟弘報部（2001年に日経連出版部から新装版が刊行）。

3 Rosenbaum, J. E. [1984] *Career Mobility in a Corporate Hierarchy*, Academic Press.

4 佐藤厚 [2022]『日本の人材育成とキャリア形成——日米独の比較』中央経済社。

5 八代充史 [2002]『管理職層の人的資源管理——労働市場論的アプローチ』有斐閣。

6 八代充史 [2019]『人的資源管理論——理論と制度（第3版）』中央経済社。

賃 金 管 理

給与決定の仕組み

1 賃金とは何か

●賃金支払いの目的

賃金は手段

企業にとって，賃金は利益をあげるための手段である。企業が労働者に賃金を支払うのは，その労働者を雇うことによって，利益をあげることができると考えるからである。企業が自らの活動目的に最も合った労働者を雇い，その労働者のもっている能力を十分に発揮してもらい，企業の利益につなげていくには，労働者が魅力を感じる賃金水準と支払基準を用意しなければならない。

企業活動の内容によって，求める労働者の質は異なる。したがって，どの企業にも共通して有効な賃金制度というのは存在しない。A社で有効な賃金制度をB社にそのまま適用しても，両社の労働力構成や企業活動の目的が異なるために，うまく機能する

とは限らないからである。最もふさわしい賃金制度は，企業ごとに異なるといえる。

その企業の従業員が能力を十分に発揮し，企業業績があがっていれば，賃金体系はどんなかたちをしていてもかまわない。いっとき，マスコミなどで，「**成果主義**が，日本企業の活性化にとって必要である」という主張がよく聞かれた。「成果主義」を導入すれば，日本企業が抱えている問題がすべて解決されるかのような言い方がされたが，現実はそうならなかった。企業内の人事制度は，採用の仕組みから始まって，教育訓練，人材配置，昇進・昇格，退職管理といった制度が互いに影響しあって機能しているので，賃金制度を変えただけで問題が解決するほど単純ではない。むしろ，成果主義を取り入れたことによって別の問題が発生し，全体としての従業員の士気が落ちてしまうこともあった。

大切なのは，世の中の「流行」にあわせて制度をつくることではない。その企業の従業員が納得し，かつ働く意欲が高まる賃金体系をつくり上げることこそ，経営者が取り組まなければならない課題である。どんな制度でも，従業員が「これがいちばん納得できる」と感じるのならば，それこそがその企業にとって最もよい制度なのである。

労働の対償としての賃金

労働基準法第 11 条には，賃金とは「労働の対償として使用者が労働者に支払うすべてのものをいう」と書かれている。労働者は，自分のもつ労働能力を使用者に提供することへの見返りとして，賃金を得る。

日本には，2022 年で約 6040 万人の雇用労働者がいる。彼らのほとんどは，企業からもらう賃金を唯一の糧として生活している。それゆえ，雇用労働者にとって，どのような基準で，いくらの賃

金が支払われるのかは，大きな関心事である。労働組合が組合員の意識調査を実施して，「あなたは労働組合に対して何を望みますか」と尋ねた場合，どんな調査でも第1位にあがってくる項目は「賃金水準の引上げ」である。この傾向は，昔から変わっていない。「毎月勤労統計調査」で現金給与総額をみると，1980年と92年を除いて97年まで，日本の実質賃金は上昇してきた。1998年以降は，対前年でマイナスになる年も多くなったが，2022年の実質賃金は1955年の約5倍である。賃金の上昇とともに生活水準は確実に上がっているにもかかわらず，いまだに労働者の最大の関心事は賃金上昇なのである。

　ただ，経営側に対する労働側の要求のなかで，賃金の占める位置が相対的に低下していることは事実である。労働時間の短縮，フレックスタイム制や裁量労働制などの労働時間管理の柔軟化（第5章参照），自分の能力を発揮できる仕事に就くこと，個人生活を重視した仕事の配分など，働く人々の要求は多様化している。しかし，それらはすべて，生活の基盤が確保されてはじめて出てくる要求である。企業が業績不振に陥って，賃金が満足に支払われなくなると，これらの要求は後方に押しやられ，賃金に対する要求が前面に出てくる。賃金は，働く者にとって常に意識せざるをえない重要な要素なのである。

人材評価の指標としての賃金　賃金は，単に生活を維持していくためだけの機能をもっているのではない。しばしば，労働者としての価値を測る手段としても使われる。自分のもっている能力がどの程度の価値があるのか，あるいは自分が成し遂げた仕事がどの程度の価値をもっているのかを知るには，賃金水準を比べることが有効である。もちろん，賃金だけでその人の価値を測れるものではない。世の中に

は，お金で測ることのできないものがたくさんある。しかし，雇用労働者としてどこかの企業で働いている場合，賃金が1つの指標になっていることも事実である。

F. ハーズバーグは，賃金を**衛生要因**（hygiene fac-tors：職務に関連して人間の不満を引き起こすもの）に分類した。労働者のやる気を高めるには，より高い賃金を支払ったほうがいいが，両者の相関関係は，ある水準を超えると弱くなっていく。すなわち，賃金がある金額以上になると，賃金を上げても労働者の勤労意欲はそれほど高まらない。むしろ，仕事内容や仕事のうえでの達成感のほうが勤労意欲に対してより大きな影響力をもつようになる（動機づけ要因；motivation factors）。賃金によるインセンティブ向上には限界があることを認識しておかなければならない。

賃金水準は，他の人々と比べることによっても労働者のやる気に影響を与える。比較の対象は，同期入社の人であったり，他社で同じような仕事をしている人であったり，あるいは，同じ学校を卒業した友人であったりする。また，「以前の自分」というのも重要な比較対象である。「前期に比べて今期は大幅に業績を向上させたのだから，ボーナスも相当上がるはずだ」と期待するとき，比較対象は「前期の自分」である。この場合，もし期待していたほどボーナスが上がらず，かつ上がらないことの説明が納得のいくようになされなければ，その人はがっかりして，勤労意欲を失う可能性が高い。他者との比較においては，前期の自分も1つの重要な要素であることを知っておく必要がある。

2 賃金の決め方

労働市場と賃金

賃金水準は，基本的に労働力の需要と供給のバランスで決まる。多くの企業が必要とする能力をもっている人材の賃金は，通常，需要量が供給量を上回るので高くなる。逆に，企業にとって魅力的でなくなった能力をもっている人の賃金は低下していく。

　たとえば，コンピュータのソフトウェア技術者と電話交換手を考えてみよう。コンピュータがあらゆる分野で利用されるようになった現在，コンピュータを動かすためのプログラムを設計・製作する技術者への需要は供給を上回っている。そのため，ソフトウェア技術者の賃金は上昇傾向にある。

　それに反して，電話交換手への需要は，電話のシステムがデジタル化されたり，インターネット経由で通話ができるようになったりしたことによってまったくなくなってしまった。電話交換機がデジタル化される以前は，会社の代表番号にかかってきた電話を当該部署にまわす人が必要であった。しかし，電話システムのデジタル化によって，外部からの電話が各部署に直接つながるようになると，交換手は必要なくなった。当然のことながら電話交換という技能では給料が得られなくなったのである。

　賃金水準を決める基準は，単なる労働の需給だけではない。その人が企業にもたらす利益の大きさも水準を決める要素となる。たとえば，銀行の外国為替を扱うディーラーの賃金は，一般の銀行員よりも相当高い水準に決められている。それは，優秀なディーラーが他の銀行から引き抜かれるのを阻止するためだけではな

い。ディーラーの働きによって，1日で10億円を超えるような利益が銀行にもたらされるからである。大半の都市銀行では，ディーラーがあげた成果によって，取締役の報酬を上回る金額の給料を出す制度が導入されている。優秀なディーラーは，各銀行にとって喉から手が出るほど欲しい人材なのである。

賃金水準と相場

どの企業も欲しい人材であれば，賃金は際限なく上がっていくかというと，けっしてそうではない。企業は，労働市場で企業活動を行うための人材を確保する一方で，製品市場で同業他社と熾烈な競争を繰り広げている。各企業は，競争に勝つために，コスト削減にしのぎを削る。企業の立地条件に大きな差がなく，原材料価格が競争的に決められ，ほぼ同じ製造技術を使っていれば，製品価格に影響を与えるのは人件費である。どんなに優秀な人材でも，各企業が容認できる賃金水準は存在する。それが「相場賃金」である。

では，相場はどのように形成されるのだろうか。相場形成において，重要な役割を果たしてきたのが春闘であった。春闘は，その年に最も業績のよい産業を交渉のトップに立てて，労働者全体の賃金向上をはかろうとする仕組みで，1955年に始まった。まず，日本を代表する大企業の労使が交渉して，ある賃上げ水準を決める。すると，それをみながら他の企業が賃金交渉を進めていく。各産業の内部では，大手企業が決めた水準を参考にしながら，中堅企業が賃上げを決め，それに沿って中小企業が上げ幅を決める。日本企業の間で，賃上げの膨大な連鎖ができあがっているのが春闘である。

しかし，1998年以来約15年間続いたデフレのなかで，労働組合は賃上げ要求に慎重になり，春闘の社会的影響力が小さくなった。ただ，2022年のロシアによるウクライナ侵攻をきっかけと

して，国際市場におけるエネルギー価格や食料価格が高騰したことと，日本銀行の金融緩和政策によって円安が進行したため，日本国内でも対前年同月比5%を超える消費者物価の上昇がみられるようになった。物価上昇に対応した賃上げを実現するという観点から春闘が再び注目されるようになっている。

　各企業の労使は，準拠する企業の動向をみながら交渉するという方法を一貫して維持してきた。自社の賃上げが妥当な線か否かを判断する基準は，目標としている企業がどれだけの賃上げをしたかである。妥結した水準が少々低くても，比較対象となっている企業と同じかそれ以上になっていれば従業員は納得する。「相場を満たしているのだから，いいではないか」という説得が効果をもつのは，働く人々が相場を賃金決定の重要な基準と考えているからである。

　アメリカ企業のホワイトカラーの給与水準を決める際にも，「相場」が重要な役割を果たしている。アメリカのホワイトカラーで労働組合に入っている人は例外的なので，労働組合による相場形成は存在しない。アメリカでホワイトカラーの給与水準の決定に大きな影響力をもっているのは，人事関係のコンサルティング会社である。

　アメリカ企業は，いろいろな手段を使って他社の給与額を調査し，自社の給与体系を修正している。ある従業員が労働市場のなかでどれだけの価値があるかを年に1回調査し，他社との調整をはかるのである。他社よりも明らかに低い給与しか払っていなければ，優秀な従業員に逃げられてしまうおそれがあるので，給与調査は重要である。実際に給与調査を委託するのは，ヘイ・コンサルティング・グループなどの大きなコンサルティング会社である。大きなコンサルティング会社を使うのは，広範な情報が得ら

れるという理由だけではない。そのコンサルティング会社が多くの企業に利用されていることを従業員が知っているので，その会社を使っていれば給与額についての納得性が高まるからである。相場は，従業員に賃金水準を納得させるための基本的な指標なのである。

出来高給と時間給

企業の平均賃金や職種ごとの賃金は，市場や相場によって一定の水準に決まるが，個々の労働者の賃金はどのようにして決まるのだろうか。**表4-1**は，賃金の支払形態について歴史的な動きをまとめたものである。賃金の支払形態には，大きく分けて**定額給制**と**出来高払い制**がある。定額給とは，時間を単位として賃金額を決める方式であり，出来高払いとは，産出量を単位として賃金額を決める方式である。

表4-1にあるように，現在の日本企業で主流になっているのは，定額給制の月給制である。約8割の労働者が月給制のもとで働いている。月給制は，表の注にあるように大きく2つに分かれている。欠勤や遅刻をしても減額されることのない**完全月給制**（2010年の場合19.6％）と，欠勤や遅刻に応じて減額される月給制（同65.1％）である。

日本企業で完全月給制が適用されているのは，通常，管理職クラスである。彼らには，残業という概念がないので，所定の勤務時間を過ぎて働いても**残業代**は支払われない（ただし，夜10時から翌朝5時までの深夜時間帯に働いた場合は深夜手当が支払われる）。逆に，管理職以外の正社員には月給時給制が適用されているのが普通である。残業すれば残業時間に応じた賃金が加算されるが，遅刻や欠勤をするとその分だけ月例賃金から引かれる。にもかかわらず「月給」という表現が使われるのは，月に1回まとめて支

Column ⑤　ベースアップと定期昇給

　2023年春の賃金交渉では，消費者物価上昇率が30年ぶりの高水準になったため，ベースアップの必要性が強調された。ベースアップとは，物価上昇に見合った賃金引上げによって実質賃金を維持・向上するために行われる施策である。賃金テーブルが存在する企業では，賃金テーブルの金額を書き換える（金額を増やす）ことになる。他方，定期昇給は，職能資格制度を採用している企業で発生する賃金上昇である。一定期間（通常は1年）終了時に評価を行い，前年に比べていくら賃金を引き上げるかを決める仕組みである。

　図で説明しよう。定期昇給は，1年働いたことによってAからBに賃金が上がることである。これにベースアップが加わると，賃金カーブ自体が上方にシフトするため，この人が受け取る金額はCになる。AとBの差が定期昇給分，BとCの差がベースアップ分となる。

　一般的な職能資格制度では，定期昇給によって上昇する賃金額は約2％である。春の交渉における賃金引上げが「定昇込み3％」と表現された場合，定期昇給分が2％でベースアップ分が1％に

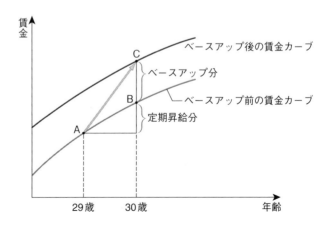

なる。消費者物価上昇率が2％だとすると，少なくとも定昇込み4％以上でないと実質賃金は維持されないことになる。

〰〰〰〰〰〰〰〰〰〰〰〰〰〰〰〰〰〰〰〰〰〰〰〰〰〰〰〰

払われることと，月単位で金額が決められていて，ひと月の日数によって金額が変わらないことの2つによっているからである。

　表4-1は，第2次大戦前と後で，賃金支払形態が大きく変わったことを示している。1939年には，製造業現場労働者の44.1％が出来高払い制を適用されていたが，それから12年後の1951年には，出来高払い制の適用労働者は6.0％に減少し，代わって定額給制の適用者がほとんどになった。この劇的な変化は，労働形態が大きく変わったことが影響している。1人ひとりの労働者がどれだけ生産したかを計測でき，かつ個々の労働が独立しているときには，出来高制の賃金支払いが有効である。しかし，複数の労働者が協力して1つのものを作ったり，生産工程全体で作業スピードを標準化したりするようになると，時間を単位として賃金を支払うほうがより合理的になる。第2次大戦後の製造業において，出来高払い制がとられなくなったのは，協業という働き方が工場労働の主流になってきたためである。

　賃金支払いが定額給制になるか出来高払い制になるかは，仕事内容に依存している。ある一定時間働くことによってあげられる成果に期待して支払うのが定額給であり，あげた成果（結果）に対して支払うのが出来高払いである。レストランで働く場合，時間帯によって時間給が異なる場合がある。1つの理由は，夜10時から朝5時までは深夜労働になるので，使用者は深夜労働割増し（法定では25％）を支払う必要があることによる。また，年末年始など働く人を確保するのが難しい時期には，高い時間給を提

表 4-1　基本給計算形態の歴史的変化：形態別労働者の比率

産業・年・対象者	定額給制			
	合　計	時給制	日給制	月給制
製　造　業				
昭和 14（1939）年　労務者	55.9	7.1	48.6	0.2
26（1951）年　労働者	94.0	4.9	49.2	39.9
49（1974）年　　同	99.4	14.7	84.7	
産　業　総　数				
昭和 49（1974）年　労働者	98.1	12.5	85.6	
53（1978）年　　同	97.4	12.1	85.3	
平成 3（1991）年　　同	96.4	1.6	6.0	88.4 ①
8（1996）年　　同	97.8	1.4	5.7	89.7 ②
17（2005）年　　同	97.6	4.4	4.3	85.3 ③
22（2010）年　　同	97.3	4.9	4.4	84.6 ④
26（2014）年　　同	97.5	4.5	5.6	83.6

（注）（—）は調査項目にないもの。①88.4％のうち 30.6％は完全月給制（欠勤などでも月給時給制）である。②同じく 89.7％のうち各 27.1％，62.6％。③同じく 85.3％のう
（出所）昭和 14 年は厚生省「賃銀形態調査」（調査対象は全国の主要工場），昭和 26 年と49 年から平成 8 年は労働省「賃金労働時間制度等総合調査」（同 30 人以上の企業），この表は，孫田良平氏が作成されたものに加筆して作った。

示して労働者を確保しようとする。これは，労働市場の需給バランスが賃金額に影響を与える場合である。もう 1 つの理由は，時間によって業務に繁閑があることである。顧客が多いとき，従業員は忙しく働かなければならないが，レストランの売上は伸びる。少ないときは，その逆である。仕事の繁閑に関係なく同じ時間給だとすると，忙しいときに働こうとする人がいなくなってしまう。

　求められる成果をあげる際，働く側が働く速さを調整できる場合は出来高払いが向いている。成果に対する報酬を決めておけば，どういう手段で成果を達成するかは労働者当人の問題になり，経営側は関知する必要がない。この仕組みには，一所懸命働いているか，さぼっているかを監視しなくてもいいという利点がある。このことから，高度に専門的な仕事をしているホワイトカラーの

（各年の労働者数 ＝100%）

年俸制	出来高払い制		
	合　計	出来高給制	時間割増給制
（一）	44.1	35.1	9.0
（一）	6.0	（一）	（一）
（一）	0.6	（一）	
			定額制と出来高制
（一）	1.9	0.4	1.5
（一）	2.6	2.1	0.5
0.4	3.6	3.1	0.5
1.1	2.2	1.8	0.5
3.6	2.2	0.9	1.3
3.4	2.5	0.8	1.6
3.7	2.3	1.0	14

減額なし），残り 57.8％は減額条件付き（いわゆる月給日給制・
ち各 24.9％，60.4％。④同じく 84.6％のうち各 19.6％，65.1％。
労働省「賃金構成調査」（常用労働者 30 人以上の事務所），昭和
平成 17 年, 22 年, 26 年は厚生労働省「就労条件総合調査」（同）。

一部に，時間ではなく仕事の成果を基準として報酬額を決める制
度（高度プロフェッショナル制度）が導入された。

　この制度は合理的なようにみえるが，注意しなければならない
点がある。それは，長時間労働になりやすいことである。日本の
大半の企業では，正社員が担当する職務の定義はあいまいであり，
その時々の状況にあわせて，さまざまな業務を担当しなければな
らない。高度プロフェッショナル制度のもとで働いている人は，
本来はその業務だけやっていればいいはずだが，実際には，管理
職から突発的に発生した案件への対応を依頼される。優秀であれ
ばあるほど，多くの業務を割り振られることになり，結局は労働
時間が長くなる。こういった問題にどう歯止めをかけるかが大き
な課題になっている。

| 職能給と職務給 | 個々人の賃金額の決定において，職務遂行能力を基準とするのか，課業（タスク）

の集合体としての職務を基準とするのか，大きく分けて2つの方法がある。現在の日本企業においては職能給を用いているところが多いが，一部に**職務給**の考え方を採っている企業もある。最近，一部の大企業で話題になっているジョブ型雇用では，賃金は職務基準で支払われるのが一般的である（職能給と職務給の詳細については第3章を参照されたい）。

3 賃 金 体 系
●「年功賃金」の内実

| 賃金体系の意味 | 企業活動を維持・発展させていくには，さまざまなコストがかかる。どのような

企業でも必ず必要なのが，人を雇うための費用である。製品市場で競争している以上，人にかかる費用を際限なく支出することはできない。人件費にかけられる金額には一定の限度がある。人にかかる費用のうち，賃金にあてる部分の合計が**賃金原資**である。経営者は，企業業績を向上させるために，従業員が最もやる気を発揮するような賃金支払方法をとりたいと考えている。賃金原資を従業員間に配分する基準が**賃金体系**である。

　賃金体系は，その時々の労働市場の動向や，必要とされる人材の種類によって変更される。たとえば，50歳代前半まで徐々に上がっていくような賃金体系を改め，30歳代で急速に賃金が増加する形に変更することが考えられる。この体系の場合，40歳前後からは，本人の実力に応じて，さらに伸び続ける人，横這いになる人，あるいは少し下がる人に分かれていく。このような体

系に変えるのは，中高年層の企業業績に対する貢献と賃金額をできるだけ近づけるためである。

　業績不振によって企業が利益を生み出せなくなったとき，コストを減らすために人員削減が行われる。日本企業でしばしばとられるのは，ある一定年齢以上を対象とした希望退職である。45歳以上，あるいは50歳以上を対象として，**退職金**の割増しなどの優遇策をつけて，予定削減人数を達成しようとする。実は，アメリカでもドイツでも，大幅に人員削減する場合には，希望退職者を募集するのが一般的である。しかし，募集の仕方は，日本と決定的に異なる。アメリカでは，法律によって年齢による差別が禁じられているので，募集条件のなかに「45歳以上を対象とする」などという文言は入らない。また，ドイツでも，従業員を大量に解雇する場合には，社会的に影響の大きい人（すなわち，子どものいる主たる家計支持者）はできるだけ対象にしないように法律で定められている。かくして，中高年のみが人員削減の対象となるような事態は発生しないのである。

　日本企業が人員削減の主たる対象を中高年層にしているのは，彼らの企業業績に対する貢献と受け取っている賃金額が均衡していないと考えているからである。中高年層は，企業経営にとって「重荷」だとみなされ，経営側は中高年減らしを真っ先に考える。このような経営側の行動に対して，中高年たちは次のように反論する。「たしかに，現時点でみれば，われわれの業績貢献度と賃金は均衡していないかもしれない。しかし，われわれが若いとき，賃金は業績貢献度よりも低く抑えられ，中高年になってからその差額を回収するような賃金体系が組まれていた。それを無視して，いまの状況だけみて，中高年は役に立たないといわれたのでは納得できない」。

20年とか30年といった長期を前提として業績貢献度と賃金を均衡させる仕組みは，企業にとっても従業員にとっても，ある種の不確実性をともなう。そこで，貢献度と賃金をもう少し短期で均衡させようというのが，30歳代の賃金上昇幅を大きくするという賃金体系の変更である。ただ，このような体系を導入するときには，これまでの体系で働いてきた従業員が不利益を被らないようになんらかの措置を用意する必要がある。賃金体系の改定は，個々の従業員の**生涯所得**に大きな影響を与えることを認識しておかなければならない。

┌─────────────┐
│　　賃金カーブ　　│
└─────────────

　賃金体系を表現する1つの方法が**賃金カーブ**である。賃金カーブは，横軸に年齢または勤続年数，縦軸に賃金額または賃金指数をとって，両者の関係を示したものである。賃金カーブを考える場合は，企業が基本的な単位となるが，ある集団の平均値としての賃金カーブを描くことも可能である。

　日本には，賃金に関する全国レベルの優れた統計が存在する。厚生労働省が毎年実施している「**賃金構造基本統計調査**」である。この調査は，賃金に関する詳細な情報を提供するだけでなく，労働者の年齢構成や勤続年数，役職の構成，パートタイマーの状況についても調べている。また，1956年からほぼ同じ形式で実施されているので，賃金構造の歴史的な変化を追うことも可能である。

　図4-1は，大学生が就職先として選んでいる産業の上位4つについて，2022年時点の従業員1000人以上の大企業の賃金カーブ（月当たり所定内給与額）を男女別に描いたものである。異常値を避けるために，母数が1000人未満のデータ（男性については金融・保険業と情報通信業の65〜69歳，女性については製造業と情

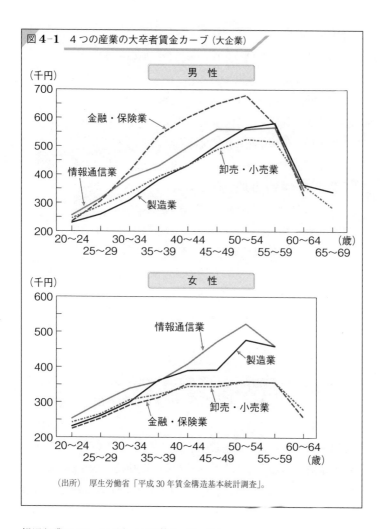

図 **4-1**　4つの産業の大卒者賃金カーブ（大企業）

（千円）

男　性

700
600
500
400
300
200

金融・保険業
情報通信業
卸売・小売業
製造業

20〜24　30〜34　40〜44　50〜54　60〜64　（歳）
　25〜29　35〜39　45〜49　55〜59　65〜69

（千円）

女　性

600
500
400
300
200

情報通信業
製造業
卸売・小売業
金融・保険業

20〜24　30〜34　40〜44　50〜54　60〜64
　25〜29　35〜39　45〜49　55〜59　（歳）

（出所）　厚生労働省「平成30年賃金構造基本統計調査」。

報通信業の60〜64歳）は記載していない。

　男女とも年齢にともなって賃金が上昇するカーブになっている
が，女性よりも男性の上がり方が大きくなっている。また，産業
によって賃金カーブに違いがあることがわかる。その特徴を以下

にまとめてみよう。

(1) 男性のなかで早い年代から賃金が他の産業に比べて高くなるのは金融・保険業である。しかし，金融・保険業は，55〜59歳層の落込みが他の産業に比べて大きい。

(2) 金融・保険業で働く女性の賃金は，年齢とともに上昇する度合いが他の産業に比べて小さい。

(3) 製造業で働く男性の賃金は50歳代後半まで上昇するが，情報通信業は40歳代後半以降ほぼ横ばいになり，卸売・小売業は50歳代で横ばいになる。

(4) 情報通信業の女性の賃金は，50歳代前半まで他産業よりも高いが，50歳代後半になると低下して製造業とほぼ同じ水準になる。製造業の女性の賃金は，停滞する時期もあるが50歳代前半まで上昇し，50歳代後半に低下する。他方，卸売・小売業と金融・保険業の女性の賃金は40歳代以降ほぼ横ばいになる。

金融・保険業において，50歳代後半男性の賃金カーブが大きく落ち込んでいるのは，この産業の雇用慣行によるところが大きいと考えられる。都市銀行では，50歳を過ぎた頃に，取引先に転籍していくのが一般的である。50歳代半ばを過ぎて銀行内にとどまっているのは，取締役かその候補者，あるいはなんらかの事情で転籍できなかった人たちである。取締役になると従業員ではないので，この調査の対象からはずれる。50歳代後半での落込みの背景には，以上のような事情があることを知っておく必要がある。

図4-1は，勤続年数を考慮せずに賃金カーブを描いたが，年齢と勤続年数をクロスさせることで，長期にわたって勤めている集団の賃金カーブを描くことができる。「賃金構造基本統計調査」

を使うと，日本の賃金の特徴をいろいろな側面から分析できるのである。

<u>年功賃金の本質</u>　　図4-1をみていると，男性と女性で若干の差はあるものの，日本の賃金は年齢とともに上昇する形をとっていることがわかる。このような賃金カーブを称して，年功賃金というのが一般的である。しかし，イギリスのホワイトカラーとブルーカラーの賃金カーブと日本のそれを比較した**図4-2**をみると，話はけっして単純ではない。イギリスのホワイトカラーの代表として professional occupations（専門職），ブルーカラーの代表として skilled trades occupations（熟練職）を取り上げた。

　年齢とともに賃金が上がることを年功賃金というのなら，イギリスのホワイトカラーは，年功賃金体系のもとで働いていることになる。このような右上がりの賃金カーブを描く国は，イギリスだけではない。ホワイトカラーについては，アメリカでもヨーロッパの大陸諸国でもみられるのである。

　年功賃金という言葉の本質を考えてみなければならない。年功賃金の「年功」とは，「年の功」なのか，あるいは「年と功」なのか，どちらだろうか。「年の功」とは，年齢や勤続年数が基準となって賃金が決まる，すなわち，年を取っていることが「功」であることを指し，「年と功」とは，年齢・勤続年数とともに業績が加味されて賃金が決まることを意味する。このように分類すると，日本企業は，後者，すなわち「年と功」で賃金を決めてきたといえる。けっして，業績を無視した賃金決定はしてこなかった。

　そのことを，次の事例は如実に示している。1990年代の後半にある都市銀行で年俸制を導入することになり，大卒で入行した

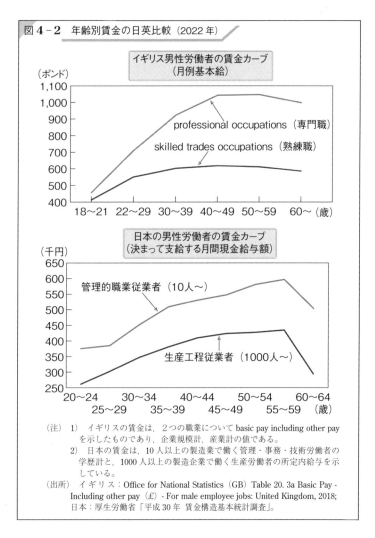

図 4-2　年齢別賃金の日英比較（2022 年）

イギリス男性労働者の賃金カーブ（月例基本給）

（ポンド）

professional occupations（専門職）

skilled trades occupations（熟練職）

18〜21　22〜29　30〜39　40〜49　50〜59　60〜（歳）

日本の男性労働者の賃金カーブ（決まって支給する月間現金給与額）

（千円）

管理的職業従事者（10 人〜）

生産工程従事者（1000 人〜）

20〜24　30〜34　40〜44　50〜54　60〜64（歳）
　　25〜29　35〜39　45〜49　55〜59

（注）　1）　イギリスの賃金は，2 つの職業について basic pay including other pay
　　　　　を示したものであり，企業規模計，産業計の値である。
　　　　2）　日本の賃金は，10 人以上の製造業で働く管理・事務・技術労働者の
　　　　　学歴計と，1000 人以上の製造企業で働く生産労働者の所定内給与を示
　　　　　している。
（出所）　イギリス：Office for National Statistics（GB）Table 20. 3a Basic Pay -
　　　　Including other pay（£）- For male employee jobs: United Kingdom, 2018;
　　　　日本：厚生労働省「平成 30 年 賃金構造基本統計調査」。

　勤続 20 年の行員の年収を調べたことがあった。年齢でいうと 42
歳から 44 歳くらい，職位でいうと，昇進の早い人で支店長，遅
い人ではいちばん下の役職にも就いていないという状況であった。

その銀行では，同期入行者の賃金を 20 年にもわたって比べることはしていなかったので，結果が出るまで人事担当者にもどれくらいの差になるかわからなかったという。調査が終わり結果をみたとき，関係者全員が差の大きさに驚いた。実に 400 万円以上の差があったのである。

　日本企業のなかで，上位の職位に昇進したり，資格が上がったりするときは，必ず人事考課の結果が反映される。勤続年数も昇進・昇格を決める 1 つの要素ではあるが，それは必要条件でしかない。どんなに勤続年数が長くても，人事考課の結果が十分でなければ昇進・昇格はできない。昇進・昇格しなければ賃金は頭打ちとなり，昇進・昇格していく人たちとの差は開いていく。仮に毎年の賃金が働きぶりによって変わらないとしても，昇進・昇格に評価が反映されているために，功（業績）がちゃんと考慮されているのである。

　日本企業の賃金制度の特徴として，年功序列という言葉が使われることがある。そこには，年齢・勤続年数とともにみんな同じように賃金が上昇していくというイメージがあるが，この節で考察したようにそのような賃金制度を採用している企業はない。毎年の人事考課によって，賃金には明確な差がつく。私たちは，不正確な表現を見抜く眼を持っていなければならない。

　以上のことからわかるように，賃金をみる場合，その「上がり方」だけではなく，「決め方」も同時に観察しなければならない。次節では，日本企業において具体的にどのように賃金が決められているのかを説明しよう。

4 企業内の賃金制度

●給与を構成しているもの

実際の賃金制度

1990年代の半ば以降，仕事や役割を基準とした賃金制度が大企業を中心に取り入れられたが，中堅・中小企業の賃金制度として最も普及しているのは，依然として職能資格に基づいた制度である。基本となる賃金部分は，①**年齢給や勤続給**といった**本人給**と，②職能資格等級によって決まる**職能給**の2つから構成されている。ただし，現実の賃金制度には企業の歴史が反映されるため，同じ言葉で別のものを表現している場合がしばしばある。大切なのは，ⓐ賃金決定の要素として重視されているものは何か，ⓑ評価が反映された結果としてどの程度の差がつくようになっているのか，という2つの点を押さえておくことである。

図4-3は，電機産業に属するある大企業の賃金制度を表したものである。賃金制度は，管理職対象のものと非管理職対象のものに分かれているのが一般的であり，この図は非管理職向けの制度である。毎月の賃金は，本給と職責給から構成されている。本給は等級ごとに一定のレンジが定められており，等級は「ビジネス遂行上，各人が担う職責（果たすべき課題）」によって決められている。この企業では，年齢や勤続年数ではなく，担当する仕事を基準にして賃金制度を組み立てている。月例給のもう1つの構成要素である職責給も，同様に仕事基準である。

本給も職責給も，毎年の人事考課によって昇給額が決まる。本給の場合，賃金レンジの下部と上部では，同じ評価結果でも昇給額に差がつくようになっている。より高い賃金を得るには，能力

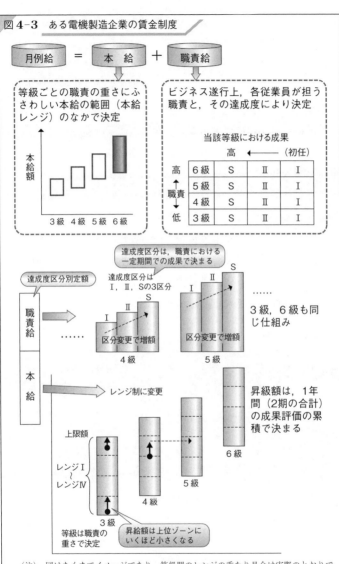

図 4-3　ある電機製造企業の賃金制度

月例給 ＝ 本　給 ＋ 職責給

等級ごとの職責の重さにふさわしい本給の範囲（本給レンジ）のなかで決定

ビジネス遂行上，各従業員が担う職責と，その達成度により決定

当該等級における成果

	高	←	（初任）
6 級	S	Ⅱ	Ⅰ
5 級	S	Ⅱ	Ⅰ
4 級	S	Ⅱ	Ⅰ
3 級	S	Ⅱ	Ⅰ

達成度区分は，職責における一定期間での成果で決まる

達成度区分別定額

達成度区分はⅠ，Ⅱ，Sの3区分

職責給

3 級，6 級も同じ仕組み

区分変更で増額　4 級
区分変更で増額　5 級

本給

レンジ制に変更

昇級額は，1 年間（2期の合計）の成果評価の累積で決まる　6 級

上限額

レンジⅠ〜レンジⅣ

等級は職責の重さで決定　3 級

昇給額は上位ゾーンにいくほど小さくなる

4 級　5 級

（注）　図はあくまでイメージであり，等級間のレンジの重なり具合は実際のとおりではない。

を高めて次の等級に移っていく必要がある。職責給については，評価によって3つの達成度区分のどこに位置づけられるかが決まる。昇級した直後は最も下の区分であるⅠだが，目標管理制度においてどの程度の結果を出したかが評価され，ⅡやSに上がっていく。

　月例給のほかにボーナスも大切な収入源である。この企業では，会社全体の営業利益と本人の業績を組み合わせて金額が決まる仕組みを導入している。ボーナスは，企業業績によって変動することが当たり前だと考えられているため，経営者は，従業員への利益配分の方法として，月例給よりもボーナスに重点を置こうとする。他方，労働組合は，毎月の生活を支える月例給を増やすことを要求し，経営側と交渉する。月例給もボーナスも，最終的には労働費用となるのだが，働く者にとってそれぞれのもつ意味が異なるという点に留意する必要がある。

賃金の構成要素　賃金として支払われるものは，いろいろな構成要素からなっている。**図4-4**は，現在手に入る最新の政府統計を使って，**労働費用**の内訳と給与の構成比を全産業計で示したものである。労働費用のうち，現金で支払われる部分が8割強，現金以外のかたちで企業が負担している費用が2割弱を占めている。現金以外の部分の構成については，第8章で詳しく検討する。

　現金給与は，月例給与と特別給与（ボーナス）の2つから構成されており，両者の割合はほぼ5対1である。上述のとおり，ボーナスについては，経営側と労働組合側で考え方がやや異なっている。それは，ボーナスの呼び方にも反映されている。経営側はボーナスのことを賞与と呼び，労働組合側は一時金と呼んでいる。経営側は，企業利益の一部を配分するという考え方に立っており，

図 4-4　労働費用の構成

合計 408,140 円 (100 %)	

現金給与総額 (82.04%)
　月例給与 330,600 円 [100.0%]
　　所定内給与 307,700 円 [93.1%]
　　所定外給与 22,900 円 [6.9%]
　ボーナス (ひと月当たり) 72,958 円

所定内賃金 319,700 円 〈100%〉
　基本給 272,200 円 〈85.1%〉
　手当 47,500 円 〈14.9%〉
　　業績手当 52,200 円
　　勤務
　　　役付 41,600 円
　　　特殊作業 14,400 円
　　　特殊勤務 25,000 円
　　　技能・技術 18,800 円
　　精皆勤 9,000 円
　　通勤 11,700 円
　　生活関連
　　　家族 17,600 円
　　　地域 23,800 円
　　　住宅 17,800 円
　　　単身赴任 47,600 円
　　　寒冷地・食事 8,700 円
　　調整 26,000 円
　　その他 32,000 円

現物給与等 (0.12%)

退職給付 (3.91%)

法定福利費 50,283 円 (12.32%)
　健康保険・介護保険 17,496 円
　厚生年金 27,905 円
　雇用保険 2,120 円
　労災保険 1,575 円
　児童手当拠出金 987 円
　その他 198 円

法定外福利費 4,882 円 (1.20%)
　住居 2,509 円
　医療保険 724 円
　食事 493 円
　文化・体育・娯楽 163 円
　私的保険 373 円
　労災付加給付 88 円
　慶弔・見舞い 184 円
　財形奨励金等 48 円
　その他 296 円

教育訓練費 (0.16%)

その他の労働費用 (0.25%)

(注)　1)　この図は，出所に示されている 3 つの調査を使って作成されているため，給与（賃金）額が必ずしも一致しない。

　　　2)　手当の内訳に示されている金額は，実際に支払われている場合の 1 人当たり金額である。

　　　3)　「賃金構造基本統計調査」は前年のボーナス額を記載しているため，ボーナスは「平成 29 年　賃金構造基本統計調査」に示されている金額を用いて計算した。

(出所)　合計の内訳は，厚生労働省「令和 3 年　就労条件総合調査」；所定内賃金の内訳は，「令和 2 年　就労条件総合調査」（2019 年 11 月時点）；月例給与の内訳は，同「令和 2 年　賃金構造基本統計調査」；ボーナスは，「令和 3 年　賃金構造基本統計調査」。

労働組合側は，本来ならば毎月受け取るべき賃金をまとめて受け取る（だから一時金）という考え方である。経営側の論理に従えば，企業が赤字になったら賞与を払う必要はないということになる。しかし，実際には，たとえ赤字を出したとしても，いくらかのボーナスは支払われている。この実態をみると，ボーナスの本質は，賞与と一時金を合わせたものであると考えるのが妥当だろう。

　毎月受け取る賃金は，**所定内給与**と残業代などの**所定外給与**からなっており，所定内給与は，さらに，基本給と手当に分けられる。手当のなかで大きな割合を占めているのが業績手当，勤務手当，生活関連手当の３つである。勤務手当とは，役職に就いていることにともなう手当（役付手当）や，ある種の資格をもっていることにともなう技能手当などである。他方，生活関連手当とは，家族手当，住宅手当，単身赴任手当などである。

　これらの手当のなかで，欧米ではほとんどみられないのが**家族手当**である。賃金は，本来，従業員が企業業績に貢献した度合いに応じて支払われるものである。いま，同じ成果をあげた２人の従業員AさんとBさんを考えてみよう。Aさんは結婚しており，２人の子どもがいる。Aさんの配偶者は働いていない。他方，Bさんは独身である。AさんとBさんは，同期入社で職能資格も同じである。この２人の期末の評価は，どちらも５段階評価の上から２番目であった。職能資格等級が同じで，評価も同じならば，この２人の賃金は同じになるはずである。しかし，実際には，配偶者と子どものいるAさんのほうが，家族手当が支給される分だけ賃金総額が高くなる。会社業績に同じように貢献しながら，私生活の状態で賃金額が変わるのは合理的だろうか。

　企業内の制度は，社会の慣習を色濃く反映している。日本の労

働者の多くは，家族手当を当然のことと考えるが，アメリカの労働者は，「そんなものはおかしい」と感じる。何が合理的で何が非合理的かというのは，国によって異なるだけではなく，同じ国でも時代によって変化する。日本企業のなかには，家族手当を廃止・改変して，別のかたちにするところが現れている。人々の公正感にあわなくなった制度は，これからも徐々に変化していくであろう。

給与明細票を確認する 働き始めると，毎月決まった日に給与が支払われる。現在では銀行振込みが一般的で，給料日当日か数日前に給与明細票が提示される。**図4-5**は，ある企業で実際に使われている給与明細票である。

　給与明細票には，大きく分けて支給総額と控除総額が記載されている。支給総額とは，企業がその従業員に対してその月に支払った金額をすべて合計したものである。従業員が働いたことによって受け取る金額は，基本給と諸手当からなる。

　月給制の場合，基本給は月単位で決められている。国民の祝日や会社の休みが重なって労働日数が少なくなったからといって減らされることはない。たとえば，完全週休2日制の企業だと，2024年2月の勤務日数は19日，3月は20日となる。2月と3月で出勤日数が1日違うが，月例給の基本給部分は同じである。

　毎月の給与から控除される費目としては，所得税，住民税，社会労働保険料（健康保険料，介護保険料，厚生年金保険料，雇用保険料）などがある。これは，法律で定められた費用であり，収入の額に応じて決まる。社会労働保険は，労災保険を除いて働く人と雇い主双方が掛け金を拠出して運営されている。この図にある金額は労働者負担分であり，このほかに使用者負担分があることを知っておいてほしい。この図にある介護保険料が0円になって

図4-5　給与明細の例

給与明細書　　令和1年 9月25日
001　　　　　　　　　○○○○ 様
　　　　　　　　　株式会社×××

勤怠

残業平日普通	残業平日深夜	残業法定休日	残業法定深夜	残業休日普通	残業休日深夜	残業当倍
5:00	0:00	0:00	0:00	0:00	0:00	0:00
事故欠勤日数	看護欠勤日数	傷病欠勤日数	無届欠勤日数			
0.00	0.00	0.00	0.00			

支給

年齢給	職能給	基本給計		第2基本給	家族手当	役付手当	役員報酬	手当計	基準内賃金
130,000	220,000	350,000							350,000
家賃補助費	社保手当1	社保手当2						調整(課税)	調整(非課)
	20,845	368							
残業手当	深夜業務手当	法定休日手当	法定深夜手当	代休手当	代休深夜手当1.00	残業手当計	残業食事手当	超勤計	
16,556								16,556	
				遅刻早退控除	欠勤控除額			課税合計	非課税合計	総支給額合計
								387,769	0	387,769

控除

健康保険	介護保険	厚生年金	厚生年金基金	雇用保険	社会保険合計	課税対象額	所得税	住民税
17,015		35,821	0	1,937	54,773	332,996	11,080	33,100
組合費	生命保険	損害保険	財形貯蓄1	財形貯蓄2	本代	積立	その他控除1	その他控除2	労金
3,500					2,000	200			
等級	号俸							控除計	控除合計
5	9							49,880	104,653

記事

			支払1	支払2	支払3	差引支給額
			283,116	0	0	283,116

いるのは，この人が満40歳に達していないからである。介護保険料は，満40歳になる日の前日が含まれる月から支払義務が発生する。

　以上の義務的費用のほかに，労働組合に入っていれば労働組合費，会社に従業員親睦会があればその会費なども「天引き」（給与からあらかじめ控除されること）される。給料から何がどれだけ控除されているかは，給与明細票をみて確かめる必要がある。最近は，メール添付で給与明細票が送られてくる会社が増えている。給与は，働いたことの対価として支払われるので，毎月確認する習慣を身につけよう。

成果を基準とした賃金とその問題点

1990年代半ば以降，仕事の業績や成果を色濃く反映して賃金額を決める方式が取り入れられてきた。2010年の「就労条件総合調査」によると，業績評価制度がある企業割合は，従業員1000人以上の大企業で83.3％，300〜999人70.2％，100〜299

表4-2 基本給の決定要素別企業割合の変化

(単位：%)

		職務・職種などの仕事内容	職務遂行能力	業績・成果	学歴，年齢・勤続年数など
管理職	2022年	79.3	66.6	43.4	57.4
	17年	76.6	69.3	43.9	58.5
	12年	72.5	70.7	42.2	48.6
	09年	77.1	68.5	45.4	57.8
	01年	72.8	79.7	64.2	73.9
非管理職	2022年	76.4	66.3	42.0	65.8
	17年	73.6	67.6	43.4	67.0
	12年	68.2	68.7	40.5	61.3
	09年	71.8	67.5	44.4	65.5
	01年	70.6	77.3	62.3	80.6

（出所）厚生労働省「就労条件総合調査」。

人56.9％，30～99人38.6％と，大規模企業ほど高くなっている。そして，この調査は，業績評価制度が必ずしもうまくいっていないことも報告している。業績評価制度がある企業を100％としたとき，「うまくいっている」と回答した企業（規模計）は23.0％，「うまくいっているが，一部手直しが必要」な企業が42.2％，「改善すべき点がかなりある」企業が23.6％，「うまくいっていない」企業は3.1％だった。業績評価において，なんらかの問題を抱えている企業が約3分の2に上ったのである。

賃金の決定要素としての業績・成果がどのように変化してきたかは，表4-2に示されている。管理職，非管理職ともに，2001年時点では6割を超える企業が，業績・成果を賃金決定要素としていた。しかし，この割合はその後低下し，2022年には4割強になっている。賃金を決める際に，業績・成果を過度に強調することへの見直しが行われたといえる。業績・成果とともに賃金決

定要素としての重要性が低下してきたのが，「学歴，年齢・勤続年数など」である。管理職では約16ポイント，非管理職では約14ポイント低下した。その結果，最近の賃金は，仕事内容や職務遂行能力を基本としつつ，業績・成果や学歴，年齢等も加味した「総合決定給」の様相をより濃くしていると考えられる。

　そうはいっても，賃金を決める際に業績・成果をまったく考慮しないことはありえない。業績・成果を賃金決定要素とする場合に最も大切なことは，達成すべき業績・成果をどのように決めるかである。そのための手段として，**目標管理制度**が使われてきた。目標管理制度は，合理的なようにみえたのだが，実際に現場で運用しはじめると，さまざまな問題が出てきた。①期首に立てた目標が環境の変化によって意味をなさなくなったとき，期末に目標の達成度を問うてもしかたがない，②技術進歩が速い職場では，上司が部下の仕事内容を必ずしも完全に把握できていないため，目標の難易度に対する納得性が低くなる，③多くの従業員が達成しやすい目標を掲げてしまうので，会社全体の活力が落ちてしまうなど，枚挙にいとまがないくらいの課題が明らかになった（より詳しくは第10章1節を参照されたい）。

　現在，一部の大企業において，「ジョブ型雇用」を導入し，それに合わせた賃金制度の改定が行われている。ジョブ型雇用とは，課業を一括りにした職務（ジョブ）が定義されており，その職務を遂行できる人を採用・配置する仕組みである。担当する職務が明確であり，それに対する報酬もあらかじめ決められているのが一般的である。この仕組みは，一見合理的に見えるが，協業を大切にしてきた日本企業の実態に合わないという問題がある。事実，ジョブ型という言葉を使いながら，その実態は職務遂行能力を重視した制度になっている場合もある。

本章の冒頭に述べたように，賃金制度に絶対的な正解はない。従業員の考え方や世の中の状況の変化にあわせて調整していかなければならない。制度設計に迷ったら，何のために賃金を払うのかという原点に常に立ち返ることが重要である。

演習問題

1 自分のまわりで出来高払い制のもとで働いている人を探し，なぜそのような支払形態になっているのかを仕事の内容から考えてみよう。

2 「賃金構造基本統計調査」を使って，企業規模別，学歴別の賃金カーブを描いて，規模と学歴でどのような違いがあるかを確かめてみよう。その際，縦軸に常用対数をとると比較がしやすくなる。

3 「賃金構造基本統計調査」を使って，企業規模別，学歴別，勤続年数別のボーナス金額を調べ，どのような特徴があるかを考えてみよう。

4 日本企業でとられている年俸制とプロ野球選手の年俸制とは，同じものだろうか。両者の異同を調べてみよう。

文献ガイド

1 楠田丘［2004］『賃金とは何か——戦後日本の人事・賃金制度史』中央経済社。

2 石田光男・樋口純平［2009］『人事制度の日米比較——成果主義とアメリカの現実』ミネルヴァ書房。

3 金子良事［2013］『日本の賃金を歴史から考える』旬報社。

4 小池和男［2015］『なぜ日本企業は強みを捨てるのか——長期の競争 vs. 短期の競争』日本経済新聞出版社。

5 玄田有史編［2017］『人手不足なのになぜ賃金が上がらないのか』慶應義塾大学出版会。

労働サービスの供給量と供給のタイミングの管理

1 労働時間制度

● 働き方と生活の質を規定する

労働サービスの供給量と供給のタイミング

労働時間制度は，労働者が企業に提供する労働サービスの量と労働サービスが提供されるタイミングを規定する。

　労働サービスの量に関しては，労働者数が一定であっても，労働者1人当たりの労働時間の長さによって提供される労働サービスの量が異なる。したがって，労働サービスの供給量を増加させる方法には，労働者数の増加と労働者1人当たりの労働時間数の増加の2つがある。残業や休日出勤などが後者の例である。同じく，労働サービスの供給量を減少させる方法も，労働者数あるいは労働者1人当たりの労働時間数の削減からなる。労働サービス需要が拡大した際に，労働者数の増加でなく，労働時間数の増加

で対応すると，企業の労働サービス需要の減少時に，労働者数を削減せずに労働時間数の削減で対応でき，労働者の雇用機会の維持が可能となる。日本における正規従業員の残業時間が多い理由の1つとして，長期雇用を予定して採用することが一般的である正規従業員の雇用維持のために，労働サービス需要が増加した場合に，企業は正規従業員数の増加を抑制し，残業の増加で対応することが指摘されてきた。しかし，働き方改革関連法が2019年度から順次施行され，残業時間に上限規制が導入されることになった。この結果，残業時間を増やすことで，労働サービスの供給量を拡大する方法に一定の歯止めが設けられることになった。

労働時間制度は，労働サービスの量だけでなく，労働サービスが提供されるタイミングも規定する。労働サービス需要が，季節や曜日や時間帯で変動する場合，労働サービス需要が発生したときにあわせて労働サービスの供給が行われるように，労働サービスが提供されるタイミングの管理が労働時間制度に求められる。労働サービス需要の変動に応じて労働時間の配分を企業が事前に変えておく変形労働時間制や，労働者自身が仕事の進捗に応じて出退勤時間を選択できるフレックスタイム制は，労働サービスの需要と労働サービスの供給のタイミングを合致させる制度である（詳しくは第3節参照）。また，製造業など24時間操業職場や，営業時間が労働者1人当たりの所定労働時間よりも長い小売業やサービス業の店舗などでは，操業時間や営業時間と所定労働時間の乖離を埋めるために，交代制勤務が活用されている。交代制勤務も労働サービスの需要と供給のタイミングを対応させる仕組みである。

> **労働者の生活時間と働き方の柔軟性**

労働時間制度は，労働者が自分の生活のために使える時間や，仕事と生活の関係を規定する。生活時間は，生活必要時間（睡眠，食事，身の回りの用事など），拘束時間（仕事＝労働時間，学業，家事，通勤・通学など），自由時間に分けられる（NHK放送文化研究所編［2011］）。たとえば，1日24時間の時間配分を考えると，フルタイム勤務で働く労働者は，通常，拘束時間に占める労働時間の割合が大きいため，労働時間が他の生活に割ける時間を規定することになる。あるいは労働者の生活必要時間や労働時間以外の拘束時間が，労働時間に割ける時間（フルタイム勤務か，あるいはパートタイム勤務かなど）や自由時間を決めるともいえる。いずれにしても労働時間が長くなると，自由時間が少なくなるだけでなく，睡眠時間などの生活必要時間や拘束時間の中の家事時間などが削減されることになりやすい（NHK放送文化研究所編［2011］）。

労働者が出勤する労働日数は休日日数を，有給休暇の付与日数や取得の容易さ（連続取得の可能性など）は，自由時間の過ごし方などを左右する。休日日数の増加は労働者の自由時間を拡大し，長期休暇の取得は労働者のライフスタイルを変えることにも繋がる。

労働時間制度やその運用のあり方は，労働者の生活時間の配分だけでなく，生活と仕事の両立のしやすさ，つまり**ワーク・ライフ・バランス**を決めることになる。たとえば，フレックスタイム制は，仕事の進捗にあわせて始業・終業時刻を選択することに使えるだけでなく，生活の必要にあわせて始業・終業時刻を選択することにも活用できる。たとえば，出勤前に役所へ手続きに出かけたり，通勤時のラッシュアワーの時間帯を避けたり，退社時刻

を早めて社会人大学院に通学しMBA（経営学修士）を取得したり，専門学校で語学などを学習するなどにも，フレックスタイム制を活用できる。

さらには，ライフステージのさまざまな段階において，たとえば育児や介護などを必要としたときに，労働者の家庭責任と仕事の両立を可能とする柔軟な働き方を用意することは，労働者のストレス軽減やモラール向上に貢献することになる（佐藤・武石 [2010]；佐藤・武石編 [2011；2014]）。こうした労働者の生活の視点に立った労働時間制度の柔軟化は，人事労務管理の新しい課題の1つといえる。後者の視点からすると，フレックスタイム制だけでなく，育児・介護以外の目的でも活用できる**短時間勤務制度**や**短日数勤務**（週休3日制など）の導入や，1つの仕事を2人で分割するジョブ・シェアリング制の導入なども考えられてよい（たとえば，1つの仕事をAさんが月曜，火曜，水曜の午前まで，Bさんが水曜の午後から，木曜，金曜を分担するなど）。なお，育児・介護休業法では，育児のための短時間勤務制度（6時間勤務）が使用者の措置義務となっている。

労働時間の構成と法規制

労働時間は，**所定労働時間**と**所定外労働時間**に分けられる。所定労働時間は，労働契約上，労働者が労働すべき時間として定められているものである。所定労働時間は，労働契約，就業規則，労働協約などで定められた始業時刻から終業時刻までの時間から休憩時間を除いた時間となる。**所定労働日**は，労働契約上，労働者が労働すべき日として定められているものである。労働日は，通常，労働契約，就業規則，労働協約などで休日と定められた日以外となる。所定内賃金は，所定労働日に所定労働時間だけ労働することを前提として計算されるため，通常，労働者の責任

で就業しなかった時間に対応した賃金は支払われない（ノーワーク・ノーペイの原則）。したがって，フルタイム勤務の正規従業員が育児のための短時間勤務を選択した場合には，所定内賃金は，削減時間に応じて減額されることになる。所定外労働時間は，所定労働時間を超えて労働した時間で，労働日以外の休日に労働する休日出勤などを含む。所定外労働時間は，残業や超過勤務とも呼ばれる。

労働時間に関しては，労働基準法によるさまざまな規制がある。第1に，1週間の**法定労働時間**を40時間とし，1週間の労働時間を各日に割り振る場合の1日の法定労働時間の上限を8時間としている。ただし週40時間労働制・1日8時間労働制の例外として，変形労働時間制やフレックスタイム制などが認められている。

第2に，休日については，1週間に少なくとも1回の休日を与えなければならないとされている。

第3に，休憩時間に関しては，労働時間が6時間を超える場合は少なくとも45分，8時間を超える場合は少なくとも1時間の休憩時間を与えることとされている。

第4に，毎年一定の日数の休暇を有給で与える**年次有給休暇**が定められている。労働基準法の最低基準の年次有給休暇は，雇い入れの日から6ヵ月間継続勤務し，全労働日の8割以上出勤した労働者については10日となっている。そして以降の勤続2年間には勤続1年を増すごとに1日ずつ年休日数が増加し，さらに2年6ヵ月以上継続勤務した労働者については，勤続1年ごとに，20日になるまで年次有給休暇を2日ずつ加算することと定められている。継続勤務した年数が6年6ヵ月になると20日の年休日数が取得できる。なお，年次有給休暇は，非正規従業員であっても労働日数など労働時間に応じて付与される権利がある。つま

り，学生アルバイトやパート社員も労働日数などに応じて有給休暇を取得することができる。さらに，労働基準法改正によって，年間 10 日以上の有給休暇が付与されている労働者に関して，年 5 日間の有給休暇を取得させることが使用者の義務となった。従来，労働者が有給休暇の取得を申し出ないかぎり，使用者は有給休暇を付与する必要はなかったが，この点が変更され，使用者に年休付与義務が課せられることになった。年 5 日間とはいえ，年休取得の考え方の変更は，年休の取得日数が国際的にみて少ない日本の現状を解消する狙いがある。

第 5 に，法定労働時間の上限を超える時間外労働や休日労働を労働者に行わせることは，労働基準法違反となる。しかし経営者が，労働者の代表と時間外労働協定あるいは休日労働協定を結び，それを労働基準監督署に届ければ時間外労働や休日労働を行わせることが可能となる。時間外労働協定や休日労働協定の法的な根拠が労働基準法の第 36 条にあることから，両者は 36 協定とも呼ばれる。労働者の代表は，労働者の過半数を組織する労働組合がある場合はその労働組合が，それ以外は労働者の過半数を代表する者となる。さらに労働基準法は，時間外労働や休日労働に関して，割増賃金を支払わなくてはならないとしている。割増率は，月の時間外労働の長さや休日労働さらに深夜労働などで異なる。

労働基準法の労働時間や休憩時間，休日に関する規定は，管理監督者には適用されないため，管理監督職に残業手当・休日手当の支払い義務はない。ただし，管理監督職も深夜労働に関しては，深夜勤務手当の支払いが必要となるが，管理職手当のなかに一定の深夜勤務時間に関するみなし深夜勤務手当が含まれているとして処理されていることも多い。ただし，企業における管理職のすべてが労働基準法上の管理監督者に該当するわけではないことに

　学生がアルバイトを掛け持ちするのは珍しくないが，企業にフルタイムで勤務する社員が副業を行うことは，はたして可能なのだろうか。副業には，他社で雇用されて働くものと，雇用関係でなく，業務請負で就業するものがある。

　まず，法律上，企業は「就業時間」以外における社員の副業を禁止することはできない。しかしこれまで多くの企業は，就業規則で副業を禁止していたため，「就業時間」以外の副業は，法律上は認められても，就業規則の規定に反旗を翻す者は例外的だった。

　それが最近は，副業を容認する企業が増えている。政府官庁や経済団体も副業解禁を唱道して，一昔前とは隔世の感がある。それでは，企業が副業を認めることの企業側や社員側のメリットはいったい何だろうか。

　まず企業にとってのメリットは，オープン・イノベーションである。副業を認めることで社外での社員の交流が促進され，イノベーションが生まれるということがある。われわれ研究者等プロフェッショナルにとってはこの点が大事で，学外の雑誌に寄稿できる，シンポジウムで他の研究者や実務家と交流できるか否かが決定的に重要である。しかも，自社の従業員が社外で名が売れれば会社にとっても恰好の宣伝である。

　また従業員のメリットは，働き方改革による長時間労働解消による残業代削減分を副業でカバーできることである（ただ，結果として長時間労働となるかもしれない）。コア社員にとっては，副業によって勤務先の仕事では活かせないスキルを他社の仕事で活かせるし，起業や転職の準備をすることができるだろう。

　しかし，こう書くと副業の解禁はよいことずくめのようにみえるが，決してそうではない。IT化のもと，企業としては，自社の情報が他社に流出しかねないし，副業が同業他社で行われれば

利益相反が疑われる。そのため，企業が副業を認める場合でも競合企業での副業は禁止されているのが一般的である。

さらに従業員としては，働き方改革で残業が削減されても他社の仕事を引き受けることで，結局労働時間が増えて，健康などに悪影響が出ては意味がない。

それはそれとして，副業を巡る昨今のこうした議論の背景には，企業と従業員との関係性の変化があることは見逃せない。かつて企業は，従業員が自社の仕事を「よそ見」する副業を認めるなど思案の外であった。その代わりに，従業員の雇用と賃金は会社が保障するというのが，暗黙の了解だった。昨今，こうした賃金と雇用の保障はまったくなくなったわけではないが，以前に比べて不確実性は遥かに増加している。会社が副業を奨励するのは，会社による個人への巧妙なリスク分散策ではないだろうか。

社外での副業の代替として，自社の社員が社内の他部門で一定時間，当該部門の仕事に従事することを認める社内副業を導入する企業もある。社員が，他社などで副業をしなくても，社内で同様の経験ができる仕組みの提供である。

留意が必要となる。労働基準法上の管理監督者に該当するかどうかは，職務上の権限，勤務のあり方，賃金などの処遇に応じて具体的に判断されることになる。

上記は法定のルールであり，個々の企業では，法定を上回る労働時間制度を導入している場合もある。

不払い残業と時間管理　労働基準法によって法定労働時間を超える時間外労働に関して使用者は，割増賃金を支給する義務があることを説明した。しかし残業による割増賃金に予算上の上限が設けられていたり，職場の要員数に比べて業務量が過大な場合，さらには納期が適切でない場合などに，割

増賃金の支払われない残業が発生することになりやすい（**不払い残業**）。上司による残業命令がないにもかかわらず，労働者が仕事を処理するために自主的に残業をする場合にも不払い残業が発生する。自主的な残業には，実際の労働時間よりも残業時間を短く申告することや，自宅などで仕事をするいわゆる「持ち帰り残業」などもある。割増賃金が支払われないため，無料の意味での「サービス」としての残業が生まれ，サービス残業という用語が使われることがある。ただし，上司の指示がないにもかかわらず，納期に間に合わせるために社員が自主的に残業を行った場合などでは，業務上の必要性があったと判断され「会社の指揮監督下にあった」と認定されて労働基準法上違法となり，会社が処罰を受ける可能性が高くなる。そのため企業としては，いわゆるサービス残業禁止や勤怠管理を徹底することが大事になる。

　工場などの生産工程従事者とは異なり，事務や営業などホワイトカラーのなかには，社員が自分の判断で仕事を管理できる裁量度が高い仕事もあるため，こうしたサービス残業や持ち帰り残業が生まれやすい。そのため，仕事の裁量度の高い仕事に関しては，労働時間の長さ，つまり働いた時間と仕事の成果が対応しないことも少なくなく，労働基準法の労働時間規制は馴染まないとの議論もある。ホワイトカラーのなかでも仕事の裁量度の高い仕事に従事している社員に関しては，労働時間でなく，仕事の成果で管理・処遇すべきとの意見である。労働時間の長さではなく，仕事の成果で労働時間を管理する仕組みとして，後述する裁量労働制をあげることができる。

2 労働時間の推移と課題

> 労働時間の推移と現状：
> 労働時間の2極化

労働者に適用されている所定労働時間と実際に働いた所定外労働時間をあわせ，それから取得した有給休暇の時間分を差し引いた労働時間が実労働時間である。年間の総実労働時間（一般労働者のフルタイム労働者とパートタイム労働者をあわせたデータ）の推移が**図5-1**である。

　同図の上の(a)によると1990年代半ば以降，年間の総実労働時間は着実に減少傾向にあり，2019年以降は1600時間台まで減少している。年間に240日間働くとすると，1日の労働時間は約6.7時間となり，8時間を大きく下回る。ただし，同図の下の(b)によると総実労働時間の減少は，短時間勤務のパートタイム労働者の増加による部分が大きいことがわかる。労働者全体に占める短時間勤務のパートタイム労働者の割合（2021年は31.3%）が増加し，かつパートタイム労働者の年間の総実労働時間（2021年は年間946時間）が減少したため，一般労働者のフルタイム労働者とパートタイム労働者をあわせた労働者全体の総実労働時間が削減されたのである。その結果，フルタイム勤務の一般労働者に限定すると，その年間の総実労働時間は，2017年までは2000時間を超えており，2018年以降は減少しているものの，1950時間前後の水準にある。つまり，フルタイム勤務が主となるいわゆる正規従業員の実労働時間は，依然として長時間労働であることに留意が必要となる（**労働時間の2極化**）。

　労働時間の国際比較は，調査対象とする労働者の範囲などが国

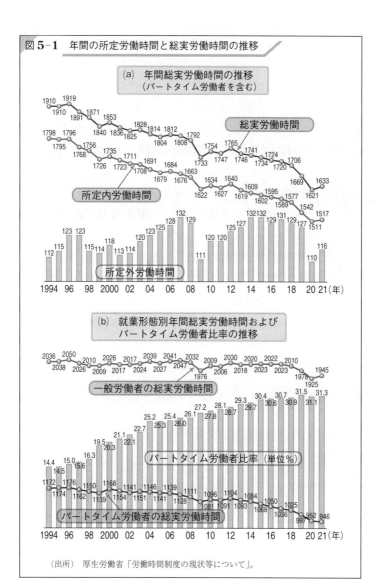

図5-1　年間の所定労働時間と総実労働時間の推移

(a)　年間総実労働時間の推移
（パートタイム労働者を含む）

総実労働時間

所定内労働時間

所定外労働時間

1994　96　98　2000　02　04　06　08　10　12　14　16　18　20 21(年)

(b)　就業形態別年間総実労働時間および
パートタイム労働者比率の推移

一般労働者の総実労働時間

パートタイム労働者比率（単位％）

パートタイム労働者の総実労働時間

1994　96　98　2000　02　04　06　08　10　12　14　16　18　20 21(年)

（出所）　厚生労働省「労働時間制度の現状等について」。

ごとに異なることが多いなどのため難しい。ここではあくまで参考として，2021年の年間の総実労働時間（フルタイム労働者だけでなく，パートタイム労働者を含む）を取り上げる。日本は1607時間で，ドイツの1349時間やフランスの1490時間を上回るものの，アメリカの1791時間とイギリスの1497時間の間の水準となっている（労働政策研究・研修機構編［2023］）。

フルタイム勤務の労働者が長時間労働であることを指摘した。この点を個人調査で確認しよう。図5-2は，30歳代と40歳代のいわゆる正規従業員の週の実労働時間の分布である。同図の上段は，結婚している場合では子育て層に該当する者が多いと想定される30歳代の男性に関して，2007年，2012年，2017年と5年ごとの実労働時間の推移を示している。これによると労働時間が緩やかに減少傾向にあるものの，2017年でも週43〜48時間（30.7％）が最も多く，これに週49〜59時間（24.8％）が続いている。週49〜59時間働く場合，法定の週の所定労働時間が40時間であることから，週に9時間から19時間の残業をしていることになる。週5日勤務とすると毎日2時間から4時間程度の残業となる。所定の勤務時間が9時から18時（休憩が1時間）の企業で毎日3時間残業する場合では，通勤時間が片道1時間と仮定すると，午前8時前に自宅を出て，午前9時から午後21時まで勤務（所定労働時間8時間＋休憩1時間＋残業3時間）することになり，帰宅は22時になる。毎日3時間の残業を想定すると，平日は，仕事だけの生活となり，結婚し子どもがいる場合を想定すると，父親として子育てを担う時間を確保することができないことがわかる。こうした長時間労働では，子育てに限らず，平日に自分のための自由時間を確保することが難しいことになる。なお，

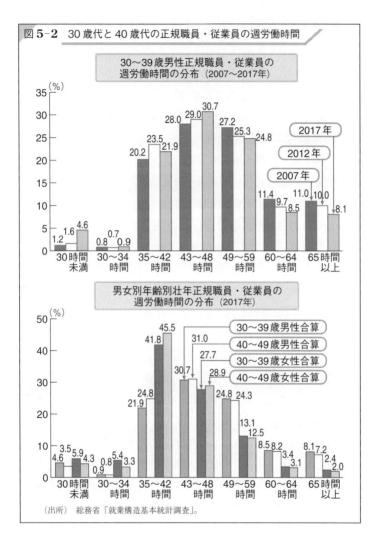

図5-2　30歳代と40歳代の正規職員・従業員の週労働時間

30〜39歳男性正規職員・従業員の
週労働時間の分布（2007〜2017年）

男女別年齢別壮年正規職員・従業員の
週労働時間の分布（2017年）

30〜39歳男性合算
40〜49歳男性合算
30〜39歳女性合算
40〜49歳女性合算

（出所）　総務省「就業構造基本統計調査」。

これよりも長時間労働である週の実労働時間が 60〜64 時間と 65 時間以上も合計すると 16.6％ にもなる。こうした長時間労働の弊害は，①企業にとっては，社員が仕事のみの生活となり，自己啓

発の時間などが確保できず生産性向上や創造性向上にマイナスとなり，また多様な人材活用を阻害することになる（残業ができないなど働く時間に制約のある人にはフルタイム勤務の雇用機会を提供できない），②個人にとっては健康を害したり，自由時間が確保できないなど生活の質の低下がもたらされる，③社会全体としては，*Column* ⑦にもあるように仕事と結婚や子育ての両立が難しいため少子化の進展をもたらしたり，子育てのために仕事を辞めざるをえないなど女性の就業継続を阻害したりすること，などである。

　こうした課題の解決を目指して，「働き方改革関連法」が一部を除いて 2019 年 4 月 1 日から施行された。その内容は，①36 協定でも超えることができない罰則付きの時間外労働の限度を具体的に法で定め（時間外労働の限度を，原則として月 45 時間かつ年 360 時間），違反に罰則を課すこと，②年 10 日以上の年次有給休暇が付与されている者に関しては，年 5 日間分について時季を指定して付与することを企業に義務化すること，③**勤務間インターバル制度導入**を企業に対して努力義務化すること，などからなる。

<hr>

労働時間短縮の課題　労働時間の短縮の方法は，①所定労働時間を短縮する，②所定外労働時間とりわけ恒常的な残業を削減する，③有給休暇の取得率を高める，の 3 つが主なものである。このほか，職業生涯でみた労働時間の短縮もある。たとえば，職業生涯でみれば，定年延長は，働く期間である労働時間の延長となり，長期の教育訓練休暇の提供は労働時間の短縮となる。

　日本では 1980 年代末から労働時間短縮が進んだが，それは週休 2 日制の導入など所定労働時間の短縮による部分が大きく，残業の削減や**有給休暇取得率**の向上による部分は少ない。突発的に

生じた業務への対応を残業で処理することはやむをえない面もある。しかし「毎日残業がある」といった恒常的な残業，残業を前提とした業務体制や要員配置は，解消することが求められる。ワーク・ライフ・バランス支援の視点からも，恒常的な残業や，仕事が終わらないときは残業で対応すればよいなど残業を前提とした業務遂行や働き方の解消が課題となっている（佐藤・松浦・高見［2020]）。

　恒常的な残業を解消するためには，①業務体制の見直し（残業を前提としない業務計画・要員計画，無駄な業務の削減，過剰品質の見直し，仕事の見える化，仕事の効率化など），②職場風土の改革（つきあい残業をなくす，投入した時間を含めて仕事の成果で働き方を評価するなど），③仕事の進捗に応じた労働時間管理が行えるようにする（フレックスタイム制の導入など），などの取組みが求められる（小倉［2011]）。

　2022年の1年間の有給休暇の付与日数（繰越し日数を除く）は17.6日，取得日数は10.9日で，取得率は2018年以降増加を続けていたが，2022年は62.1％と初めて6割を超えた（厚生労働省「令和5年 就労条件総合調査」）。付与日数を増やすことも重要であるが，現状では取得率を高めることの優先順位が高い。取得率が低い理由を労働者の意識調査でみると，仕事が多いため取得できない，休んだときの代わりの社員がいない，病気などのために残しておきたい，上司や同僚に気兼ねがある，などが指摘されている。こうした意識を踏まえると，有給休暇の取得率を向上させるためには，①完全取得を当然とする職場風土の確立，②休暇取得時の代行者の選定など業務体制の見直し，③有給休暇の計画的付与制度の活用などが考えられる。

　有給休暇取得では，短期の休暇でなく，1週間や2週間など長

Column ⑦　「働き方改革」とイノベーション

　政府は，2016年から「働き方改革」に取り組みはじめた。その内容は，非正規従業員の処遇改善，長時間労働の是正，労働生産性の向上などである。非正規従業員の増加も長時間労働も最近始まった問題ではなく，20年以上にわたって指摘されてきた問題である。では，なぜここに来て，働き方改革が注目されるようになったのだろうか。政府が発表した文書を読むと，少子化にともなう人口減少への対策が根底にあることがわかる。日本社会は，2010年頃から人口減少という局面に入った。人口減少は，経済力の低下につながる，大きな問題である。

　働き方改革が注目されるようになったもう1つの理由は，過労死や過労自殺が後を絶たないことである。その象徴的な事件が2015年12月に起こった。大手広告代理店に就職し，将来を嘱望されていた女性社員が，仕事に疲れて自らの命を絶ったのである。この事件は，マスメディアに大々的に取り上げられ，長時間労働が社会問題としてあらためて注目されるようになった。

　少子化の原因はさまざまだが，働き方改革との関連でいうと，①未婚率の上昇，②若年層の所得の低下，③長時間労働の3つが考えられる。日本では，婚外子（結婚していない女性から生まれた子ども）が全出生数に占める割合は2％台である。子どもを産むことは制度的な「結婚」が前提になっているので，未婚率が上がることは出生数が減ることを意味する。

　では，なぜ未婚率が上昇しているのか。1つの理由は結婚観の変化であり，もう1つの理由は所得の低下である。厚生労働省の「21世紀成年者縦断調査」によると，所得の高い人ほど結婚する確率が高くなっている。そこで政府は，2019年4月から「働き方改革関連法」を施行し，均等・均衡待遇（第7章207ページ参照）の実現によって非正規従業員として働いている若年層の所得向上を実現し，未婚率の上昇に歯止めをかけようとしている。

少子化のもう1つの原因として考えられているのが長時間労働である。「第9回21世紀成年者縦断調査」によると，夫が休日に家事・育児を担う時間が多いほど第二子（あるいはそれ以上の子ども）をもつ割合が高くなっている。夫が家事・育児をまったく担わない場合，90.1％の夫婦が第二子をもうけていないのに対して，夫が6時間以上家事・育児をする場合は67.4％が第二子（あるいはそれ以上の子ども）をもうけている。日頃，長時間労働になっている夫は，休日は疲れを取るために自分の休息時間を確保しようとする。家事・育児に協力的でない夫の姿を見て，妻は「これ以上，子どもをもつのは無理だ」と判断すると考えられる。

　長時間労働は，少子化を引き起こしたり，健康被害を発生させたりするだけではない。イノベーションを阻害する点も重要である。国際競争のなかで日本が生き残っていくには，新しい財やサービスを生み出すこと，すなわちイノベーションが不可欠である。私たちの脳は，いつもとは違う場所に行って，いつもとは違うものを見たり，普段会わない人と話したりすることで刺激を受け，新しい発想を生み出すといわれる。長時間労働は，同じ場所に人々をしばりつけ，同じ人としか会わないという状態に労働者を置く。このような状態で新しい発想を生めというのは無理がある。

　イノベーションは，試行錯誤の連続のなかで起こる。「うまくいくかどうかわからないが挑戦してみよう」という状況が許されなければ，新しいものは生まれない。長時間労働の状態になっている職場には余裕がなく，失敗を許容する雰囲気もないのが普通である。長時間労働がイノベーションを阻害する点は，もっと強調されるべきである。

期休暇の取得を可能とすることも，今後の課題である。生活のリフレッシュや仕事にメリハリをつけるためにも長期休暇の取得が望まれることによる。また，長期休暇を管理職が取得することは，部下の人材育成に貢献するという副次的な効果も期待できる。部下が管理職の仕事を代行するようになることで，その部下の能力開発に役に立つことによる。

3 労働時間の弾力化と課題

●労働時間の質の向上

弾力的な労働時間制度

労働基準法の労働時間法制は，規則的な一斉就業の工場労働を基本的な労働形態として想定し，1日および1週間の両面で労働時間の長さに上限を設ける方式を，長い間，採用してきた。しかし労働基準法の改正によって労働時間の弾力化が認められ，産業構造の変化などによる事業活動や労働態様の変化，また裁量度の高い仕事の増加に対応しうる弾力的な労働時間制度の導入が可能となった。

弾力化された労働時間制度とは，①労働力需要の変動（業務の繁閑）への対応を可能とするだけでなく（労働時間制度の「企業にとっての弾力化」），②労働者による労働時間の自己決定を許容するものである（労働時間制度の「個人にとっての弾力化」）。企業の労働力需要の変動に即応した労働サービスの提供を行いうる労働時間制度として**変形労働時間制**（1ヵ月，1年，1週間単位）や，労働者自身が生活リズムや仕事の進捗にあわせて労働時間の配分を行うことができる労働時間制度として**フレックスタイム制**，さらに**裁量労働制**をあげることができる。

フレックスタイム制は一定の範囲内で出退勤時間の選択権を労

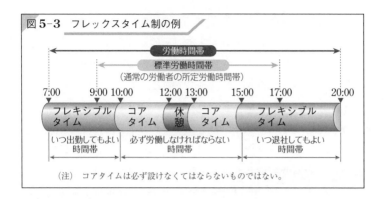

図5-3 フレックスタイム制の例

労働時間帯

標準労働時間帯
（通常の労働者の所定労働時間帯）

7:00　　9:00 10:00　　12:00 13:00　　15:00　17:00　　20:00

| フレキシブル
タイム | コア
タイム | 休憩 | コア
タイム | フレキシブル
タイム |

いつ出勤してもよい　　　必ず労働しなければならない　　　いつ退社してもよい
　　時間帯　　　　　　　　　　時間帯　　　　　　　　　　　時間帯

（注）　コアタイムは必ず設けなくてはならないものではない。

働者に与えるもので（図5-3），裁量労働制は企業が業務の遂行方法や時間配分を労働者の裁量にゆだねるものである。裁量労働制が適用可能な業務は，「専門業務型」（研究開発，情報システムの分析・設計，取材・編集，デザイナー，プロデューサー・ディレクターなどの業務）と「企画業務型」（事業の運営に関する事項についての企画，立案，調査および分析の業務）の2つである。

　裁量労働制の導入手続きは2つで異なるが，いずれも「みなし労働時間制」が採用されている。「みなし労働時間制」とは，実際の労働時間数に関係なく，労使協定で定める時間数労働したと「みなす」という制度である。ただし，裁量労働制の適用者にも時間外労働や休日労働などに関する規定が依然として適用されることに留意が必要となる。「みなし労働時間数」が法定労働時間数を超える場合は，割増賃金の支払いが必要となる。つまり，裁量労働制の適用者も，労働基準法の労働時間に関する定めが適用される。この点が，裁量労働制の適用者と管理監督者の違いである。なぜなら労働基準法の労働時間や休憩時間，さらに休日に関する規定は，管理監督者には適用されないことによる。

　労働時間制度の「個人にとっての弾力化」であっても，労働者

自身が仕事の進捗にあわせて時間配分を行う場合，それは「企業にとっての弾力化」にも貢献する。この意味では，2つの弾力化には重なる部分がある。しかし，「企業にとっての弾力化」は，企業が労働力需要の変動を事前に予測し，それにあわせて労働時間の配分を変更しておくもので，労働者による労働時間の自己管理は予定されておらず，この点が「個人にとっての弾力化」とは基本的に異なる。また，「個人にとっての弾力化」は，時間管理に関して労働者に自己決定権を与え，労働時間に関する他律的管理を緩和することで勤労意欲を高めたり，時間管理に関する目的意識を喚起し時間効率を上げたり，生活リズムに調和した労働生活を実現することなどが意図されている。「個人にとっての弾力化」によって「企業にとっての弾力化」のような効果が得られると企業が考える背景には，仕事の遂行や時間管理を労働者自身に任せる必要のある裁量性の高い仕事が増加したり，あるいは労働者に時間管理を任せるほうが効率化や創造性の発揮が実現できたり，さらには労働者自身も生活リズムや仕事の進捗に調和可能な労働時間のあり方を求めているとの認識がある。

　労働時間の「個人にとっての弾力化」は，労働者の生活や仕事にあわせて労働時間の配分を労働者の自己決定に任せるものである。しかし労働時間管理が労働者の自己決定に任せられる程度，言い換えれば労働者に任される時間管理の裁量の幅は，労働時間制度によって異なる。たとえば，フレックスタイム制よりも裁量労働制のほうが労働者の裁量が大きく，フレックスタイム制のなかでも制度のあり方によって労働者の裁量の程度が異なる。フレックスタイム制における裁量度は，コアタイムの有無やコアタイムがある場合はその長さ，さらにはフレキシブルタイムの長さなどに規定される。フレックスタイム制を労働者に任される裁量の

表5-1 労働時間の弾力化が機能するための条件

a)	仕事の質・量と納期	適正な仕事の質・量と納期
b)	仕事の目標設定	明確な仕事の目標
c)	仕事の裁量度	進捗管理や遂行手段の選択権付与
d)	評価制度	成果による評価と評価基準の明確化
e)	自己管理能力	労働者の自己管理能力の育成

程度で分類すると，裁量程度が高い順からコアタイムなしのフレックス，相対的に短いコアタイムのフレックス，相対的に長いコアタイムのフレックスとなる。

　労働時間管理が制度として弾力化されても，制度の意図どおりに運用面でも労働時間が弾力化されるとは限らない。変形労働時間制度は，労働力需要の事前の予測が狂えば企業にとっての弾力化が実現できない。しかし需要予測が正確であれば制度と実際の運用との乖離は少ない。他方，フレックスタイム制や裁量労働制では，労働者自身が労働時間の自己管理を行使しうる条件が整備されていない場合は，制度と運用との乖離が生じることになる。当然のことながら自己管理を行使できる条件が揃っていなくては，労働者自身が弾力的な労働時間制度を利用することができない。

　　　　　　　　　　　　　　個人にとっての「労働時間の弾力化」が，

個人にとっての労働時間の弾力化が機能するための条件

制度の趣旨に即して活用できる条件として表5-1で示した5つをあげることができる（以下は，佐藤［1997b］による）。

　第1に，仕事の質や量，さらには納期のあり方は，労働時間の弾力化のための基礎的な条件である。労働者個々人に達成が期待された仕事の質・量が，通常の労働時間ではとても達成できない

水準であったり，納期に余裕がなかったりする場合などは，時間管理が労働者自身に任されていたとしても，過剰労働を強いられるなど他律的管理となんら変わらず，自己決定権は意味のないものとなる。

第2に，仕事の質・量や納期が適正であるだけでなく，仕事の具体的な目標が明確でなくてはならない。上司による仕事の目標の設定が曖昧であったりすると，期待された仕事とは関係のない仕事に時間を費やすことにもなりかねない。仕事の目標の明確化のためには，管理職が制度の趣旨を十分に理解していることが求められる。

第3に，仕事の進め方や遂行手段の選択に関して労働者に付与された権限の程度，つまり裁量度がある程度高いことが必要である。労働者に時間配分の権限が与えられても，仕事の裁量度が低くては，労働時間を自己管理することができないことになる。たとえば，フレックスタイム制が導入され出退勤時間を労働者が自分で選択できるようになっていても，職場で毎朝，定時に会合があるようでは，仕事の進捗の自己管理ができない。つまり労働時間の弾力化に対応して，仕事の裁量度を高めなくては，労働時間管理の弾力化が生かされない。言い換えれば，仕事の裁量度の低い仕事には，労働時間の弾力化の仕組みは馴染まない。

第4に，評価制度つまり働きぶりの評価は，仕事の目標設定のあり方と関係が深く，労働時間管理の弾力化が有効に行われるための要件となる。労働時間の配分と仕事の進捗の管理が労働者自身に任されるようになり，かつ仕事の質・量や納期の設定が適切に行われても，仕事の評価が成果や結果（目標達成の程度）でなく，労働時間の長さや仕事への取組み姿勢で行われたり，あるいは仕事の成果の評価基準が明確でない場合などは，「過剰品質」をも

たらすような働き方が行われたり，仕事が終わっても職場に残るなどのいわゆるつきあい残業が発生するなど，労働時間の配分が歪曲されることになる。つまり仕事の質・量や納期の適正化にあわせ，仕事の評価を成果にリンクしたものに切り替えたり，評価の基準を明確化したりすることが必要となる。

　第5に，労働時間や仕事の自己管理が円滑に行われるためには，労働者自身が自己管理能力を備えていることが求められる。自律的で計画的な仕事の遂行だけでなく，仕事と仕事以外の生活のバランスにも配慮しながら働くなど自律的な働き方が求められる。労働者がこうした自己管理能力を具備していなくては，労働時間や仕事の管理の弾力化は機能しない。

　以上のように考えると，労働時間の弾力化がその目的に即して機能するためには，労働時間の弾力化にあわせて，①適正な仕事の質・量と納期，②明確な仕事の目標，③進捗管理や遂行手段の選択権付与（裁量度向上），④成果による評価と評価基準の明確化，⑤労働者の自己管理能力の育成などが不可欠となる。

4　勤務場所の柔軟化と多様化

●テレワーク

　従来の働き方は，従業員が固定的な勤務場所まで出勤し，労働サービスを提供するものであった。しかし情報通信技術（ICT）の発展により，固定的な勤務場所でなく，仕事の内容や進捗，さらに生活の必要に応じて，多様な勤務場所を選択することが可能となっている。具体的には，自宅で仕事を行う在宅勤務や通常の勤務場所以外で就業が認められているサテライト・オフィス（リモート・オフィス），さらには就業者が自由に仕事場所を選べるモ

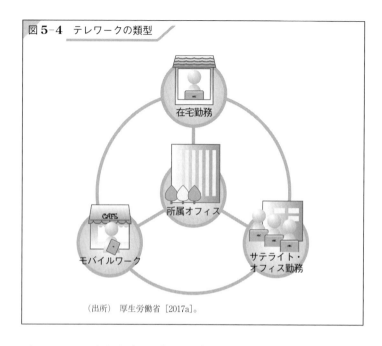

図5-4 テレワークの類型

在宅勤務

所属オフィス

モバイルワーク

サテライト・
オフィス勤務

(出所) 厚生労働省 [2017a]。

バイルワークなどがある（図5-4）。ここでは以上の3つを「テレワーク」と総称する。

　サテライト・オフィスには，勤務先企業が独自に設けているもの（支店の一部をサテライト・オフィスとして利用できるようにしている場合もある）と，異なる企業の社員が利用できるサテライト・オフィスをビジネスとして提供している企業によるものがある。モバイルワークには，Wi-Fiなど通信環境が整備されている街中のカフェで仕事をする場合も含まれる。

　テレワークの利用では，週や月に数日利用したり，1日の所定労働時間のうちのある部分で活用したりするなど労働時間の一部で在宅勤務等を行うなど多様である。しかし，所定労働時間のすべてをテレワークで行う事例は，現状では多くない。また，機密

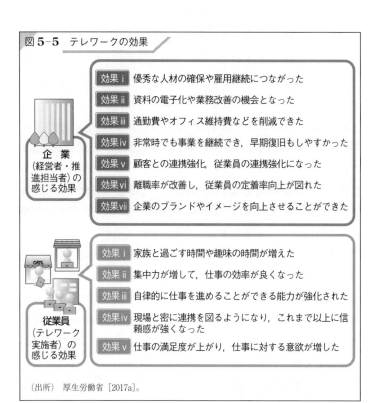

図 5-5 テレワークの効果

企業（経営者・推進担当者）の感じる効果

効果 i 優秀な人材の確保や雇用継続につながった

効果 ii 資料の電子化や業務改善の機会となった

効果 iii 通勤費やオフィス維持費などを削減できた

効果 iv 非常時でも事業を継続でき，早期復旧もしやすかった

効果 v 顧客との連携強化，従業員の連携強化になった

効果 vi 離職率が改善し，従業員の定着率向上が図れた

効果 vii 企業のブランドやイメージを向上させることができた

従業員（テレワーク実施者）の感じる効果

効果 i 家族と過ごす時間や趣味の時間が増えた

効果 ii 集中力が増して，仕事の効率が良くなった

効果 iii 自律的に仕事を進めることができる能力が強化された

効果 iv 現場と密に連携を図るようになり，これまで以上に信頼感が強くなった

効果 v 仕事の満足度が上がり，仕事に対する意欲が増した

（出所）厚生労働省［2017a］。

情報の管理などセキュリティの課題もあり，テレワークの対象となる業務を限定している企業もある。しかし，通信環境や情報機器の整備からそうした制約も解消されてきている。

テレワークが円滑に活用されると，図5-5のような企業と従業員の両者にメリットがある。とりわけ従業員にとっては，通勤時間が削減されることで，生活に使える時間が増えたり，仕事と仕事以外の両立が可能となったりする（通信による通勤の代替）。たとえば，子育てのために短時間勤務を利用している社員が，在宅勤務時はフルタイム勤務を行う事例も増えている。さらに，コ

ロナ禍で在宅勤務が可能となる仕事が多いことが確認できたこともあり，出張だけでなく，転勤などの異動をテレワークで代替する企業もでてきている。配属先が大きく変わっても居住地の変更がない，つまり転勤のない異動の実現である。

勤務場所の柔軟化や多様化は，労働時間管理の面で人事管理に新しい課題をもたらしている。テレワークであっても，労働基準法が適用され，企業としては従業員の始業・終業の時刻を記録することで，労働時間を適正に管理することが求められることによる。始業・終業の時刻を記録する方法として，メールでの連絡などがある。さらに，管理職も，対面でのコミュニケーションがとれない部下の仕事や働きぶりを管理することが求められる。他方で，通常勤務での部下管理に比較して，テレワークのほうが，管理職と部下の間のコミュニケーションがより密になるとの研究もある。管理職と部下が，対面でコミュニケーションがとれる環境にあることと，実際にコミュニケーションをとっているかどうかは異なるということである。

テレワークが円滑に活用されるためには，企業や管理職の業務や部下のマネジメントに加えて，従業員1人ひとりが，仕事の進捗や時間の使い方，さらには仕事と仕事以外の境界などを，適切に自己管理することが求められる。この自己管理能力を社員が欠いていると，働き過ぎや生産性の低下などが起きることにもなる（佐藤・松浦・高見［2020］の第5章参照）。

演習問題

1 従業員の生活にとっての労働時間制度の機能を論じてみよう。

2 労働時間制度の弾力化が円滑に機能するために必要な，従業員の自己管理能力を具体的に検討してみよう。

3 長時間労働を解消する取組みに関して議論してみよう。

4 大学卒業後など就職先を選ぶ際にテレワークを利用できることをどの程度重視するか，友人などと議論してみてください。

文献ガイド

1 佐藤博樹・松浦民恵・高見具広［2020］『働き方改革の基本』中央経済社。

2 小倉一哉［2011］『過働社会ニッポン──長時間労働大国の実態に迫る』（日経ビジネス人文庫）日本経済新聞出版社。

3 NHK放送文化研究所編［2011］『日本人の生活時間2010──NHK国民生活時間調査』NHK出版。

能力を高める意義と方法

1 能力とは何か

●仕事に必要とされる能力

能力開発の必要性

　人間は，さまざまな能力をもっている。速く走る，物を遠くへ投げるといった肉体的な能力をはじめとして，絵を描く，楽器を奏でるといった情緒的な能力，旋盤を操作して金属を加工する，部品を組み立てて自動車をつくるといった職業にかかわる能力まで幅広い。人間は，自分がもっている能力を使って，何かを実行する。能力それ自体を観察することはできない。能力は，それを利用して何かをすることによってはじめて，有無と程度がわかるものである。

　人間は，同時に，さまざまな可能性をもっている。人によって得手不得手はあるものの，正しいプログラムでトレーニングを受

ければ，たいていのことはできるようになる。人のもっている可能性を**潜在能力**というが，潜在能力は，開発されなければ，何かを実行する際に役に立つ能力（**顕在能力**）にはならない。

求められる能力の
多様性

企業が人を雇うのは，その人がもっている能力を発揮してもらって，企業業績に貢献してほしいからである。その意味で，企業が従業員に求めるのは，仕事に関係した能力（**職務遂行能力**）である。経理を担当している従業員が100メートルを10秒台で走ることができたとしても，企業にとってはどうでもいいことである。企業がその従業員に求めているのは，経理処理の能力であって，速く走ることではないからである。

　企業を経営していくには，さまざまなタイプの能力をもった従業員が必要である。鉄道会社を例にとって考えてみよう。鉄道会社の中心的業務は，電車の運行である。電車は，決められた時刻表どおりに走らなければならない。時刻表よりも，早くても遅くても問題である。スピード経営の時代だからといって，時刻表よりも早く電車を走らせてしまっては，利用者にとって迷惑きわまりない。電車の運行を担当している従業員は，決められた時間どおりに，安全に電車を走らせる能力が求められるのである。

　他方，鉄道会社には，企画部といって，会社の将来の事業を考える部門がある。企画部で働いている従業員が，上司から指示されたことを指示されたとおりにしかやらないとすると，これも問題である。企画部の役割は，誰も考えつかないような発想で，会社の将来事業を考えることだからである。鉄道会社といえども，企画部員には，少し現状から飛躍した視点で，会社の事業をとらえる能力が求められている。

職業生活は 45〜50 年
続く

従業員に求められる能力は，同じ業種で
も，時代とともに変化していくのが普通
である。50 年前の家庭電機産業では，
若年層の女性が数多く働いていた。家電製品の組立ラインは，中
学や高校を出たばかりの若年女性労働力によって支えられていた。
しかし，現在，家庭電機産業で最も多く求められているのは，大
学や大学院を卒業した技術者である。組立ラインでは，いまでも
若年女性が働いているが，ライン作業の主流は中高年の女性パー
トタイマーや若年の派遣労働者になっている。また，50 年前に
日本でやっていたような単純な組立作業は中国や東南アジアの工
場に移管され，日本の工場では，より高度な作業が行われている。

　能力開発において問題なのは，1 人の人間の**職業生活**の長さと
技術の変化の周期が異なることである。学校教育をどこまで受け
るかで職業生活に入る年齢が異なるが，65 歳までの就労を前提
にすれば，ほぼ 45 年，70 歳までを前提とすれば約 50 年になる。
45〜50 年という期間は，**技術進歩**の観点からみると，とても長い。
最近，とくに，技術変化のスピードが速くなったといわれる。仮
に，技術変化の周期を 5 年とすると，人は職業生活の間に 9〜10
回程度の変化を経験することになる。10 代から 20 代の初めにか
けて**学校教育**を受ければ，一生使える知識を身につけられるとい
う時代ではないのである。

　人の職業生活の長さと技術進歩の周期が重ならないからこそ，
職業生活に入ってからの能力開発が重要になる。技術変化につい
ていけなくなると，その人が担当できる仕事の範囲は大きく制限
されることになり，最悪の場合は，失業してしまうかもしれない。
ここ数年，**学び直しやリスキリング**といった言葉をよく耳にする
ようになっている。時代の変化に合わせて，自分自身の能力を組

み立てなおしていくことが必要なのである。70歳まで現役で生き生きと働くためには，的確な能力開発が不断に行われなければならない。

| 能力開発の場 |
能力は開発される必要があるが，能力開発の場をどこに求めたらよいのだろうか。ある1人の人の職業能力を考えたとき，その人がもっている能力の内容は，これまでどのような経験を積んできたかによって規定される部分がほとんどである。65歳で職業生活を引退するとしたとき，その人が受けた学校教育は12〜18年くらいであり，仕事をしていた期間は40〜45年になる。仕事に就いた後に，仕事を中断して学校に戻ることもあるだろうが，学校教育の期間が仕事をしていた期間を超えることは，まず考えられない。だとすれば，どのような仕事をしてきたかという点が，その人の職業能力の構成を決めることになる。

　仕事をすることが能力開発につながるのは事実だが，何の脈絡もない仕事をたくさん経験しても，能力形成にはならない。能力を身につけるには，目的と計画が必要である。この分野のこういう能力を身につけたいという対象を決め，それを身につけるにはどうすればいいかを考えなければならない。いわゆる**オン・ザ・ジョブ・トレーニング**（on-the-job training：OJT）である。

　仕事をするのは企業内であるから，企業が能力開発の場となる。毎日仕事をしていくなかで，人はさまざまな経験を積んでいく。仕事経験は能力開発の基本であるが，能力開発をより効率的に行うには，仕事の節目で**研修**（off-the-job training：Off-JT）を入れることが必要である。日々の仕事で蓄積した経験を棚卸しし整理することによって，経験が体系化され，自分自身の強みと弱みを知ることができる。能力開発においては，OJTとOff-JTを効果的

に組み合わせることが重要である。

能力には，大きく分けて2種類ある。どの企業に行っても通用する能力（**一般的能力**）と，ある特定の企業でしか通用しない能力（**企業特殊的能力**）である。経理の仕事を考えたとき，勘定科目を整理して財務諸表を作成する能力は前者に属する。財務会計には，企業を越えて通用するルールが存在し，そのルールを習得していれば，どの会社に行っても財務諸表をつくることができる。他方，管理会計の分野に含まれる能力は，後者の部分が相当含まれている。予算の立て方や原価計算の方法は企業ごとに少しずつ異なるので，別の企業に移ったとき，これまでの企業で培ってきた能力が100％生かせるとは限らない。同じ経理でも，どのような仕事を担当するかで，企業特殊性の度合いは異なるのである。

　能力開発において，他社に移っても通用する能力を身につけておけば選択の場が広がるが，一般的能力だけをもっていることが常に有利だとは限らない。企業は，その企業でしか役に立たない能力をもっている人を一定数必要としている。企業特殊的能力を養成するには時間がかかり，かつ従業員にとっては，他社に移ると身につけた能力が適切に評価されないというリスクを負うことになる。したがって，企業としては，企業特殊的能力を身につけようとする従業員には，一般的能力しかもっていない従業員よりも，高い賃金を払ったり，昇進の可能性を高めたりして，企業特殊的能力の養成を魅力あるものにしようとする。その人が職業生活においてその企業にとどまり，その企業が存続するならば，企業特殊的能力を身につけたほうが有利になるといえる。

2 人は育つものか育てるものか

●能力開発の主人公

| 能力開発の主体 |

ある人がもっている能力の内容は，その人が受けてきた教育と経験してきた仕事の集大成であることはすでに指摘した。では，どのような能力を，どのような方法で身につけるかを決めるのは誰だろうか。

人が能力開発に取り組むのは，ある分野の能力を身につければ，自分にとって何かいいことがあると考えるからである。能力開発のためには，一定のエネルギーを傾注しなければならない。従業員が苦労してある能力を身につけようと努力するのは，ある種のインセンティブが存在するからである。より高い給与が期待できるとか，昇進の確率が高いとか，自分が取り組みたい仕事に就けてもらえるとか，仲間から信頼される，達成感を得ることができるといったご褒美があってはじめて，人は努力しようという気になる。従業員が能力開発に向かうような仕掛けを考えるのは，人事部門の仕事である。そして，その仕掛けに乗って能力開発にどう取り組むかを決めるのは，従業員の意思である。

これまでの日本企業は，従業員に選択の機会をあまり与えてこなかった。人事異動は，会社主導で決められ，個人の選択の余地は限られていた。能力開発の主導権は，企業側が握ってきたといっても過言ではない。

| 自己選択と自己責任 |

これからの能力開発のポイントは，従業員個人に選択の自由を保証することである。自分がどのような仕事をし，どのような職業生活を送るかを，個々の従業員が選択できるようにしなければならない。ただし，

選択の結果については，従業員個人が責任をもつことになる。これまでのように，会社が人事異動を一から十まで決めてしまうのではなく，従業員に担当したい仕事を選ばせる。自分で選んだ仕事なのだから，その結果に対しては自分で責任をもつ。これは，**仕事の選択権**を従業員側がもつことを意味する。

　どのような仕事に取り組むかを従業員自身が決めることは，自らの能力開発において，従業員が主導権を握ることと同義である。従業員は，能力形成を会社任せにするのではなく，自分がどのような能力を身につけるかを自らの判断で決めることになる。自分で決めるというのは，非常に勇気のいることである。しかし，不確実性が高くなっている現在，能力育成の主導権を会社側に任せてしまうことにも大きな危険がともなう。従業員には，自らの職業能力を自分の判断で組み立てていくことが求められている。

　従業員が適切な判断を下すためには，十分な情報が必要である。企業は，従業員に対する情報提供の義務を負っている。従業員自身がどのような状況に置かれているのか，従業員がもっている能力を会社はどのように評価しているのか，会社側の期待度はどの程度か，といった情報が従業員に的確に伝えられなければならない。また，経営者はその企業の競争力をどこに見出そうとしており，そのためにどのような人材を必要としているのか，またその経営方針のもとでは今後どのような仕事が会社で生まれてくるのかといった情報も，従業員に示されていなければならない。

　同時に，どのような仕事に取り組んで，どのような成果をあげれば高く評価されるのかという点に関する情報も必要である。**評価制度**と**評価基準**が明確に規定されたなかで，従業員は仕事に取り組む。そして，期末に成果に関する評価が行われ，評価結果が従業員に対して十分納得のいくかたちで説明される。評価制度と

評価結果に関する**情報開示**も重要である。

　これまでの日本企業の多くは，情報を開示しない傾向が強かった。もちろん，従業員に対して十分な情報開示を実施してきた企業もあるが，少数派にとどまっていた。現在，企業会計や財務状況に関する情報開示は当たり前になっているが，ヒトに関する情報開示も重要な課題である。

能力開発における人事部の役割

　では，能力開発のすべてを従業員に任せて，企業は機会を提供するだけでいいかというとそうでもない。アメリカのパシフィック・ベルという会社で，「10〜15年この会社に勤めているにもかかわらず，何の専門性ももっていない従業員が増えている」という問題が発生した。1990年代半ばのことである。

　アメリカ企業では，基本的に従業員個人が自らの能力育成を決めている。会社のなかでどのポストを経験するかは，従業員の判断に任されている。アメリカの大企業には，社内のネットワークを使って，**社内求人情報**を流す会社が多い。現在担当している仕事とは違う仕事をしたいと考えている従業員は，毎日のように社内求人情報をみている。この求人情報には，どのような仕事に空席が発生しているか，その仕事に対していくらの給料が支払われるのか，どのような条件をもった人が応募できるのかが明示されている。

　これらの情報のなかで，従業員が最も関心を払うのが給料である。自分がいま担当している仕事よりも高い給料が提示されていれば，とりあえず応募してみる。アメリカの企業でも，人的資源がもっている**情報の非対称性**のために，社内に適当な人材がいれば，その人を優先して採用するのが一般的である。その結果，より高い給料を求めて，社内のいろいろな部署を脈絡なく異動する

人たちが生まれてしまったのである。

　パシフィック・ベルでは，この問題を解決するために，部門長向けの訓練プログラムを開発した。その内容は，部下の能力育成に注意を払って，専門性の高い人材に育つようにするために部門長はどのような役割を果たさなければならないか，というものであった。能力育成を完全に従業員任せにしてしまうと，企業にとっても従業員個人にとっても最適な結果を生まないことを，この例は示している。個人の選択を基本とし，企業側の指導・助言を効果的に組み合わせることによってはじめて，望ましい能力育成が実現できるといえよう。

　企業は，従業員の能力開発において，これまでとは違った意味で重要な役割を担わなければならない。企業において能力開発の責任を果たすのは，人事部である（企業によっては，人材開発部や教育訓練部といった名称をつけて，能力開発を担当する部署を独立させているところがある）。人事部は，その会社の教育訓練プログラムを作成し，従業員に提示する。従業員は，自分自身の職業能力育成を考えて，必要なプログラムを選択することになる。そのとき，職場の上司が果たす役割は重要である。部下に対して，的確な助言を与え，能力育成にプラスになるような選択を促さなければならない。

　図6-1は，ある繊維製造会社の教育訓練体系を示したものである。従業員を大きく事務・営業系と技術系に分け，社内の資格に対応させて訓練プログラムが配置されている。仕事の内容や必要とされる技能の種類・水準は職種によって異なるため，階層，職務，個人などの群ごとにプログラムが細かく決められている。人事部は，各部門の要求を聞きながら，それぞれのニーズに合ったプログラムを開発する。必要とされる技能や技術・知識は毎年

のように変わるので，教育訓練プログラムは常に改廃を繰り返していかなければならない。

3 職場の能力形成

●働くことが最良の訓練

OJT は有効か

職業能力を身につける方法は，大きく分けて 2 つある。OJT と Off-JT である。いま，弁護士を例にとって両者の関係を考えてみよう。弁護士になるには，まず司法試験に合格し，司法修習生として実習を受けることが必要である。司法試験は非常に難しい試験であり，合格するには相当多くの時間を費やして勉強しなければならない。この試験勉強の期間は，弁護士という仕事に就いているわけではないので，Off-JT である。司法試験に合格し，司法修習生になると，広い意味での OJT が始まる。「広い意味での」という限定をつけたのは，司法修習生の期間中は，裁判官や検察官としての訓練も受けるためである。

　司法修習生としての訓練を終了し，弁護士登録を行い，法律事務所に採用されたときから，本格的な OJT が始まる。司法修習期間が終われば，一応，世間的には弁護士として認められる。しかし，ただちに一人前の弁護士として働けるわけではない。弁護の依頼は多種多様であり，依頼人の利益になるような判決を引き出すには，法廷闘争での駆引きや，どの法律をどう適用するかといったテクニックを習得していなければならない。そのような技能を Off-JT だけで学ぶことは不可能ではないが，多くの時間と費用がかかる。時間と費用の面で最も効率的な方法は，ベテラン弁護士の下で働きながら，いろいろなケースを扱って，少しずつ

図 6-1　ある繊維製造会社の教育訓練体系図

資　格 〈入社年数〉[1]	全　職　務　共　通		
	対　象		

	K1~3 K3 〈18~〉	正課長研修 新任管理職研修 （K3 コース）	目標管理制度	
総	S1A 〈15~17〉	管理職昇格前研修 （S1A コース）		
合	S1B 〈12~14〉	上級専門職研修・S1 レポート （S1B コース）		
	S2A 〈 9~11〉			
職	**S2B 〈 6~ 8〉**	**中堅専門職研修**（S2 コース）		コーチング・ノート[3]
	S3 〈 4~ 5〉	**自律的キャリア開発研修** （S3 コース）		
	M1 〈 1~ 3〉	新入社員教育 MB（事務・営業系社員）コース EB（技術系社員）コース M1 レポート		
一	C [2] T	上級指導職研修（CA コース） 上級技術職研修（TA コース） 技術職研修（TB コース）	小集団活動	個人観察育成カード
般	G1			
職	G2・G3 M2・M3	各事業所内集合教育 新入社員教育		

階層別教育	個人別育成

（注）　1）　総合職資格欄の〈　〉内に記した入社年数は，おおよその目安。とくに
　　　　2）　本人の意思・能力に基づき，一般職（C クラス）→総合職へのコース転
　　　　3）　コーチング・ノートとは，入社後 1~2 年間，個々の社員にもたせる，
　　　　　　年目程度の社員が，このコーチング・ノートを管理し，後輩社員につき，

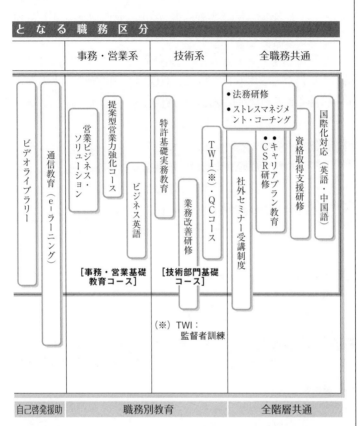

と な る 職 務 区 分			
	事務・営業系	技術系	全職務共通

ビデオライブラリー

通信教育（e－ラーニング）

営業ビジネス・ソリューション

提案型営業力強化コース

ビジネス英語

[事務・営業基礎教育コース]

特許基礎実務教育

業務改善研修

[技術部門基礎コース]

TWI（※）・QCコース

• 法務研修
• ストレスマネジメント・コーチング

社外セミナー受講制度

• キャリアプラン教育
• CSR研修

資格取得支援研修

国際化対応（英語・中国語）

（※）TWI：
　　監督者訓練

自己啓発援助	職務別教育	全階層共通

上位資格では，多少の前後がある。
換が可能。
自身の育成記録。以降の配置・教育計画は，同記録の内容をベースに行われる。入社3
入社後の2年間，教育をはじめとする各種フォローに当たることになる。

覚えていくことである。難しい試験に合格し，何年もの実務経験を経てはじめて，「一人前の弁護士」として世間から認知され，1人で仕事ができるようになるのである。

この例からわかるように，職業能力を身につけていくうえで，最も一般的な方法がOJTである。OJTは実地訓練といわれるように，働くことが訓練になるという性質をもっている。この訓練方式は，Off-JTに比べてコストが少なくてすみ，内容が具体的なので取り組みやすいという利点をもっている。弁護士資格を取った後，法律事務所に就職すれば，給料をもらうことができると同時に，いろいろな具体的な案件にかかわることができるので，弁護士としての技能も高まっていく。仮に，弁護士資格を取っても，一人前の弁護士になるまで仕事をせずに勉強を続けるとすれば，その間のコストは膨大であるだけでなく，具体的な案件にかかわることができないので本当に役に立つ技能が身につかない危険性がある。

OJTは，コストと具体性の面で優れているため，世界中の労働現場で普通に使われている訓練方法である。一時，「OJTによる能力育成は，日本企業に独特のものである」という誤った理解がなされたことがあったが，アメリカやヨーロッパ，アジアの国々の実態研究の積み重ねによって，OJTこそが訓練の主流であることが確認された。

OJTの方法

OJTは，文字どおり訓練である。訓練である以上は，到達目標とそれに要する期間があらかじめ設定されており，期間終了後にどこまで習得できたかが評価されなければならない。しかし，日本企業には，「仕事をさせておけば，それがOJTになるのだ」と誤って理解している管理職が非常に多い。部下にやみくもに仕事をさせておいて，

自分はOJTに熱心だと胸を張る管理職をよくみかける。①現状把握（現在，何ができて何ができないのかの評価），②目標設定（習得すべき技能や知識を決める），③期間設定（何ヵ月で習得させるのか），④指導者（誰が主として教えるのか），⑤事後評価（習得の程度の判定）の5点を備えていないOJTは，OJTと呼ぶにはふさわしくないのである。仕事をしていることがすべてOJTであるという理解は誤っていることを明記しておきたい。

　ただし，予期しない問題に直面し，それを解決することによって能力が向上する場合もある。その案件が終わったときに，上司や先輩と一緒に対応の仕方について振り返り，どのような点がよかったのか，残された課題は何かを整理しておくと，能力向上に大いに役立つことになる。

　では，OJTは具体的にどのように進められるのだろうか。日本企業の製造現場で広く使われている「**スキルマップ**」を例に説明しよう。**図6-2**は，ある自動車製造会社の組立職場で実際に使われているスキルマップをもとに作成したものである。この職場には，全部で15の持ち場（ステーション）があり，持ち場ごとにマス目が設けてある。そして，それぞれのマス目が4つに区切られている。そのステーションについて一定の経験を積み，作業の習熟度が上がるごとに，4分割された部分が1つずつ塗られていく。マス目を塗るかどうかの基準は，次のように決められている。

　　第1分割：1人で25％しかできない・サポートが必要
　　第2分割：1人で50％しかできない・サポートが必要
　　第3分割：1人で75％仕事ができる・教えることもできる・
　　　　　　　サポートが必要
　　第4分割：1人で100％仕事ができる・教えることができる

図6-2 ある自動車組立職場のスキルマップ

社員氏名	担当工程	休んだときの対応人名	作業習得状況（工程 NO.）						多能工育成計画		
			EP	E1	E2	E3	M1		10月	11月	12月
田中	EP	大木									
佐藤	E1	吉田									E8
鈴木	E2	木村									
中村	M1	吉田、山下									M6
……											
大木	リリーフ	──							E6	M8	E8R

（注）この職場は職長も含めて18名の作業者によって構成されており、工程は全部で15に分かれている。各時点での担当工程は［1人ひとつ］であり、多能工育成計画に従って、作業者が新しい工程の作業を覚えるように計画されている。

このスキルマップは，職場の掲示板に張ってあり，誰がどこまでできるようになったかを職場のメンバーがみられるようになっている。職長は，期首（1期は6ヵ月間）に各人がその期に取り組むべき課題を設定し，期末に1人ひとりの技能の向上度を判定し，マス目を塗るかどうかを決める。誰が誰を指導するかも決められており，できるだけ多くの人ができるだけ多くのステーションを担当できるように訓練計画をつくっている。

　このようなスキルマップをつくって，職場構成員の技能水準を上げていこうとする試みは，日本企業だけでなく，他の国々にも広がっている。スキルマップは，カンバン方式やカイゼン（改善）のように，日本企業が発明し，世界の企業が使うようになった手法の1つに数えることができる。ただ，この手法は，主として製造現場の世界だけにとどまっており，事務・技術系の従業員の能力育成に使われている例は少ない。ホワイトカラーの仕事を定義することが難しいというのがその理由であるが，ホワイトカラーの生産性を高めるには，十分考慮に値する方法だと考えられる。

4 Off-JT の役割

●仕事を離れての訓練

職業能力形成と
学校教育

　職業能力形成の中心が働きながらの訓練（OJT）にあることはすでに述べたが，学校教育も広い意味での職業能力形成に関係している。文部科学省「学校基本調査」によると，2022年3月卒業生の進学率は，中学校から高校が98.8％（通信課程を含む），高校から大学・短大・高専が60.4％（専修学校などを含めると83.8％）となっている。進学率が高いことは，国民の基礎能力の向上

につながるので望ましいことだと考えられるが，職業能力形成という観点からは，必ずしもいいことばかりではない。

　高度経済成長期から1980年代にかけて，工業高校が製造業の現場労働者の重要な供給源であった。しかし，この間，工業高校の卒業生が減少し（高校の全生徒数に占める工業科の生徒の割合は，1970年の13.4％から2022年の7.2％に低下），現在では，製造現場に採用される高卒の多くが普通科高校卒業生になった。普通科高校での教育内容が悪いというのではないが，製造現場で働くのであれば，中学校卒業時点で工業高校に入学し，製造現場向きの教育を受けたほうが効率的ではないかという意見がある。

　また，2年に1回行われている21歳以下の若者を対象とした世界技能大会で優秀な成績をおさめる日本人がめっきり少なくなっている。1970年代までは，優秀者のなかに日本人の名前が数多くみられたが，80年代以降，若年層の技能分野での国際競争力のなさが明白になっている。1970年代以降，日本で急速に高まってきた「普通一般教育」への需要が職業高校進学者を減少させ，その結果として，日本の製造業の技術力低下につながりかねない状況を引き起こしているのは否めない事実である。

有効な Off-JT とは

　職業能力形成の中心はOJTであるが，OJTだけで十分かというとけっしてそうではない。OJTの節目にOff-JTを入れることによって，OJTで得た技能や知識をより確実に自分のものにすることができる。これを比喩的に表現すると次のようになる。

　われわれは，職業能力を詰め込む1つの大きな袋をもっていて，日々経験したことをそのなかに放り込んでいく。働いていると，毎日，いろいろなことにぶつかる。3年から5年経つと，その間蓄えてきた経験で袋がいっぱいになってくる。経験から得られた

知識やノウハウは，混沌とした状態で袋のなかに入っていたので
は，有効に使えない。的確に整理され，関係するものはひとまと
めにすることによって，後々使いやすくなる。経験を整理し，い
つでも引き出せるかたちにまとめ直す作業が Off-JT である。そ
れゆえ，同じような Off-JT を毎年受けてもあまり効果がない。
ある程度，経験がたまった段階で受けるのが理想的である。

　経験を整理し，次の飛躍に役立てるために多くの企業で行われ
ているのが「階層別教育」である。先に紹介した図6-1でいうと，
総合職を対象とした自律的キャリア開発研修，中堅専門職研修，
一般職対象の上級技術職研修，上級指導職研修などがこれに当た
る。

　ある役職に昇進したときや入社後一定年数が経過したときに，
共通の要素をもち，これからの飛躍が期待される従業員を集めて，
教育を行う。期間は会社によって異なるが，1日で終わるものも
あれば，2泊3日程度で実施されるものもある。このような研修
（Off-JT）を効果的に組み込むことによって，OJT がより意義深い
ものになる。

　経験を整理する効果をもつもう1つの方法は，資格取得である。
会社独自で研修を企画するだけの人員がいない中小企業では，公
的資格の取得を奨励することによって研修と同じ効果をあげよう
としている。資格を取るためには，法律や理論の勉強をしなけれ
ばならない。この勉強が経験を整理するのに役立つのである。

　いま，社会保険関係の事務を担当している人を例に考えてみよ
う。その人は，毎日の仕事をとおしていろいろな知識を蓄積して
きたので，社会保険労務士の資格をもっていなくても，日々の書
類を処理していくうえで何の支障も感じていない。ある日，彼／
彼女が1人の従業員から，これまで扱ったことのないような問題

Column ⑧　部下育成とハラスメント

　最近，○○ハラスメントという言葉をよく耳にする。パワー・ハラスメント（パワハラ），セクシュアル・ハラスメント（セクハラ），マタニティ・ハラスメント（マタハラ；妊娠・出産に伴う労働制限，就業制限，産前産後休業，育児休業によって業務上支障をきたすという理由で，精神的・肉体的な嫌がらせを行う行為のこと）など，嫌がらせをされたと感じたとき，ハラスメントという言葉を使って不快感を表現する。

　このハラスメント，とくにパワハラが人材育成に悪い影響を与えている。部下育成のために上司が少し強い言葉で指導すると，その部下は「パワハラをされた」と感じ，社内のハラスメント委員会に訴え出る。上司としては，嫌がらせをしたつもりはまったくないのに，部下からハラスメントだといわれ，愕然とする。すると，「この程度のことでパワハラだといわれるのなら，指導するのは最小限にとどめておこう」と考え，指導したほうがいい局面でも指導に二の足を踏む。これは，部下にとって大きな損失になりかねない。この点への対応を考えてみよう。

　働く人の財産は，難しい職務をやり遂げる能力である。それが十分に育たないと，高い給料を得られなかったり雇用が不安定になったりする。また，部下育成が適切に行われない状態は，企業にとっても損失である。人材が育っていない企業は，競争力が高まらず，企業の存続にかかわるからである。OJT による人材育成では，背伸びを必要とする仕事を部下に割り振り，アドバイスし，部下も自分で学びながらその仕事に取り組むことが成長につながることになる。しかし，部下が，その仕事に取り組むことが自分の成長につながる機会になると理解していないと，上司によるパワハラと受け取られることにもなる。さらに上司から褒められるだけでなく，改善点を指摘してもらうマイナスのフィードバックが成長に有益である。しかし，改善が必要となる理由を説明

せずに，こうすべきだと改善のみを要求するだけでは，後述するパワハラの1つの「精神的な攻撃」と受け止められる可能性もある。

　ところで，厚生労働省は，パワハラを以下のように定義している。「同じ職場で働く者に対して，職務上の地位や人間関係などの職場内の優位性を背景に，業務の適正な範囲を超えて，精神的・身体的苦痛を与える又は職場環境を悪化させる行為」。これは，上司から部下だけでなく，先輩から後輩，同僚間，場合によっては，部下から上司への行為も含まれている。そして，パワハラの6つの典型例を示している。①身体的な攻撃，②精神的な攻撃，③人間関係からの切り離し，④過大な要求（業務上明らかに不要なことや遂行不可能なことの強制，仕事の妨害），⑤過小な要求（業務上の合理性なく，能力や経験とかけ離れた程度の低い仕事を命じることや仕事を与えないこと），⑥個の侵害（私的なことに過度に立ち入ること）（詳しくは，厚生労働省［2019］『パワーハラスメント対策導入マニュアル──予防から事後対応までサポートガイド（第4版）』）。

　「④過大な要求」や「⑤過小な要求」の範囲は一律に決まるものではないため，前述のように管理職による部下育成を難しくしている。では管理職としてはどうすればよいのか。基本は，部下とのコミュニケーションである。部下に仕事を割り振る際に，成長につながる仕事であることを説明することが大事だ。部下の側もパワハラと感じたら，上司にその点を伝えることが重要になる。上司や先輩からの的確な指導は，人材育成上，とても大切である。上司・先輩は，指導する際の態度や言葉遣いに気をつけるとともに，指導される側も指導内容を素直に受け取るような人間関係をつくっておくことが肝要である。

を相談されたとする。相談内容はいくつかの法律にかかわることだったので，彼／彼女はこれまでの経験を総動員し，社会保険関係の法律集をひっくり返して，何とか答えをみつけることができた。しかし，彼／彼女は，自分が出した答えにいまひとつ自信がもてなかった。もし，彼／彼女が社会保険労務士の資格を取るために勉強していたとしたら，もっと簡単に，より的確な答えを出せたかもしれない。社会保険労務士の資格を取るためには，法律や規則を体系的に学ぶ必要がある。この「体系的に学ぶ」ことが，経験の整理につながり，新しい事態に対処できる応用力の基礎となるのである。このことは，経験のない人が資格取得のために勉強したとしても，あまり効果がないことを示唆している。

自己啓発の役割

最近，企業は，従業員が**自己啓発**に積極的に取り組むことを支援するようになっている。最も一般的な方法は，企業が認めた**通信教育**を修了すると，費用の全額や一部を支給するというものである。通信教育のリストに載っているコースは，仕事に直接役立つようなものばかりではない。なかには，趣味のコースのようなものも含まれている。企業が仕事に直接関係ないコースに対しても費用援助をするのは，従業員が人間としての幅を広げてくれれば，それがどこかで仕事に役に立つのではないかと考えているからである。

自己啓発のために，専門学校に通ったり，社会人向けの大学院に通学したりする人が増えている。企業が提供してくれるOff-JTや通信教育には限りがある。社会人向け大学院には，まったく違う産業で働く人たちが集まっているので，ちょっとした**異業種交流**の場になっている。自分とは違った世界で働いている人の話は刺激的であり，通信教育ではけっして得られないものが学校にはある。また，一部の企業は，従業員が社会人大学院に通って勉強

することを奨励する仕組みをもっている。それは，従業員が発想力を磨いて，自社の仕事によい効果をもたらすことを期待しているからである。発想力と独創性を磨く場として，大学院に通う人の数はこれからも増えていくと予想される。

私たちが職業人として常に第一線で活躍

していくには，変化に対応する力を高めることが必要である。技術は日進月歩であり，新しい財やサービスが毎日のように生まれてくる。まさに変化の連続である。これらの変化に対応するには，変化の本質を見極め，求められる新しい能力を獲得していかなければならない。

日頃からいろいろなことに興味を持ち，率先して学んでいると，変化をいち早く察知することができるし，必要とされる知識・能力を身につけることが可能になる。学びは習慣である。ふだんから学ぶことを実践していれば，新しいことを学ぶ力が高まる。学びは大学で終わりではない。働きはじめてからも学び続けることが重要である。

5 能力開発5つのポイント

●生涯現役であるための秘訣

日本社会の高齢化の進展にともなって老

齢年金制度が改定され，2025年には厚生年金の支給開始年齢が65歳になる。さらに，政府は，70歳まで働ける企業を増やすキャンペーンを展開している。その背景には，少子化と長寿化の同時進行があるが，元気なうちは働き続けて，社会を支える側にいることが求められている。まさに，生涯現役である。

これまで，日本社会は年齢を判断基準にして納得性を確保してきた。役職定年を含めた定年制は，本人に労働能力があるか否かにかかわらず，ある年齢がきたら強制的に辞めさせるというものであった。しかし，生涯現役社会をつくるには，年齢で一律に区切る方式を改めなければならない。これからは，年齢差ではなく，個人差に注目して処遇を決めるようにならなければ，急速に進む高齢化に対処することはできない。

では，どうすれば何歳になっても現役で活躍することができるのだろうか。この点を明らかにするには，50歳代半ばから60歳代で生き生きと働いている人々に秘訣を尋ねることが有効である。そういった人たち20人以上にインタビューした結果，5つのポイントが浮かび上がってきた。

(1) 若いときに自分を成長させてくれるような仕事にめぐりあったこと

(2) 早い時期に，仕事上の目標となる先輩や上司をみつけたこと

(3) ある程度実務を経験した後，部門全体が見渡せるようなポジションに異動になったこと

(4) 新しい仕事を任されたときに，関連の資料を読みあさるなど寝食を忘れて勉強したこと

(5) 仕事を進めていくうえで，常に中長期の目標をもっていること

これらの点は，能力開発の極意とも呼べるものである。以下，具体例をあげながら検討する。

ポイント1　若いときに自分を成長させてくれるような仕事にめぐりあったこと　機械製造会社X社に勤務するL氏は，勤続38年のベテランである。高校を卒業後，

X社に入社し，繊維機械の組立職場に配属された。38年間，一貫して組立職場で働いてきたL氏は，地元自治体が認定する「現代の名工」に選ばれるほどの腕前の持ち主である。L氏は，入社後，組立職場に籍を置きながら，設計の仕事やサービス営業の仕事を経験した。また，繊維製造会社に出向し，X社がつくった機械が実際に使われている現場で働いて，紡績の技能を身につける機会も与えられている。

L氏が職業人としての高い専門知識を築く基礎となったのは，入社後3年目から担当した海外での機械据付けである。繊維機械は，発展途上国の企業が顧客になる場合が多い。X社で製造した機械を納入先に運び，所定の場所に据え付け，試運転をして相手方に引き渡す。機械が仕様書どおりの性能を発揮するように，さまざまな調整が必要となる。エジプト，タンザニア，ウガンダ，ケニアなどのアフリカ諸国に始まって，パキスタン，バングラデシュ，台湾，香港などのアジア諸国・地域，そしてコスタリカ，ニカラグア，メキシコなどの中南米諸国でも仕事をした。十分な物資がないなかで，決められた期限内に調整を終わらせなければならないという大きな責任をともなう作業であった。

企業を代表して派遣されている以上，若いからとか，経験が浅いからといった言い訳は許されない。厳しい環境下でも，高い水準の仕事をやり遂げられたことが，その後のL氏の職業生活に大きな影響を与えた。

与えられた場をいかに使うか　　L氏は，たまたまこのような仕事に配属された「幸運な人」だという見方もできる。たしかに，人生には運不運がある。将来にわたって伸びていく可能性の高い仕事に配属される人もあれば，技術的に袋小路に入ってしまっているような仕事を担当する人もいる。どのような職場に配属される

かで，その後の職業人生が決まってしまうのなら，初任配属こそが最も大切だということになる。

しかし，実際に大切なのは，配属された後の働き方である。L氏が幸運に恵まれたことは確かであるが，その機会をうまくとらえて，職業能力向上の糧としたのは，L氏自身の意思である。仕事の場は，企業から与えられる。その舞台をどう利用するかは，個々人に任されている。若年期から，職業人としての価値を高めるような働き方を心がけることによって，中高年になっても第一線で働きつづけられるような能力が身につくのである。

ポイント2　早い時期に，仕事上の目標となる先輩や上司をみつけたこと　L氏と同じX社に勤めるM氏は55歳，勤続37年である。M氏は，高校卒業後すぐにX社に入り，鋳造一筋の職業生活を送ってきた。M氏が入社した当時のX社では，新入社員は，1年間，座学と現場実習を受けるのが一般的だった。農業高校を卒業したM氏は，耕運機をつくろうと思ってX社に入ったが，実際は鋳造職場に配属になった。M氏は，入社当時，鋳造に関する知識をほとんどもっていなかったが，この1年の実習を通して鋳造の基本を知ることができた。

実習を終えたM氏は，鋳鋼の造型職場で働くことになった。ここで，M氏のその後の職業人生に大きな影響を与えることになるH課長との出会いがあった。鋳鋼の造型職場では，鋳型を手作業でつくっていた。最初に取り組んだ仕事は，X社の大切な取引先であるS社向けの製品に発生する不具合の解消であった。H課長の下で，不具合の原因究明と改善に取り組んだ。H課長は，仕事に対してとても厳しく，丹念にデータをとって原因を解析していくことに長けていた。M氏は，H課長にいわれるとおりにデータを取り，H課長に提出した。造型職場で働いた4年間で，

基本的な仕事の進め方を徹底的にたたき込まれた。

データに基づいて原因究明を進めるという手法は、次に配属された鋳造技術課で生きることになる。技術課の仕事は、鋳造方法の改善であったが、Ｍ氏が、鋳型に使う新砂の割合を50％から10％に削減する方法を考え出したり、溶解の時間短縮方法を編み出したりした。その後、Ｍ氏は、品質管理の仕事を担当し、社長表彰を受けるような仕事を数多く手がけた。そして、現在は、後進の指導を行う仕事に従事している。

人との出会いを大切にする　　　何か新しいことを始めようとするとき、他の人をまねることが第一歩である。子どもが言葉を覚えるのは、両親や周囲の人が話すのを聞いて、まねをするからである。茶道や華道、落語といった伝統芸能も、師匠をまねることから始まる。職業も同じである。学校を卒業した段階では、職業人としては赤ん坊と同じである。最初に入った会社で、職業人としての基礎を習得する。そのとき、「あの人のようになりたい」という上司や先輩をもつことができれば、職業人としての成長は早くなる。

ここでも、また、運不運の問題が出てくる。たまたまよい上司や先輩にめぐりあえればいいが、そうでない場合もあるのではないか、という反論が聞こえてきそうである。しかし、職場には、たくさんの人が働いている。自分が配属された職場にまねをしたいと思うような人がいなければ、他の職場で探せばいい。

われわれは、日々、さまざまな人と出会っている。ある出会いが人生の糧となるか否かは、その人の感性によるところが大きい。感性の豊かな人は、小さな出会いでも生かすことができるが、感性が研ぎ澄まされていないと、大きな出会いでも逃してしまうことになりかねない。結局は、自分がどう主体性を発揮して、つか

み取るかという問題である。「職業人として目標にできるような人は，常に自分のそばにいる」というのが真実ではないだろうか。

> ポイント3　　ある程度実務を経験した後，部門全体が見渡せるようなポジションに異動になったこと

鉄道会社Z社に勤務するP氏は55歳，勤続34年で，Q駅の副駅長を務めている。P氏は，駅の出改札から始めて，車掌を2年間務めた後，運転手となり，14年間電車の運転に携わった。その間，若手運転手の横に同乗して指導する「共同運転手」を務めたり，幹事駅の構内運転手として働いたりした。

　P氏に転機が訪れたのは，入社後18年目に名古屋支配人室勤務になったことである。支配人室とは，電車の運行全般をコントロールする組織であり，鉄道事業の円滑な運営の全責任を負っている。名古屋支配人室は，Z社の中枢組織であり，5つの幹事駅を統括している。P氏は，そこで，収入と支出の予算管理という仕事を与えられた。

　P氏は，電車の運転に誇りをもっており，日々の仕事のなかにやりがいを見出していた。しかし，支配人室に異動になったことで，運転という仕事に対する見方が大きく変わった。それまで14年間務めてきた「電車の運転」が，会社全体のなかでどのような位置にあるのかがみえてきたのである。

　電車を安全に時刻表どおりに走らせ，顧客を輸送するには，実に多くの人がかかわっている。そのことは，おぼろげながらわかっていたつもりだった。しかし，実際に支配人室で働いてみると，自分の知らないことがたくさん行われていることに気がついた。電車の運転席からみていた世界は，ほんの一部でしかなかったのである。

　会社全体のなかで自分がどのような仕事を担当しているのかが

わかってくると，仕事の進め方に変化が現れた。目の前の問題を追うだけの方法から，問題の向こうに隠れている状態を予測しながら，いまの仕事を考えるようになったのである。

　4年間の支配人室勤務の後，P氏は，本社の営業部に異動になり，駅務機器の近代化（自動券売機や自動改札機の導入）を6年間担当した。そのときも，全体のなかでの位置づけを常に意識しながら，仕事を進めていくことができた。P氏は，自らの仕事を客観化し，全体との位置関係を確かめながら仕事をすることを支配人室時代に学んだのである。

　いまの仕事の価値を高める　　社会的に通用する能力を高めるには，いまの仕事の価値を高めるのが最も有効である。P氏は，まさにそれを実践しているといえる。何年かの実務経験を経て，全体を見渡せるようなポジションに就くことは，いまの仕事の価値を高める働き方を習得することにつながる。

　現実には，そのような機会に恵まれない人もいる。全体を見渡せるようなポジションに就きたいと思っても，配属を決めるのは会社であり，個人の自由にならないからである。では，どうすればいいか。若いときから，自分が担当している仕事と全体との関係を意識しながら仕事をすることである。たとえば，自分の仕事の位置づけについて上司から説明がないとき，こちらから上司に働きかけて説明してもらうようにするのである。そのような習慣をつけておけば，職業人としての価値は高まり，中高年になっても第一線で働きつづけることができるはずである。

　　ポイント4　　　新しい仕事を任されたときに，関連の資料を読みあさるなど寝食を忘れて勉強したこと

会社内の異動で，突然，まったく経験したことのない仕事に回されることがある。前任者との引継ぎは行われるが，1〜2日しか

期間をとってもらえない。新しく担当した仕事でも，次の日から一定水準以上の質を要求される。できないからといって，言い訳は許されない。

筆者がこれまでインタビューした元気な中高年に共通していたのは，そのような異動を経験した際，1日の仕事が終わってから関連資料を読みあさって勉強し，一刻も早く仕事の水準を上げようとしていたことだった。

電力会社Y社に勤めるN氏は，勤続38年のベテランであり，現在は研修センターで後進の指導に当たっている。N氏は，22年間の発電所勤務の後，本店に異動した。電気をつくる職場と電気をつくる体制を整える職場は，仕事内容がまったく異なる。N氏は，配属後1年くらいにわたって土日に出勤し，前任者がつくった資料を丹念に読んでいった。

本店でのN氏の仕事は，発電所の運転業務の合理化案をつくることであった。22年の運転経験があるので，どこをどうすれば要員を減らせるかはすぐにわかった。しかし，経験だけに基づいた案では説得力がない。コスト計算を行い，要員の配置や設備の改善を考慮に入れて，数字で裏づけていく必要がある。寝食を忘れて勉強した結果，課題を達成できた。

新しい仕事に配属されたとき，N氏のように努力を惜しまず勉強するか否かで，その後の職業能力形成に大きな差が出る。新しい仕事に配属されることは，1つのチャンスである。それを生かすか単にやり過ごすかは，個人の裁量に任されている。

> ポイント5

仕事を進めていくうえで，常に中長期の目標をもっていること　　仕事には，計画が必要である。輝いている中高年は，50歳代半ばを過ぎても5〜10年間の計画をもっている。ここで取り上げた会社の定年は60歳で

あり，その会社で働けるのはあと数年しかない。定年後の再雇用制度を利用したとしても，同じ仕事ができるとは限らない。しかし，彼らにとって，会社に残れるかどうかは，あまり問題ではない。現在の仕事を中長期の計画のなかで位置づけることの重要性を認識しているために，自分の定年年齢に関係なく，中長期の目標を立てて仕事に臨むのである。

　繊維機械組立の専門家であるＬ氏は，機械組立のテキスト作成に取り組んでいる。最近の若年層は，組立に関する理論と実際の関係がよくわかっていない。Ｌ氏は，自分がこれまで習得してきた知識や技能を次の世代に伝えるために，テキストの執筆を考えた。この作業は 10 年かかるだろうとＬ氏は考える。Ｌ氏の定年は 2 年後だが，定年のことは気にしていない。できるところまでやって，あとは次に引き継ごうと考えている。

　雇用関係には定年という終わりがあるが，自分が取り組んでいる仕事には終わりがない。仕事の終わりを決めるのは，自分自身である。第一線で活躍している元気な中高年をみていると，「生涯現役」という言葉にふさわしい働き方をしている。彼らは，誰かから与えられて，そのような働き方をしているのではない。自らの意思で選択し，自らの力で築き上げてきたのである。

　以上，能力開発にとって重要な 5 つのポイントを述べてきた。**生涯現役社会**の実現に向けて，先輩たちの経験を参考にしながら，自らの能力開発を組み立てていくことが重要である。

演習問題

1 　職業生活の長さと技術革新の周期が異なるために起こる可能性のある「能力の陳腐化」は，どのようにしたら防止できるだろうか。能力の維持向上に成功している例を身近な人のなかからみつけ，何に気をつけているのか調べてみよう。

2 　「生涯学習」という言葉を最近よく聞くようになったが，職業能力の育成と生涯学習とはどのような関係にあるのだろうか。

3 　公的な資格を取ることのメリットとデメリットを，①専門知識の習得と，②不確実性対応，の２つの点から整理してみよう。

4 　60歳を過ぎても第一線で働けるようにするにはどうすればよいだろうか。「生涯現役社会」という言葉が出てきた背景を考えながら検討してみよう。

文献ガイド

1 　藤村博之編［2021］『考える力を高めるキャリアデザイン入門——なぜ大学で学ぶのか』有斐閣。

2 　児美川孝一郎［2011］『若者はなぜ「就職」できなくなったのか？——生き抜くために知っておくべきこと』日本図書センター。

3 　フェファー，J.（守島基博監修，佐藤洋一訳）［2010］『人材を活かす企業——「人材」と「利益」の方程式』翔泳社。

4 　小池和男編／監修［2006］『プロフェッショナルの人材開発』ナカニシヤ出版。

5 　岩上真珠・大槻奈巳編［2014］『大学生のためのキャリアデザイン入門』有斐閣。

コンティンジェント・ワーカーの活用

本章で学ぶ
Key Words

コンティンジェント・ワーカー　　個人請負（フリーランス）　　正規従
業員と非正規従業員　　雇用形態の呼称　　無期雇用派遣　　有期雇用派
遣　　業務の外部化　　短時間・有期労働者法　　就業調整　　派遣元
派遣先　　派遣労働者　　紹介予定派遣

1 コンティンジェント・ワーカーの活用

●多様な労働者の組合せ

コンティンジェント・
ワーカーとは

コンティンジェント・ワーカー（contingent worker）について確定した定義があるわけではないが，企業が「労働サービス需要の発生に応じて活用する労働者」である。この定義によれば，コンティンジェント・ワーカーには，企業が雇用契約を結んだ労働者だけでなく，派遣会社の派遣社員や，請負企業を通じて就業する請負社員，さらには**個人請負**で働く**フリーランス**なども含まれる（佐藤編［2008］；佐野・佐藤・大木［2012］）。企業が雇用契約を結んだ労働者では，「労働サービス需要の発生に応じて活用する」ため，有期労働契約での活用が多くなる。さらに，特定の時期や曜日や時間帯など労働サービス需要の変化に即した労働サー

表 7-1 雇用形態の呼称別にみた働き手と働き方の特徴

	計	1）性別		
		男性	女性	うち既婚女性
役員を除く雇用者計	5,723	3,004	2,719	1,522
正規の職員・従業員	3,612	2,340	1,272	600
非正規の職員・従業員	2,111	664	1,447	922
パート	1,037	126	910	695
アルバイト	431	215	217	64
労働者派遣事業所の派遣社員	152	56	95	42
契約社員	293	156	137	68
嘱　託	110	70	40	24
その他	89	41	48	29

（注）　1）　雇用形態は勤め先での呼称によって調査対象者が自己判断したものである。
　　　　　　呼ばれている者，②「パート」は，就業の時間や日数に関係なく，勤め先で
　　　　　　の時間や日数に関係なく，勤め先で「アルバイト」またはそれに近い名称で呼
　　　　　　遣事業所などに雇用され，そこから派遣されて働いている者，⑤「契約社員」
　　　　　　る者，⑥「嘱託社員」は労働条件や契約期間に関係なく，勤め先で「嘱託職員」
　　　　2）　調査票には「非正規の職員・従業員」という選択肢はなく，パート，アルバ
　　　　3）　「就業調整」とは，収入を一定の金額に抑えるために就業時間や日数を調整し
　　　　4）　総計には，無回答などが含まれるため，内数と合わない箇所がある。
　　　　5）　原資料の千単位を四捨五入しているため，内数と合計が合わない場合がある。
（出所）　総務省統計局「令和 4 年 就業構造基本調査」（2022 年 10 月調査）による。

ビスの提供が可能な就業形態での活用も多い。

雇用形態の呼称と曖昧
な雇用契約

　非正規従業員は，パート，アルバイト，契約社員，嘱託などの呼称が求人などで使用されることが多いが，これらは労働基準法など法的に定められたものでなく，また社会的に合意された定義があるわけではない。そのため求人広告などをみると，同じパートタイマーやアルバイトの呼称を使用していても，労働条件や働き方が異なる場合があり，注意が必要となる。

　雇用形態に関する法律上の定義は，①労働契約が有期か・無期

（単位：万人）

2) 学生（在学中）	3) 雇用期間の定めの有無			4) 就業調整している	5) 平均年齢（歳）	6) 65歳以上の人数
	定めがない（定年までの雇用を含む）	定めがある	わからない			
188	3,949	1,288	458	—	45	540
9	3,286	187	138	—	43	122
179	663	1,101	319	550	49	419
4	429	456	136	360	52	214
171	148	152	126	127	37	71
2	32	102	17	16	45	16
1	—	273	17	21	50	54
0	20	84	5	7	60	35
1	34	33	17	6	53	28

調査票の記入要領には，，①「正規の職員・従業員」は，一般職員または正社員などと「パートタイマー」またはそれに近い名称で呼ばれている者，③「アルバイトは，就業ばれている者，④労働者派遣事業所の「派遣社員」は，労働者派遣法に基づく労働者派は，専門的職種に従事させることを目的に契約に基づく雇用され，雇用期間の定めのあまたはそれに近い名称で呼ばれている者と説明されている。
イト，派遣社員，契約社員，嘱託社員，その他を選択した者を合計したものである。
ている者で，この設問は「非正規の職員・従業員」のみを対象とする。

か，②勤務する労働時間がフルタイム勤務か・短時間勤務か，さらに③就業先の企業による直接雇用か・派遣会社を通じた間接雇用（派遣就業）か，の3つに関するもののみである。有期労働契約の場合は，雇用契約期間や契約更新の有無，契約更新がある場合では契約更新の回数などの情報が大事になる。通常，フルタイム勤務で就業先企業による直接雇用の無期の労働契約がいわゆる**正規従業員**に該当することが多く，フルタイム勤務や短時間勤務の両方とも直接雇用の有期労働契約は**非正規従業員**が多いと想定される。しかし，**表7−1**で，雇用形態の呼称と労働契約期間の

定めの有無の関係をみると，両者が厳密には対応していないことがわかる。たとえば，勤務先で正規の職員・従業員の呼称であっても雇用契約の期間に「定めがある」と回答した者（4%）は少ないが存在することや，パートの呼称やアルバイトの呼称であっても雇用契約の期間に「定めがない」と回答した者がいる。パートやアルバイトの非正規従業員では，有期労働契約が多いと想定されるが，回答では無期労働契約（雇用期間に定めがない）もパートで41%，アルバイトで34%を占める。無期労働契約がかなりの比重を占める背景には，有期労働契約が更新され，雇用期間が5年を超え，労働者が無期労働契約を希望する場合，無期労働契約に転換できる労働契約法の影響があろう。

　学生が多いアルバイトでは，労働契約の基本である雇用期間の定めの有無に関して「わからない」（29%）が，パート（13%）と比較しても多く，この点の改善が求められる。

　また派遣社員には，派遣会社（派遣元）との雇用契約に関して，雇用契約の期間が無期である**無期雇用派遣**と有期の**有期雇用派遣**の2類型がある。有期雇用派遣に関しては，派遣で働くことを希望する人が，派遣会社に希望する仕事内容や就業先，さらには働き方（勤務時間など）を登録し，登録内容に合致する派遣先があった場合に，派遣会社と有期の雇用契約を結んで，派遣社員として就業する働き方が多い。そのため，有期雇用派遣の働き方に関して「登録型派遣」と呼称する派遣会社もある。他方で，無期雇用派遣の働き方を「常用型派遣」と呼称する派遣会社もある。

雇用形態の呼称別にみた働き手と働き方の特徴

雇用形態の呼称別にみた働き手と働き方の特徴を前掲**表7-1**でみよう。同表は総務省統計局「令和4年 就業構造基本調査」（2022年10月調査）から作成したものである。同調査の雇

用形態に関する設問は，法律上の定義を説明している「派遣社員」（労働者派遣事業所の派遣社員）と従事する仕事が専門職種で雇用期間に定めがあると定義している「契約社員」を除いて，勤務先での雇用形態の呼称での回答を求めている。雇用形態の呼称は，「パート」という呼称で雇用されていなくても，調査対象者がその呼称が近いと判断した場合は，「パート」を選択するものである。そのため，週末だけ小売店で販売員として働いている学生で勤務先での呼称が「キャスト」である場合，当該学生がこの設問のどの選択肢を選ぶかは，回答者の自己判断によることになる。こうした回答者の自己判断による雇用形態の呼称であるが，その結果に基づいて雇用形態の呼称別にその働き手と働き方の特徴をみると次のようになる。

　非正規の職員・従業員は2111万人で，役員を除く雇用者に占める割合は37％になる。非正規の職員・従業員のなかではパート呼称（1037万人）とアルバイト呼称（431万人）が多い。パートでは女性（88％）とりわけ既婚女性（67％）が，アルバイトでは学生（40％）が多くなる。派遣社員では女性（63％）が，嘱託では65歳以上の高齢者（32％）が多い。主婦パートや学生アルバイトという呼び方は，労働力構成を反映したものといえよう。アルバイトは，学生が3分の1程度を占めるが，学生ばかりではない。またアルバイトでは，パートと異なり，既婚女性は15％と少なくなる。つまりアルバイト呼称の働き手は，主に学生と若い未婚の女性から構成されている。さらに，収入を一定範囲内に抑えるために就業時間や日数を調整するいわゆる「就業調整」をしている者が，パート呼称（35％）やアルバイト呼称（30％）で多い（詳しくは後述する）。嘱託呼称は平均年齢が59.8歳と高くなり，65歳以上の高齢者（66％）も多くなる。60歳代後半層では

Column ⑨　個人請負に関する２つの見方

　個人請負とは，個人が，顧客である企業など法人から仕事を請け負い，人を雇わずに仕事を遂行する働き方である。「業務委託契約」や「請負契約」などの契約に基づくことが多く，「インディペンデント・コントラクター」「フリーランス」「業務委託員」「個人業務請負」「一人親方」など多様な呼称が使われている。個人を顧客とする小売店などの自営業とは異なるのは，①顧客が一般の個人ではなく企業など法人で，かつ②従業員を雇用していない点にある。

　個人請負で働く人が，さまざまな業種で増えてきた背景には，企業の人材活用の変化やサービス経済化の進展などがある。個人請負は，従来のシステム・エンジニア，フォトグラファー，ライター，データ入力，テープ起こしなどから，バイク便のライダー，ネイルサロンのネイリストなど多様な職種に拡大している。さらに最近は，個人請負で働く者へ業務を発注したい企業と業務を請負で受注したい者をマッチングするクラウド上のプラットフォームを提供する事業者が出現している（クラウドワーカー）。こうした結果，企業が請負として発注する業務内容が多様化しているだけでなく，ソフト開発などでは業務委託の範囲が国境を越えるようになってきている。

　個人請負の働き方に関しては，労働者保護の観点から，個人請負で働く者が，労働法の適用対象となる「労働者」とみなせるかどうかという「労働者性」の判断が重要となる。「業務委託契約」に基づく個人請負の就業者は「自営業者」で，労働基準法等の労働法の適用対象となる「労働者」ではない。しかし，業務遂行上の指揮監督の有無や，時間的・場所的拘束性の有無など複数の要因などから働き方の実態を総合的に判断し，雇用される人と変わらない場合，判例等では，契約の名称が請負契約であっても，労働法の適用対象となる「労働者」として判断され労働法が適用さ

れることになる。つまり，労災補償などの対象となりうるのである。

　さらに，個人請負で働く就業者の増加を受け，「特定受託事業者に係る取引の適正化等に関する法律」（フリーランス・事業者間取引適正化等法）が 2023 年 5 月に公布された。法は，公布の日から起算して 1 年 6 ヵ月を超えない範囲内において政令で定める日に施行することとされており，個人で働くフリーランスに業務委託を行う発注事業者に対し，業務委託をした際の取引条件の明示，給付を受領した日から原則 60 日以内での報酬の支払い，ハラスメント対策のための体制整備などが義務付けられることになる。

　個人請負の働き方に関しては，肯定的な評価と否定的な評価がある。肯定的な評価は，特定の組織に拘束されない自律的な働き方として評価するものである。肯定的な評価に該当する個人請負の多くは，プロフェッショナルで学歴が高い。こうした個人請負で働く者が増えた背景には，企業に雇用されて働くことの魅力が低下したことや，仕事と生活との両立を重視する就業者が増えたことがあろう。高学歴者のなかには，組織に拘束されずに，キャリアを自分で切り開くことを重視する考えが広がっていることも影響していよう。

　他方，個人請負の働き方に関する否定的な見方として，安定した就業機会を得ることができないため，不本意に選択したとの評価がある。このほか，女性が個人請負の働き方を選ぶ背景に，企業において女性の昇進機会が制限されてきたこれまでの現状や，家事や育児の責任を負うために，時間的拘束の少ない働き方として個人請負を選択せざるをえないとの見方もある。

嘱託として企業に雇用されている者が増えているのであろう。

業務の外部化

業務の外部化は，製造業や建設業における外注活用だけでなく，施設管理（清掃，警備等々）など本業以外の付帯業務の外部委託でも活用されている。これらに加えて最近は，業務の外部化が，人事労務部門（給与計算，福利厚生管理等）や営業部門（製薬会社での派遣MRの活用等）など，本業の間接部門や本業にまで拡大している（労働大臣官房政策調査部編 [1998]）。こうした間接部門における外部化の進展により，労働者個人に対する業務の外部化も拡大しつつある。個人への従来の外部化（個人請負など）は，特定の業種（出版業，放送業，ソフトウェア業など）や業務・職種（編集作業，カメラマン，システム・エンジニアなど）に限定されていたが，本業の企画職や営業職，さらにはネイリストなど対個人サービスの業務などにも拡大してきている（仁田 [1987]；佐藤編 [2008]；佐野・佐藤・大木 [2012]）。

業務の外部化と他企業
の労働者の活用状況

ビル管理などを請け負っている施設管理会社の労働者や製造業の工場内で請負作業を行う企業（構内請負企業）の職場内請負労働者，さらに派遣労働者は，労働サービスの提供先の企業や事業所に直接雇用されているわけではない。労働サービスを提供している企業とは別の企業に雇用されており，そのことがそれぞれの労働者に共通する特徴である。しかし派遣労働者と請負労働者は，指揮命令関係に相違があり，派遣労働者は，労働サービスを提供している企業から指揮命令を受ける関係にあるが，請負労働者はそうした関係にはない（佐藤・佐野・堀田 [2010]）。

　企業は，他企業の労働者をどの程度活用しているのか。調査時期はやや古いが，請負を含めて他社からの労働者数を把握してい

る調査としての**表7-2**をみよう（「事業所・企業統計調査」は，平成18年調査を最後に，平成21年から「経済センサス」に統合され，派遣以外の下請労働者に関する調査項目がなくなっている）。派遣労働者や請負作業に従事している他企業の労働者が，自社の社内で従業しているすべての労働者（自社が雇用する従業者と他社の就業者を合計）に占める比率は，全産業で5.1％と低い。しかし業種別にみると，他社労働者の活用比率が高いものがある。たとえば百貨店や総合スーパーでは，社内で就業する労働者に占める他社労働者の比率は24.8％と高い。これらの多くは，売場における派遣店員と考えられる。派遣店員は，労働者派遣法による派遣労働者ではなく，百貨店に商品を納入している企業，たとえばアパレル会社や化粧品のメーカーなどが，納入した自社製品の販売促進のために，自社が雇用している労働者を百貨店の自社製品の売場に配置している者である。

正規従業員やコンティンジェント・ワーカーの活用と業務の外部化

正規従業員が担当する業務，非正規従業員が担当する業務，派遣労働者や請負労働者が担当する業務，さらには外部化する業務など，それぞれはどのような要因で決まるのか。この点について，順次検討しよう（佐藤編［2008］；キャペリ［2010］；佐藤・佐野・堀田［2010］）。

　外部化可能な業務の条件は，①社内にノウハウを蓄積する必要がないこと，②企業情報の社外流出の問題がないこと，③他の社内業務から分離が可能であること，④業務処理に必要なノウハウなどを有する外注先（企業および個人）が存在すること，⑤仕事の成果が測定可能なものであること，⑥内部で処理するよりも外部化するほうがコスト面で有利なこと，などである。こうした条件が整わない場合は，企業内部で処理することが選択されやすい

表 7-2　産業分類別にみた事業所内で働いている他企業の従業者の比率の高い業種（民営）

産業小分類[1]	事業従事者数 (A)[2]	別経営の事業所から派遣・下請従業者数 (B)	比　率 (%) (B / A)
全　産　業	55,176,747	2,809,942	5.1
百貨店，総合スーパー	775,229	191,949	24.8
電子計算機・同付属装置製造業	128,921	27,923	21.7
通信機械器具・同関連機械器具製造業	201,517	42,431	21.1
倉庫業（冷蔵倉庫業を除く）	163,696	33,276	20.3
こん包業	106,939	17,870	16.7
情報処理サービス業	177,909	29,426	16.5
電子部品・デバイス製造業	685,599	110,016	16.0
事務用・サービス用・民生用機械器具製造業	150,759	21,738	14.4
特殊産業用機械製造業	158,657	21,771	13.7
ソフトウェア業	701,229	94,771	13.5
電気通信に附帯するサービス業	107,331	14,336	13.4
自然科学研究所	255,893	33,834	13.2
銀行（中央銀行を除く）	425,484	55,565	13.1
自動車・同付属品製造業	987,863	126,279	12.8
工業用プラスチック製品製造業	156,508	18,890	12.1
発電用・送電用・配電用・産業用電気機械器具製造業	373,569	45,079	12.1
機械器具設置工事業	116,524	13,693	11.8
ゴムベルト・ゴムホース・工具用ゴム製品製造業	103,348	11,928	11.5
特定貨物自動車運送業	180,949	20,868	11.5
有機化学工業製品製造業	106,794	11,829	11.1

（注）　1)　産業小分類（477 産業）のうち，事業従事者 10 万人以上の産業小分類（149 産業）。
　　　　2)　事業従事者数は，従業者数から別経営の事業所への派遣・下請従業者数を差し引き，別経営の従業者からの派遣・下請従業者数を足し上げた数をいう。
　　　　3)　他企業の従業者は，調査対象事業所は雇用していないが，当該事業所内で働いている派遣労働者と下請従業者である。派遣労働者には，派遣法によるものだけでなく，他社からの出向社員が含まれている。下請従業者は，請負仕事を当該事業所で行っている者である。
（出所）　総務省統計局「平成 18 年 事業所・企業統計調査」より作成。

（労働大臣官房政策調査部編［1998］；厚生労働省［2011a］）。企業の内部で業務を処理する場合でも，業務によっては，正規従業員によって業務を処理する以外に，非正規従業員や派遣労働者の活用など下記のようないくつかの選択肢がある。

　派遣労働者を活用して社内で処理可能な業務の性格は，外部化可能な業務と重なるが，派遣労働者は受入れ先企業の従業員と連携して仕事ができるだけでなく，受入れ先企業の従業員が派遣労働者に対して指揮命令することができる。つまり受入れ先企業の従業員と派遣労働者の密接な連携が必要な業務にも派遣労働者は活用が可能となる。他方，外部化可能な業務であっても，社外に業務を切り出せない場合には，社内において請負労働者を活用することが合理的となる。

　非正規従業員が活用可能な業務は，非正規従業員の職業能力などによっても異なる。非正規従業員と一口にいっても，高度の専門能力を有する人材を年単位で雇用する契約社員から，いわゆる主婦が主となるパートタイマーや学生が主となるアルバイトなど多様で，それぞれによって活用可能な業務が異なることが多い。たとえば主婦パートタイマーや学生アルバイトは，家庭生活や学業を仕事よりも重視する者が多いため，企業の期待どおりに労働サービスが提供される可能性（急な欠勤がない，残業ができるなど）や中長期の人的資源投資を受け入れる可能性が，正規従業員よりも低いことが一般的であることによる（佐藤編［2008］；厚生労働省［2011b］）。また通勤可能圏が狭いため，企業と労働者の両者とも通常は転勤を前提に活用していない。こうした結果，主婦パートタイマーや学生アルバイトなどの非正規従業員は，中長期的な技能形成を必要とする基幹業務へ配置することが難しく，基幹業務は正規従業員の活用に依存せざるをえないことになる。この

ことは，主婦パートタイマーや学生アルバイトを基幹業務へ配置し活用すること，つまり戦力化が困難と主張するものではない。そうではなく，正規従業員並みの働き方を非正規従業員の全員に期待することが難しいという意味である。

　非正規従業員を多数活用する企業では，非正規従業員に対してキャリア・ラダーを用意したり，能力向上を評価する人事制度を導入したりするなどして，従来であれば正規従業員のみを活用していた業務にも配置し活用する「基幹労働力化」に取り組んでいる（佐藤編［2008］；本田［2010］）。

2 非正規従業員の活用

●主婦や学生が主力となる

非正規従業員の雇用量
と構成

　　　　　　　　　　　総務省「就業構造基本調査」の2022年調査によると，呼称による分類によるが，役員を除く雇用者に占める正規従業員（正規の職員・従業員）は63％で，非正規従業員（パートや派遣など正規の職員・従業員以外）が37％になる。1992年調査では，正規従業員が78％で，非正規従業員が22％であったことから，この30年間における正規従業員の減少，非正規従業員の増加が確認できる。

　また，業種によって非正規従業員の活用状況が異なり，非正規従業員への依存度が高い業種がある。たとえばハンバーガー店は，雇用者（正社員・正職員と正社員・正職員以外の合計）のうちの9割以上がアルバイトなどの非正規従業員である（**表7-3**）。

表7-3 産業小分類別雇用者に占める「正社員・正職員以外の雇用者」の割合（民営事業所）

産業小分類	雇用者 （A）	正社員・正 職員以外の 雇用者（B）	割合（％） （B／A）
ハンバーガー店	209,678	198,996	94.9
持ち帰り飲食サービス業	95,821	86,072	89.8
他に分類されないその他の飲食店 1)	84,747	75,390	89.0
カラオケボックス業	60,996	53,761	88.1
音楽・映像記録物賃貸業	52,800	46,350	87.8
映　画　館	23,124	20,281	87.7
他に分類されない飲食料品小売業 2)	887,656	746,760	84.1
喫　茶　店	262,333	218,253	83.2
焼　肉　店	165,360	136,152	82.3
お好み焼・焼きそば・たこ焼店	53,452	43,845	82.0
食堂，レストラン	473,616	384,885	81.3
ゲームセンター	63,489	51,542	81.2
料理品小売業 3)	154,344	124,851	80.9
各種食料品小売業 4)	1,006,231	813,262	80.8
その他の各種商品小売業 （従業者が常時 50 人未満のもの）5)	29,698	23,632	79.6
学　習　塾	287,521	228,019	79.3
バー，キャバレー，ナイトクラブ	339,172	267,773	78.9
書籍・文房具小売業	563,945	444,669	78.8
配達飲食サービス業	382,429	300,074	78.5
フィットネスクラブ	72,154	56,665	78.5
日本料理店	404,285	314,398	77.8
そば・うどん店	180,416	140,216	77.7
助　産　所	1,032	802	77.7
す　し　店	212,664	165,004	77.6
酒場，ビヤホール	554,761	430,557	77.6
その他の遊戯場 6)	6,598	5,097	77.3
その他の専門料理店 7)	362,809	279,152	76.9
物品預り業 8)	7,195	5,514	76.6
公園，遊園地	59,342	45,382	76.5
百貨店，総合スーパー	591,999	449,735	76.0

（注）　1）　フライドチキン店，サンドイッチ専門店，ドーナツ店，今川焼店など。
　　　　2）　コンビニエンス・ストア，牛乳小売業，茶類小売業，豆腐・かまぼこ等加工
　　　　　　食品小売業，乾物小売業など。
　　　　3）　惣菜屋，駅弁売店など（客の注文によって調理し提供する弁当店は「持ち帰
　　　　　　り・配達飲食サービス業」に分類される）。
　　　　4）　各種食料品店，食料雑貨店など。
　　　　5）　衣・食・住にわたる各種商品を小売する百貨店，ミニスーパーなどで従業者
　　　　　　が常時 50 人未満のもの（従業者が常時 50 人以上のものは「百貨店，総合スー
　　　　　　パー」に分類される）。
　　　　6）　ビリヤード場，囲碁・将棋所，射的場など。
　　　　7）　フランス料理店，イタリア料理店，韓国料理店などの各国料理店，料亭など。
　　　　8）　手荷物預り業，自転車預り業，コインロッカー業など。
（出所）　総務省統計局「平成 21 年 経済センサス 基礎調査」。

モノを生産する製造業が減少しサービスを生産するサービス業の比重が高まるなど、産業構造におけるサービス経済化の進展につれて、雇用者に占める非正規従業員の比重が増加してきた。サービスは、在庫として保管や輸送ができないため、生産と消費が同時に行われる必要があるという特質をもつ。つまり、サービス需要が発生した時点にその需要の発生した場所で、サービスを生産し提供することが必要となる。さらにサービス需要は、季節や曜日さらに時間帯によって変動の幅（ピークとオフピークの差）が大きい場合が多い。こうした結果、サービス需要のピーク時にあわせて正規従業員を雇用・配置すると、オフピーク時には労働サービスの提供を必要とする仕事がなく、余剰人員を抱え込むことになる。こうした事態を避けるために、つまりサービス需要の繁閑に応じた労働サービスの提供を弾力的に調整可能な雇用形態として、有期労働契約の非正規従業員の活用が広がってきたのである。

　もちろん、非正規従業員の活用は、需要の繁閑に対応するためのものだけではない。たとえば、製造業では1950年代末から60年代後半にかけて臨時工に代わって主婦の非正規従業員の活用が増加した。これは若年労働者の不足を補うことが主たる目的であった。また、企業がパートやアルバイトを活用する理由は、業務の繁閑への対応だけでなく、①高度なスキルを必要としない簡単な仕事内容であるため、②労務コストの効率化のため、③人材確保のため、④長時間営業への対応のためなど多様である（厚生労働省［2011a；2011b；2019a；2021a]）。なお、非正規従業員のなかには、契約社員などの呼称で、専門的あるいは高度な知識や経験を有した労働者を中途採用したり、処遇したりするために有期労

働契約を活用する事例もある（厚生労働省 [2011a；2011b；2019a；2021a]）。

　以上は企業側の活用理由であるが，非正規従業員の増加の背景には，パートやアルバイトなどの有期労働契約の雇用形態を希望する労働者の増加があった（厚生労働省 [2011a；2011b；2019a；2021a]）。パートに関しては，主婦層を中心に，家庭生活と両立が可能な弾力的な雇用形態（「自分の都合のよい時間や日に働けるから」）として選好されたのである。アルバイトの主たる担い手の大学生を取り上げると，伝統的な学生アルバイトは家庭教師などであったが，大学進学率が高まり多様な就業機会を求める学生が増え，学業と両立可能な働き方として小売業，飲食店，サービス業などの非正規従業員の働き方を選択するようになった。

　また，主婦と学生では，労働サービスを提供できる曜日や時間帯が異なるため，企業は両者を補完的に組み合わせて必要な労働サービス需要を充足しており，このことも学生アルバイトの活用を増やしたのである。たとえば，早朝は大学生のアルバイト，昼間が主婦パート，夕方は高校生のアルバイト，夜・深夜が大学生のアルバイトなどといった時間帯別に活用人材層の使い分けがみられる（佐藤・小泉 [2007]）。

パートタイム労働者の活用上の課題

　すでに説明したようにパートやアルバイトは，法律上の用語ではない。**短時間・有期労働者法**は，事業所の通常の労働者よりも週の所定労働時間が短い労働者を「短時間労働者」と定義しており，主婦パートも学生アルバイトもこの規定に当てはまれば，両者とも「短時間労働者」となる。しかしここでは，勤務先の呼称によるパート，とくに主婦パートを議論の対象とする。

　人事管理におけるパート活用上の特徴と課題は，次のようなも

のである。

第1に，主婦パートでは，勤務態様が弾力的で，家庭生活の都合にあわせて働きやすいことに魅力を感じて，パートの雇用形態を選択している者が多い。正規従業員としての雇用機会がないためにパートを選択した者（不本意パート）もみられるが，そうした者ばかりではない（厚生労働省［2011a；2011b］；佐藤・小泉［2007］）。

このことは，フルタイム勤務の正規従業員への転換を希望するパートが大多数でないことからも確認できる。こうしたことからパートの確保や定着化のためには，勤務態様の弾力化や選択肢の拡大が有効となる。他方，勤務態様の多様化は要員管理業務を増やすため，管理職の業務負担を増加させないために，管理業務のシステム化が求められる。また，従来の正規従業員の雇用区分とは異なる雇用区分を設け，たとえば通勤圏内の異動のみで転勤のない雇用区分を設けてパート社員が正規従業員に転換しやすくし，パート社員のキャリア形成の機会を広げることで戦力化している企業もある。

第2に，主婦パートは，生活と調和した働き方を希望し，生活時間の多くを仕事に投入するような働き方を求めていない者が多い。そのため企業からみると，労働サービス提供の安定性に欠ける面があるとの指摘がなされることもある。また，子育てなどによって職業生活から離れていた期間が長いといったことが原因で，職業能力が十分でない者もみられる。こうしたことから，短期間で仕事に必要な技能を習得できるように，採用後の能力開発では仕事の標準化や作業マニュアルの整備，さらに育成担当者の配置などを行う必要もある。

他方，主婦パートのなかにも，責任ある仕事に就くことや仕事

上における能力発揮を積極的に希望する者もある。パートの戦力化のためには，こうしたパート層に人的資源投資を行い，より高い技能が求められる責任のある仕事に配置し，働きぶりを評価しそれを報酬に反映させたり，さらには職能資格制度や役職制度を導入し昇格や昇進のキャリアをパートにも提供することが有益となる。人的資源投資を実施して職業能力が向上したパートを定着化させるためには，勤続奨励の仕組みを導入することも有益である。パートを戦力化した企業では，正規従業員が担っている基幹的業務にまでパートを活用することに成功している（武石［2006］；本田［2010］）。

第3に，パートは，仕事や勤務時間帯を限定して雇用される場合が一般的で，仕事や勤務時間帯によって時間給が異なることが多い。また，能力向上を促進するため，同じ仕事に従事していても技能レベルに応じて時間給を変える仕組みが導入されている。仕事や時間帯や技能レベルに対応した時間給の設定は，合理的かつ納得性の高いものであることが求められる。

第4に，パートに対して人的資源開発投資を行い，職業能力を高め，より責任のある仕事に配置し，その結果，時間給などが高くなるような仕組みを企業が用意しても，時間給が上がると，年間の収入を一定枠内に収めるために，労働時間を削減する主婦パートも少なくない（厚生労働省［2011b；2021a］）。この行動が，いわゆる「**就業調整**」（年収や労働時間の調整，前掲表7-1参照）である。「就業調整」は，①税制上の非課税限度内で就業するため，②配偶者の健康保険や厚生年金の被扶養者から外れないようにするため，さらには③配偶者の勤務先の配偶者手当の対象外とならないようにするため，などの行動であり，ある面では経済合理的な選択でもある。

「就業調整」と人的資源開発

「就業調整」の結果，一定の年収額を超えないように労働時間を減らしたり，年末に仕事を休むなどしたりする主婦パートが増えることで，とりわけ年末などの要員計画が立てられなくなるなどの問題が生じている。こうした事態を避けるため，主婦パート自身が希望する年収額のなかに賃金が収まるように，労働時間や出勤日をきめ細かく管理し，突発的な欠勤などが生じないようにしている企業も多い。

「就業調整」は，パートの労働条件の向上や人的資源投資の充実化を阻害するものであり，その解消が社会的にも課題となっている。女性の就業行動に対して中立的な税制や社会保険制度の改革のみならず，企業の配偶者手当の廃止なども必要となる（女性の活躍促進に向けた配偶者手当の在り方に関する検討会 [2016]）。

学生アルバイトやフリーター

学生アルバイトは，主婦パートと並んで，小売業，飲食店，サービス業などでは重要な人的資源の供給源となっている。とりわけ夕方や深夜や土日など，主婦パートを確保しにくい曜日や時間帯での営業がある業種では，学生が非正規従業員の主たる担い手となっている。その典型が，コンビニエンス・ストアや外食産業などである。

学生のアルバイトとは別に，いわゆるフリーターを活用する企業も多い（小杉 [2003]；佐藤・小泉 [2007]）。フリーターについて明確な定義はないが，大学や専門学校などを卒業した後も，正規従業員の仕事に就かずに，アルバイトなど非正規従業員の仕事で生計を立てている者を指す場合が多い。年中無休で24時間営業のような業種では，労働サービスの提供可能な時間帯の制約が少ないフリーターが，企業にとって正規従業員に次ぐ戦力となっ

ている。

　パートやアルバイト，さらにフリーター
など有期労働契約であっても雇用者であ
るかぎり，労働基準法，最低賃金法，男女雇用機会均等法，育
児・介護休業法など，労働法の適用対象となる。たとえばパート
やアルバイトなど有期労働契約の非正規従業員にも，労働基準法
上の年次有給休暇の権利がある。短日数勤務のパートやアルバイ
トの場合の年次有給休暇は，所定労働日数に応じた比例付与の制
度が設けられている。また雇用保険や健康保険さらに厚生年金も，
それぞれ適用条件は異なるが，週の労働時間や年収など一定の条
件を満たせば，加入対象となる。ただし，昼間の学生の場合，学
業が本業であり，アルバイトは本業ではないという理由で，雇用
保険，健康保険，厚生年金は加入対象外となる。

　なお，労災保険はすべての労働者が加入（保険料は事業主が負
担）する保険で，学生アルバイトであっても適用される。アルバ
イトであっても，業務上の事由や通勤によって負傷したり，病気
に見舞われたりした場合には，必要な給付を受けることができる。

　パートやアルバイトなどの非正規従業員に対しては，正規従業
員に比べて，有期労働契約のため，雇い止めが容易に行われるこ
とが少なくない。しかし，雇用期間に定めのある労働契約でも雇
用契約が反復更新されていた場合は，正規従業員と同様に，客観
的に合理的理由のない解雇や「社会通念上相当として是認しえな
い」解雇は，使用者の解雇権の濫用として無効とされることにな
る（労働契約法）。

　さらに，労働契約法の無期転換ルールにより，有期労働契約の
非正規従業員が，労働契約が更新され，通算の雇用期間が5年を
越え，本人が無期の労働契約への転換を希望する場合には，無期

労働契約に転換される。

有期労働契約の非正規従業員の人事管理
上の課題は，正規従業員との間の処遇の
公正確保にある。とりわけパート社員な
どの非正規従業員の戦力化や勤続の長期化が進み，その結果，経
験の浅い正規従業員と経験を積んだ非正規従業員が，同じ職場に
配置され，同じ仕事に従事している場合などで公正確保の課題が
大きくなる。

　正規従業員と非正規従業員が同じ仕事に従事していながら時間
換算でみた賃金水準が違う場合には，その差が合理的なものであ
るかどうかの検討が企業に求められる。合理的な根拠のない処遇
差は，非正規従業員の勤労意欲を引き下げたり，離職率を高めた
りする可能性がある。ただし処遇差を議論する場合に難しい点は，
正規従業員は仕事を特定して採用されていない場合が多いのに対
して，非正規従業員は仕事を特定し採用された場合が多いことに
よる。さらに，正規従業員は，他職場への配置転換などを前提に
採用されており，賃金は従事している仕事だけで決められている
わけではない。さらに同じ仕事でも，両者のキャリアが異なり，
正規従業員には残業があるが非正規従業員にはなく，あるいは正
規従業員には転勤があるが非正規従業員にはないなど，両者では
働き方が異なり，それが処遇差として現れている面も否定できな
い。したがって，キャリアの一時点だけを取り出して正規従業員
と非正規従業員の賃金などの処遇を比較することが難しいことに
なる。しかし正規従業員と非正規従業員の処遇差は，合理的であ
るだけでなく，正規従業員のみならず非正規従業員も納得できる
ものである必要があることはいうまでもない（パートタイム労働
研究会編［2002］；佐藤・小泉［2007］）。

すでに説明したような正規従業員と非正
規従業員の間の不合理な処遇のあり方を
解消することを目的として，「短時間労
働者及び有期雇用労働者の雇用管理の改善等に関する法律」（短時
間・有期労働者法）が，2018 年に成立した（2020 年 4 月 1 日施行）。
同法では「均衡待遇」（第 8 条）と「均等待遇」（第 9 条）を規定し
ており，いずれも待遇が合理的かどうかを求めるものである。

　たとえば，製造現場で働く正規従業員と有期労働契約の非正規
従業員が，両者ともに同じ仕事を担当し，残業もあり，職場を越
えた異動がない。しかし，賃金制度は，正規従業員は職能給で，
非正規従業員は職務給で，時間換算した両者の賃金水準の差も大
きい。この事例では，正規従業員と非正規従業員の職務だけでな
く，キャリアを含めた人材活用の範囲が同じであるため，同法第
9 条に基づき，両者の賃金制度を異にする合理性がないと判断さ
れることになる（均等待遇）。正規従業員の処遇を引き下げない
ことを前提に，非正規従業員の賃金制度を正規従業員と同じ制度
とするか，両者を包含する新たな賃金制度をつくる必要がある。
「同一賃金」というと賃金額を同一にするというイメージがある
が，両者に同じ賃金制度が適用されていれば，能力評価や成果評
価などによる賃金差は，合理的な人事考課による評価結果である
かぎり，不合理な処遇差ではない。

　他方で，同じ仕事をしていてもキャリアを含めた人材活用の範
囲が異なる場合は，賃金制度を異にする合理性があると判断され
る。たとえば，正規従業員の新入社員が小売店舗に配属され，非
正規従業員のパート社員と同じ仕事をしている場合，一時点で見
ると「同一労働」だが，正規従業員はいくつかの職場や店舗を異
動したのち管理職に昇進するなどキャリアが異なり，パート社員

とは人材活用の範囲が異なる。そのため，正規従業員は職能給で，パート社員は職務給など，両者の賃金制度が異なっても合理性があることになる。ただし，同じ仕事に従事している際の賃金水準に関して均衡を考慮する必要がある（第8条の均衡待遇）。

　非正規従業員の処遇の公正確保のための取組みのポイントは，正規従業員の誰と比較するのかを明確にすることにある。法が比較対象とする「同一企業の通常の労働者」は，「いわゆる正規従業員」を意味するとされるが，近年，この正規従業員が多様化している。総合職，一般職，専門職などの雇用区分のほか，全国転勤社員，勤務地限定社員など勤務地による雇用区分などがあり，それに応じて賃金制度などが異なる場合も多い。こうした正規従業員の雇用区分の多様化を踏まえて，非正規従業員の比較対象を明確にすることが必要となる。

　さらに，「賃金」の比較に関して同法は，基本給，一時金，手当などの個別項目ごとに行うとしている。しかし，正規従業員では，年俸制など一時金がない賃金制度もあるため，基本給，一時金，手当などを個々に比較するとしても，賃金制度全体の仕組みを念頭において，合理性を判断することが求められる。とりわけ通勤手当や配偶者手当など多様な手当については，その導入の経緯も踏まえて，違いの合理性を判断していく必要がある（今野[2021]）。

3　派遣労働者の活用
●仕事や働く曜日・時間を重視する働き方

派遣システムの特徴

　労働者派遣のシステムは，**図7-1**のように派遣元，派遣先，派遣労働者の3者

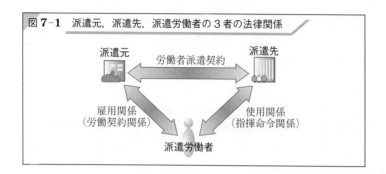

図**7**-1 派遣元，派遣先，派遣労働者の３者の法律関係

派遣元　　　労働者派遣契約　　　派遣先

雇用関係　　　　　　　　　　　　使用関係
（労働契約関係）　　　　　　　（指揮命令関係）

派遣労働者

関係で構成される。通常の雇用関係では，雇用者と使用者が同一
で，雇用関係（労働契約関係）と使用関係（指揮命令関係）は同一
となる。しかし派遣システムのもとでは，派遣労働者と派遣元の
間に雇用関係（労働契約関係）があるが，使用関係（指揮命令関係）
は派遣先との間に発生する。そして，派遣元と派遣先とは，労働
者派遣契約が結ばれる。

　派遣システムは，派遣元である派遣会社が，派遣先の労働サー
ビス需要を満たしうる人的資源を保有する労働者を探し，雇用し，
派遣先の企業に派遣するものである。派遣システムは，派遣労
働者を活用する企業からみて，次のような特徴をもつ（佐藤編
［2008］；佐藤・佐野・堀田［2010］；厚生労働省［2013］；佐藤・大木
編［2014］；島貫［2017］）。

　第１に，自社で労働者を採用する場合と異なり，募集や採用の
コストが不要で，また即戦力となる労働者が派遣されるため，教
育訓練コストも必要とされない。期間を限定して活用する点では，
有期労働契約の労働者と異ならないが，上記２つの点は異なる。
とりわけ，即戦力となる労働者が，活用できることに違いがある。
もちろん有期労働契約でも即戦力となる労働者を雇用することは
可能であるが，採用して仕事に従事させてからでないと期待して

いた職業能力を保有しているかどうか不確実な部分が少なくない。しかし派遣システムでは，もし派遣労働者が，期待した職業能力を保有していない場合，別の労働者の派遣を派遣会社に依頼することが可能となる。

第2に，派遣労働者の活用は直接雇用ではないため，企業が労働者を雇用することにともなって発生する社会保険・労働保険などの諸手続きや事務管理が不要となる。こうした手続きは，派遣元が行うことになる。

| 派遣労働者の活用方法 |

派遣システムは以上のような特徴をもつことから，派遣労働者は次のような場合に活用されていることが多い。

第1に，一時的あるいは季節的な業務量の変動に対応するために利用するものである。たとえば，決算時期に経理事務へ派遣労働者を受け入れる事例である。

第2に，一時的な欠員を補充するために利用するものである。たとえば，秋に欠員が生じたが，補充は新卒採用で行うため，翌年の3月末まで派遣労働者を受け入れる事例である。育児や介護の休業の代替要員の確保もこれに類似した活用策である。

第3は，社内ではすぐに確保できない人材を派遣労働者の活用で埋めるものである。たとえば，海外の企業との業務提携の際に，一定期間だけ，特定の言語が堪能な秘書が必要となった場合などである。

なお，派遣会社（派遣元）に有期労働契約で雇用されている派遣労働者に関して，派遣先企業は，同一職場に継続して受け入れることができる期間は3年までである（受入れ期間の上限規制）。そのため，派遣を活用する企業としては，派遣労働者を受け入れてから一定期間の技能習得が必要となる業務での活用は難しく，

即戦力として受け入れることができる業務への活用が基本となる。ただし，派遣会社に無期労働契約で雇用されている派遣労働者に関しては，この受入れ期間の制限はない。

派遣労働者の属性は，無期雇用派遣社員

| 派遣労働者の特徴 |

と有期雇用派遣社員で異なり，有期雇用派遣社員は事務系の仕事が多いため，男性に比較して女性が多い。即戦力となる職業能力を保有していることが，派遣登録のための条件であることが多いこともあり，正規従業員として勤務した経験をもつ者が多い（佐藤・小泉［2007］；厚生労働省［2013；2019a］）。なお，労働契約法の無期転換ルールによる無期雇用派遣社員は，派遣先の受入れ期間に上限がないため，事務系の派遣でも無期労働契約の派遣社員が増えている。

　派遣会社が新卒者を教育訓練してから派遣する新卒派遣もみられるが，その数は多くない。従業員の採用手段として利用できる**紹介予定派遣**では，派遣労働者と派遣先が合意した場合，派遣労働者は派遣先に就職することになる。

　有期雇用派遣社員が，派遣システムに感じているメリットは，働きたい仕事を選択できること，仕事の範囲や責任が明確なこと，働きたい曜日や時間を選べること，フルタイム勤務でも残業・休日出勤が少ないこと，期間を限って働けることなどである（佐藤・小泉［2007］；厚生労働省［2013；2019a］）。つまり正規従業員では，実現がなかなか難しい働き方が派遣システムでは可能となっており，そのことにメリットを感じている有期雇用派遣社員が多い。

　派遣労働者を活用する企業は，派遣労働者が派遣システムに対して感じているメリットを生かすかたちで活用することが，派遣労働者の勤労意欲を高めるために望ましいことになる。たとえば，

依頼する仕事が明確でなかったり，当初依頼した仕事以外の仕事を担当させたりすること，仕事以外の会社や職場の行事への参加を強要すること，残業を依頼することなどは，派遣労働者の勤労意欲をそぐことにもなる（佐藤編［2008］；島貫［2017］）。

演習問題

1 アルバイトの経験がある人は，アルバイト先の職場における正規従業員，パート，アルバイトなどの仕事の分担関係を思い出し，それぞれが担当していた仕事の内容と分担のあり方について検討してみよう。

2 業務の外部化や派遣社員や非正規従業員の活用によって，企業が雇用する正規従業員のほとんどが不要になるとの主張があるが，正しいと思うか，正しくないと思うか。その理由を述べてみよう。

3 有期雇用派遣社員（いわゆる登録型派遣）として働くことのメリットだけでなく，デメリットについて考えてみよう。

文献ガイド

1 佐藤博樹編［2008］『パート・契約・派遣・請負の人材活用（第2版）』（日経文庫）日本経済新聞出版社。

2 佐藤博樹・佐野嘉秀・堀田聰子編［2010］『実証研究　日本の人材ビジネス――新しい人事マネジメントと働き方』日本経済新聞出版社。

3 島貫智行［2017］『派遣労働という働き方――市場と組織の間隙』有斐閣。

4 佐藤博樹・小泉静子［2007］『不安定雇用という虚像――パート・フリーター・派遣の実像』勁草書房。

5　キャペリ，P.（若山由美訳）[2010]『ジャスト・イン・タイムの人材戦略——不確実な時代にどう採用し，育てるか』日本経済新聞出版社。

第8章

従業員の生活支援

企業の福利厚生制度

本章で学ぶ
KEY WORDS

福利厚生　社宅　単身赴任　少子高齢化　独身寮　規模の経済
性　税制上の優遇　平均労働費用　法定外福利費　法定福利費
厚生年金保険料　健康保険料　介護保険料　労働保険料　雇用保
険　労災保険　労働市場の流動化　M字型の労働力率　育児休業
介護休業　ワーク・ライフ・バランス　ワーク・ライフ・バランス支
援　カフェテリア・プラン　健康経営　総労働費用

1 企業福祉の目的

●福利費を給与として支払わない理由

法定福利費と法定外
福利費

企業に雇用されると，さまざまな福利厚
生制度の恩恵を受けることになる。**福利**
厚生には，大きく分けて，法律によって
定められているもの（法定福利）と，法律によるのではなく企業
独自に設定しているもの（法定外福利）の2つがある。法定福利
は，社会保険など産業社会を維持していくために必要な費用の負
担を企業に求めるものである。法律に基づいて企業が費用を負担
する法定福利は，企業が日本社会で活動していくために分担しな
ければならない税金のようなものである。

他方，法定外福利は，企業の自由意思で設定されるものであり，

何も提供しないという選択も可能である。にもかかわらず，企業は法定外福利に一定の資金を費やしている。企業が，福利厚生部分を賃金に上乗せするというかたちをとらずに，具体的なサービスというかたちで従業員に便宜を提供するのはどうしてだろうか。

福利厚生を提供する6つの理由

福利厚生を企業が提供する理由としては，①従業員が組織の要請に応えるための条件整備，②従業員の労働意欲の向上，③従業員の生活の安定，④労働市場での人材確保，⑤規模の経済性，⑥税制上の優遇，の6つが考えられる。これらの点を考えることによって，福利厚生制度が企業経営においてもつ意味を整理してみよう。

(1) 従業員が組織の要請に応えるための条件整備

企業が従業員の個人生活に影響を与えるような要請をしなければならないとき，その要請を従業員が受け入れやすくするために，組織として条件を整える必要がある。具体的には，転勤者用の住宅である。住居の移動をともなう人事異動を発令するとき，移動した先での住居が用意されていなければ，従業員は安心して働くことができない。個人の生活に大きな変化を強いる以上，企業として少なくとも住む場所は提供する必要がある。

社宅は，もともと転勤者に対応するために保有されていた。社宅をもっているのは日本企業ぐらいだといわれることが多いが，実際には，どんな国でも社宅を用意している組織が3つある。軍隊，教会，官庁である。これらの組織はどれも，その構成員に対して，組織の命令に従って勤務場所を変えることを要請する。これらの組織に雇われる人たちは，住居の移動をともなう転勤があることを受け入れたうえで雇われる。その意味で，日本の大企業で本社採用される人たちとよく似ている。単身赴任者に対して，

帰宅旅費を補助する制度を設けている企業があるが，この制度も同じ範疇でとらえることができる。

　社宅に関して日本企業の特徴となっているのは，転勤対象でない人たちにも社宅に住む便宜を提供してきた点にある。日本企業がなぜそのような対応をとったのかという点については，①第2次大戦後の急速な工業化にともなう地方から都市部への労働移動，②従業員の間に存在した平等な処遇への要望，③企業の資産形成，などが理由として考えられる。これら3つの理由は，経済環境の変化とともに重要性が変わってきている。転勤対象になっていない人たちに対する社宅の提供については，なくす方向で制度変更が進んでいる。

(2)　従業員の労働意欲の向上

　従業員がもっている力を十二分に発揮することができれば，その企業は市場競争において優位に立つことができる。では，どうすれば従業員は力を発揮してくれるのか。1つの条件は，組織構成員間の連携がよくとれていることである。組織内のコミュニケーションがよければ，従業員の力を企業目的に向かって結集することが容易になる。従業員間のコミュニケーションをよくする手段として使われてきたのが，職場旅行や運動会などである。みんなで旅行して親睦を深めたり，スポーツを通じて同じ目標に向かって力をあわせる素晴らしさを体験したりすると，仕事にもよい影響が出るだろうという論理であった。しかし，1990年代半ば以降の長期不況のなかで，企業は，「親睦を深めるための取組み」への費用支出を抑制するようになった。この動きは，「休みの日まで会社の人と一緒にいたくない」という従業員側の考え方の変化も後押しした。その結果，宿泊をともなう職場旅行は廃止され，運動会などの行事も実施しないという企業が急増した。

振り子は，一方に振れると必ず元に戻ろうとする。職場旅行や運動会などの行事も同じであった。2000年代に入ると，こういった行事を復活させる動きが随所でみられるようになっている。職場の人間関係を円滑にするには，職場外で何かを一緒にすることも重要であるという考えが再び支持されるようになった。企業業績の回復もこの分野への費用支出を可能にした。

(3) 従業員の生活の安定

　企業としては，従業員が担当する仕事を遂行できれば，会社の外で何をしていようと関係ないはずである。企業が私生活にまで踏み込んで面倒をみる必要はない，という考え方もある。しかし，従業員が私生活の面で悩みをもっていると，仕事に悪い影響が出てくるのが普通である。そこで，従業員の生活の安定のために企業が支援する理由が出てくる。具体的には，医療費補助や託児所の費用援助，介護施設の費用援助といった項目に対する支出である。**少子高齢化**のなかで，これらの項目に対する従業員の要求が高まる傾向にある。住宅取得の際の利子補給など住宅関連の援助策も，この範疇に入る施策である。

(4) 労働市場での人材確保

　労働市場で優秀な労働力を確保するには，企業が従業員の生活を支援したり，快適な環境を用意したりしていることを宣伝する必要がある。いまでは昔話になってしまったが，バブル期の人手不足のとき，各企業は競って**独身寮**の整備に資金をつぎ込んだ。これは，快適な住環境を提供することによって優秀な学生を確保しようとした例である。現在でも，現金で支払われる給与だけでなく福利厚生部分も，求職者が企業を選択する際の重要な基準になっている。

(5) 規模の経済性

　企業福祉を語るとき，必ず出てくるのが**規模の経済性**である。1人当たりの支出が少なくても，1000人，2000人と集まれば大きな金額になる。この資金を使って，従業員が利用できる施設をつくり，便宜を提供しようという考え方である。大企業が全国各地に保養所を所有したり，工場の一角に体育館やプールなどの運動施設を建設したりしたのは，この考え方に基づいていた。

　所得水準が低いために個人旅行が難しいとか，社会資本が未整備で公営の体育館がないといった時代には，企業が施設をもつ意味があった。しかし，現在のように，民間の宿泊施設が充実してくると，企業の保養所に泊まろうという人は少なくなっている。また，公共の運動施設が充実してきたので，お金をかけて企業で体育館をもつ必要はないのではないかという意見も出ている。規模の経済性を旗印に推し進めてきた施設建設は，従業員からは必ずしも喜ばれないお金の使い方になっている。

(6) 税制上の優遇

　企業が福利厚生に資金をつぎ込む6番目の理由は，**税制上の優遇**措置があるためである。この理由は，6番目だから重要度が低いというものではけっしてない。むしろ，経営戦略からいえば，重要度は高いほうに属している。

　従業員に対してある金額を支出するとき，経営者は従業員に最も喜ばれる方法を採用したいと考える。労働費用は，現金として支払われる部分と現金以外のかたちで提供される部分があることは第4章で述べたが，同じ金額を支出しても，税制上の優遇措置が適用されるか否かで，従業員の満足度は変わってくる。

　仮に，労働費用のなかの法定福利費を除いた全額を現金で従業員に渡したとしよう。所得の一部になるのだから所得税の対象と

なり，企業が支払った金額の一定部分は所得税として国庫に納められ，従業員本人の手には渡らない。逆に，法律で企業の費用として会計上処理できる項目を最大限使って労働費用を支出したとしよう。従業員が受け取る現金給与は減るが，福利厚生としてサービスが提供されるので，従業員の満足度は全体的に高まる。同じ金額で従業員に最も喜んでもらうためには，従業員の要求と税制に配慮しながら，支出項目間のバランスをとることが必要である。

　税制上の優遇として忘れてはならないもう1つの点は，福利厚生施設の取得や建設が企業の資産形成になることである。土地をもっていれば必ず値上がりするという土地神話が崩壊してしまった現在では，あまり現実味をもたないかもしれないが，福利厚生の一環として，リゾート地に保養所を建設したり，工場の周りに社宅を取得したりすることは，企業の資産形成につながったのである。ある金額を利益として計上して法人税の対象とするよりは，同じ資金を使って福利厚生施設をつくっておけば，いざというときに売却して一定の資金を確保できる——このような思惑が経営者になかったといえば嘘になるだろう。

　以上の6つの理由のなかで，どれが最も重要だろうか。正解は，「従業員によって重要度は異なる」である。住居の移動をともなう転勤をする従業員には，これからも社宅を用意しなければならないし，労働意欲の向上のためには従業員全員が集まるイベントを開催することも有効である。大切なのは，自社の従業員が何を求めているのかを見極め，企業の経営方針と整合性を保ちながら福利厚生を作り上げていくことである。今後の方向についての検討は第5節の課題だが，その前に福利厚生制度の現状を概観しておこう。

2 福利厚生の現状

●福利厚生として提供されているもの

現金給与と現金以外の
給付の関係

表**8-1**は，2021会計年度の1人1ヵ月当たりの**平均労働費用**の構成をまとめたものである。企業規模計でみると，現金給与として約33万4800円，現金以外の給付として約7万3300円が使われたことがわかる。この資料は，第4章の図4-4で使ったものと同じで，労働費用総額に占める現金給与の割合を計算すると82.0％になる。8割強が現金で，2割弱が現金以外のかたちで支払われていることになる。

この割合を企業規模別にみると，小規模企業になるほど現金給与の割合が増えていくことがわかる。企業規模が，従業員1000人以上81.2％，300～999人81.9％，100～299人82.8％，30～99人83.1％である。1000人以上の企業では，**法定外福利費**，とりわけ住居費の割合が高いので，このような差が生じていると考えられる。1000人以上の大企業では，複数の事業所をもっていることが多く，事業所間を異動する転勤者のために社宅を用意しておく必要性が高い。他方，300人未満の企業では，1企業1事業所が一般的なので，転勤者用の社宅は必要ない場合がほとんどである。いま，住居関連の福利厚生費の実額をみると，1000人以上が3974円，300～999人2506円，100～299人1832円，30～99人960円となっている。1000人以上と30～90人の間の1人当たり月間約3014円の差がすべて転勤者用の社宅の費用に起因しているとはいえないが，相当大きな部分を占めていることは間違いないだろう。

表8-1 1人1ヵ月平均労働費用額と構成

	企業規模計	1000人以上	300～999人	100～299人	30～99人
現金給与総額（円）	334,845	365,787	340,495	323,761	292,370
現金給与以外計（円）	73,296	8,4933	75,037	67,390	59,635
現金給与以外計（%）	100.0	100.0	100.0	100.0	100.0
退職給付等の費用(%)	21.8	27.1	23.0	17.9	13.0
法定福利費(%)	68.6	64.0	67.7	71.3	76.8
法定外福利費（円） 計	4,882	5,639	4,567	4,546	4,414
住　居	2,509	3,974	2,506	1,832	960
医療保健	729	768	710	756	660
食　事	493	174	427	690	849
文化・体育・娯楽	163	141	161	176	183
私的保険	373	111	157	367	1,027
労災付加給付	88	35	67	123	159
慶弔見舞金等	184	168	198	204	172
財形奨励金等	48	64	34	45	41
その他	296	204	309	353	362
教育訓練費（円）	670	802	710	664	424
その他の労働費用（円）	1,024	714	1,384	1,192	928

（出所）　厚生労働省「令和3年　就労条件総合調査」。

福利厚生費の構成

福利厚生費のうち，約7割を占めるのが法定福利費である。規模計では現金給与以外の費用の68.6%になっている。この割合は，企業規模が小さくなるほど高まる傾向をみせている。1000人以上では64.8%だが，30-99人規模になると実に76.8%が法定福利費である。

法定福利費の内訳は，厚生年金保険料が最も多く，法定福利費全体の55.5%を占め，次いで健康保険料・介護保険料が34.8%，労働保険料7.3%（雇用保険4.2%と労災保険3.1%），児童手当拠出金2.0%，障害者雇用納付金0.2%，その他0.2%である。厚生年

金保険，健康保険，介護保険の企業負担分で約9割を占めていることがわかる。高齢化の進展とともに，これら3つの社会保険の保険料はこれからも上がっていくことが確実になっている。法定福利費の負担増は，日本社会で活動する以上，避けて通ることのできない現実である。企業にとって，法定福利費がどこまで上がっていくかが重大な関心事になっている。

　法定福利費の次に高い割合を示しているのが，退職給付等の費用である。平均でみると21.8％だが，1000人以上の企業では27.1％，30〜99人規模では13.0％であり，両者の差は大きい。退職金制度は大企業のほうが充実しており，退職時に受け取る金額も大企業のほうが高い。退職給付等の費用は，住居関連の費用と並んで，規模間格差の大きな項目である。

福利厚生の国際比較

「社会保障制度が充実していない日本では，企業が福利厚生制度を整備することによって，従業員の生活安定をはかってきた。だから，日本企業の従業員は企業にしばられるような生活しかできないのだ。労働市場を流動化させるには，企業福祉のあり方を見直さなければならない」。このような議論がときどき聞かれる。**労働市場の流動化が必要か否かは重要な問題である**が，ここではその議論の前提となる単純な事実を確認しておこう。

　まず，日本企業の福利厚生が諸外国に比べて手厚いかどうかという点である。**表8-2**は，日本，アメリカ，イギリス，ドイツ，フランス，オランダ，スウェーデン，韓国の8ヵ国について製造業の労働費用の構成をみたものである。現金給与以外の割合に注目して高い順に並べていくと，フランス，スウェーデン，ドイツ，オランダ，アメリカ，韓国，日本，イギリスとなる。フランスとスウェーデンが群を抜いて高く，その他の国は10％台後半から

表8-2 労働費用構成の国際比較 (製造業)

(単位：%)

(年)	日本 (2020)	アメリカ (2020)	イギリス (2016)	ドイツ (2020)	フランス (2020)	オランダ (2020)	スウェーデン (2020)	韓国 (2020)
労働費用計	100.0	100.0	100.0	100.0	100.0	100.0	100.0	100.0
現金給与	80.8	78.7	81.8	76.4	64.0	78.7	67.3	77.6
現金給与以外	19.2	21.3	18.2	23.6	36.0	21.4	32.7	22.4
法定福利費	(13.0)	(7.5)	(8.4)	(14.3)	(22.7)	(9.8)	(20.1)	(7.2)
法定外福利費	(1.5)	(9.8)	(6.2)	(7.5)	(6.6)	(10.1)	(10.0)	(5.4)
現物給付	(0.1)	—	(1.2)	(1.0)	(0.6)	(0.8)	(1.0)	—
退職金等の費用	(4.3)	(4.0)	(0.7)	(0.2)	(3.5)	—	(0.1)	(9.4)
教育訓練費	(0.1)	—	(1.7)	(0.4)	(1.3)	(0.7)	(0.4)	(0.3)
その他	(0.2)	—	—	(0.2)	(1.4)	—	(1.1)	(0.1)

(注) 1) 単位未満の数値を含むため，内訳と合計が必ずしも一致しない。（ ）内は現金給与以外の内数。日本およびアメリカは企業規模計，ヨーロッパは10人以上の企業または事業所（国によって異なる）を対象。

2) アメリカの法定外福利費は各種（生命，健康，短期・長期障害）保険料。ヨーロッパは見習の福利費を含む。

3) 日本は募集費，転勤に要する費用，社内報，作業服等，ヨーロッパは募集費用，税，補助金（控除）等，韓国は募集費を含む。

(出所) 労働政策研究・研修機構編 [2023]。

20%台前半である。現金給与以外の割合の高さで福利厚生の「手厚さ」を判断するならば，日本は福利厚生が手厚くないグループに属することになる。

フランスは，法定福利費が22.7％と他の国よりも大幅に高くなっている。フランスの経営者は，正社員の雇用に消極的だが，その一因が法定福利費の高さにあるといわれている。他方，イギリスでは，法定福利費の割合が8.4％と，フランス，ドイツに比べて低い。イギリスでは，福利厚生費の固定費化を避けようとする志向が強く，flexible benefits（柔軟な福利厚生）が制度化されている。これは，後に述べるカフェテリア・プランとほぼ同じ仕組みである。同じEUに属する国々であるが，人々の生活に近い部分の制度は歴史的な経緯を無視できないために多様性が大きいこ

とがわかる。

アメリカは，2000年頃まで法定外福利費の割合が高い国だった。現金給与以外の割合が3割を超え，労働費用全体の約2割が法定外福利費だった。これは，主として医療保険の企業負担分であった。アメリカには公的な健康保険制度がなかったため，個人で保険をかける必要があった。近年の医療技術の高度化によって医療費は高騰を続け，個人で医療保険に入ると莫大な掛け金を払わなければならない。そこで，人々は，福利厚生の一環として企業が提供する医療保険に大きな魅力を感じるようになったのである。しかし，アメリカでも，労働費用削減の流れのなかで法定外福利費が見直され，2020年には1999年に比べて法定外福利費の割合が約10ポイント低下することになった。

現金給与以外の割合でみるかぎり，日本は企業福祉の手厚い国とはいえない。では，福利厚生制度が従業員を企業にしばっているという点はどうだろうか。この問題を考えるには，企業を移ると不利になるような制度があるか否かで判断することができる。日本企業が従業員に提供する福利厚生のなかで，勤続年数と強固に結びついているのが退職金制度である。

退職金制度は企業によって異なるが，これまでは，勤続25〜30年を過ぎたあたりから急速に増加していく仕組みになっていた。働いた期間が同じでも，1つの会社にずっと勤めたか，複数の会社を渡り歩いたかで，受け取る退職金の金額は大きく異なっていたのである。ある試算によると，まったく同じ退職金制度をもつ企業を前提として，40歳前後で1回だけ転職した人の生涯退職金は，一度も転職しなかった人の生涯退職金の約半分になったという。最近，退職金制度を見直して，長く勤めても以前ほど多額の退職金にはならない仕組みが導入されている。福利厚生制

度が労働者の適正な労働移動を妨げているという主張は，過去のものになりつつある。

3 個人生活と職業生活の両立支援
●育児休業と介護休業

育児休業

福利厚生の重要な目的の1つは，従業員の個人生活を支援して，よりよい仕事ができるように手助けすることである。優秀な従業員が個人的な事情のために職業生活を諦めなくてはならないとしたら，企業にとって大きな損失である。この点は，女性が働きつづけるうえでは，仕事と子育ての両立支援はとくに重要な施策である。少子高齢化の進展によって，日本の労働市場は労働力不足に陥ると予想されている。若年層の絶対数は確実に減っていくため，労働力不足に対処するためには，日本社会のなかでこれまで十分に活用されていない女性層と高齢者層を活用することを真剣に考えなければならない。

日本の女性労働の問題は，結婚や出産を機に労働市場から一時的に退出する割合が高いことであった。いわゆる**M字型の労働力率**といわれた現象である。最近は，M字型の労働力カーブの底が浅くなってきているものの，いまだに妊娠や出産を契機に仕事を辞めて非労働力化する女性が一定数存在する。もちろん，働きつづけるか否かは個人の選択に任されるべきものである。働きつづけることが1つの選択であるのと同じように，労働市場から退出することも個人の選択である。しかし，働きつづけたいと思っている女性が個人的な事情で働きつづけられないとしたら，国や企業は支援する意味が十分ある（佐藤・武石［2004]）。

仕事と子育ての両立が難しい背景には，長時間労働などの働き方の課題がある。出産という女性にしかできないことについては，産前産後の休業が以前から認められていた。しかし，その後の育児については一部の公務員や企業を除いて何の支援もなされていなかった。そのような状態を是正するために制定されたのが，育児休業法（1992年4月施行，95年育児・介護休業法に改正）である。

　この法律には，「事業主は，労働者からの**育児休業**申出があったときは，当該育児休業申出を拒むことができない」（第6条）と書かれている。けっして女性だけが対象となっている制度ではなく，男性も同じように育児休業を取得できる。実際，取得率は低いが，育児休業をとる男性が増えつつある。

　育児休業は原則として生後満1歳までとることができ，保育所に入所できない等の理由がある場合は，2歳まで延長できる。連続した育児休業以外に，子育て期間中の働き方の柔軟化策として，①子が3歳までの短時間勤務制度（原則1日6時間），②所定外労働の免除，③小学校就学前まで年5日の子の看護休暇（子が2人以上であれば10日，半日単位で取得可能）などがある。また，父親も子育てができる働き方の実現を目指して，①父母がともに育児休業を取得する場合，1歳2ヵ月（現行1歳）までの間に，1年間育児休業を取得可能となり（パパ・ママ育休プラス），②父親が子の誕生後8週間以内に育児休業を取得した場合，再度，育児休業を取得できるようになった。さらに，③従来の育休とは別に，男性が産後8週間以内に4週間を限度として2回に分けて取得できる「産後パパ育休」が導入された。

　育児休業取得中は，「ノーワーク・ノーペイ」の原則から無給となる。つまり，企業は，育休取得者に給与を支払う必要はない。育休取得者の所得補償のために，育児休業期間中は，雇用保険か

ら休業開始前の賃金の一定割合（取得開始後6ヵ月間は67%，その後は50%）が育児休業給付金として支給されている。さらに，育児休業期間中は，社会保険（健康保険，厚生年金保険）は継続されるが，保険料は免除される。育児休業給付金と社会保険料の免除を考慮すると，育児休業取得中の所得補償率は，国際的にみても高い水準にある。

| 介護休業 |

人口構成の高齢化は，企業が雇用する社員のなかで，老親等の介護の課題に直面する者が増えることを意味する。自分の親や配偶者の親が倒れて，介護が必要になったとき，以前の仕組みだと会社を辞めて介護に当たるしかなかった。介護も本来は男女が分担して行うべきものであるにもかかわらず，女性に負担がかかっている現状があるが，当然のことながら介護の課題は，男性の課題でもある。近年では介護にかかわっている男性が増えてきている（佐藤・矢島[2018]）。

仕事と介護の両立を支援するために法定されたのが，**介護休業**制度である。1995年に，育児休業法のなかに介護に関する規定が入れられ，法律名が「育児・介護休業法」と改められた。なお，育児休業と介護休業は，両者とも休業であるが，その目的は大きく異なることを理解することが大事である。育児休業は，休業を取得して子育てに専念することを支援するものだが，介護休業は，休業中に必要な介護にかかわるだけでなく，同時に，介護保険制度の活用の準備などをして，仕事に復帰できるように，仕事と介護の両立の条件整備を行うためのものである。つまり，介護休業は，育児休業と異なり，介護に従事するための制度ではないのである。法定の介護休業期間が育児休業よりも短い理由は，この点にある。

ちなみに，法定の介護休業期間は，対象家族1人につき，3回

まで分割して通算93日まで取得できる。介護休業とは別に，日常的な介護に対応するために，介護を要する家族1名について，1日または時間単位で取得できる介護休暇が，年5日（2名以上の場合は年10日）ある。介護休業取得中は，育児休業の場合と同様に，休業開始前の賃金の67％が介護休業給付金として支給される。ただし，育児休業の場合と異なり，社会保険料の免除はない。

　育児休業と介護休業の活用の目的が異なる背景には，介護の課題は，その始まりの時点だけでなく，終わりの時点を事前に予測できないことがある。そのため，介護休業を取得して介護に専念すると，法定の介護休業期間では足りなくなり，離職を余儀なくされる事態となる可能性が高くなる。

　介護休業にしても育児休業にしても，男性従業員の取得が当たり前になるような状態にならないと，女性が本当に働きつづけられるような社会にはならないであろう。女性が出産と育児を経験して，なおかつ第一線で働きつづけていくには，男女での家事や子育てが一般化することが不可欠である。

4 ワーク・ライフ・バランスの実現

重要性を増す仕事と
生活の調和

従業員が，ワーク・ライフ・バランス（仕事と生活の調和）を重視するようになってきた背景要因として，次の3点を指摘できる。

　第1に，夫が稼ぎ手で，妻が家事と育児に専念するといった伝統的な家族が減少し，共働き家族が増加したり，離婚などによっ

て仕事をもった1人親家族が増えたりするなど，家族形態が多様化している。こうした結果，仕事と子育ての両立の実現が，生活上の重要な課題となっている従業員が増えている。

　第2に，高齢化を背景に，仕事と老親の介護の両立の課題に直面する従業員が増えてきている。

　第3に，男女ともに性別役割分業意識が急速に弱まりつつある。女性のすべてが，男性と同様の働き方を求めているわけではないが，仕事やキャリアを重視する女性が増えている。さらに男性も仕事だけでなく，仕事以外の生活を重視し，家族と一緒に過ごすことができる時間や，社会貢献活動や学習など仕事以外で取り組みたいことのための時間を増やすことを求めている。

　このように家族形態や男女の性別役割分業意識，さらには価値観の変化を背景として，男女ともに，仕事と生活の調和を実現できるような働き方を求めるようになってきている。仕事と生活の調和が実現できるかどうかは，働く人々の生活だけでなく，会社や仕事に関する満足度を大きく左右する時代となってきた。こうした結果，固定的な性別役割分業や伝統的な家族形態，さらには会社や仕事に「中心的生活関心」をもった従来の「従業員像」（いわゆる〈仕事人間〉）を前提とした企業経営や人事労務管理の仕組みが従業員に受け入れられなくなり，それらがしだいに機能不全を起こしはじめてきている。

　もちろんワーク・ライフ・バランスの実現を，従業員1人ひとりの責任とみなす考え方も根強い。しかし個人の努力のみでワーク・ライフ・バランスの実現をはかることには困難がともない，それだけでは従業員にストレスや過重な負荷をもたらすことが多い。ワーク・ライフ・バランスが阻害されることから生じるストレスや両立のための過重な努力は，職場での従業員の生産性や創

造性を低下させることが確認されている。

　こうしたことから従業員のワーク・ライフ・バランスを企業として支援することが，経営上の課題とみなされるようになってきた（佐藤・武石［2010］；佐藤・武石・坂爪［2022］）。人事労務管理においても，従業員を仕事の場だけの存在ではなく，それ以外の生活をもった者として全体的にとらえ，ワーク・ライフ・バランスの実現を企業として支援することによって，従業員の生産性や定着率を高めることが重視されてきている。こうした考え方に基づいて，従業員の**ワーク・ライフ・バランス支援**に取り組んでいる企業が増えつつある。

ワーク・ライフ・バランス支援の課題

社員のワーク・ライフ・バランスを支援する施策は，育児休業や介護休業などの休業制度や，短時間勤務制度，フレックスタイム制，ジョブ・シェアリング，事業所内託児施設，在宅勤務（部分在宅を含む）などの制度だけではない。こうした制度を利用しやすくなるためには，長時間労働や時間をかけた働き方を評価する職場風土の両者の改革が不可欠である。残業を前提としたフルタイム勤務の職場では，休業の取得や短時間勤務の活用が難しくなる。また，時間をかけた働き方を評価する職場風土が根強いと，育児休業や短時間勤務を利用した社員に関する評価が低くなるなどの課題が生じることになりやすい。さらに，職場の管理職には，自分とは異なる価値観（たとえば仕事と子育ての両立を大事するなど）をもち，多様な働き方をしている社員を，意欲的に仕事に取り組めるようにマネジメントすることが求められている（佐藤・松浦・高見［2020］）。

> 従業員の多様なニーズ
> にあわせる

以前の企業福祉は，「結婚して子どもがいる男性社員」を暗黙の前提として組み立てられてきた。学校卒業後すぐに入社して独身寮に入り，結婚後は社宅に移って，マイホーム取得のための頭金を貯める。30歳代前半で，企業の利子補給制度を利用してマイホームを購入，一国一城の主となる。会社ではまじめに仕事に励み，昼食は必ず会社の食堂で食べる。休みの日には，会社の施設でテニスやソフトボールを楽しみ，社内運動会ではいつも率先して幹事を引き受ける。まとまった休みが取れると，会社の保養所を利用して旅行に行く。もちろん，職場旅行は毎年いちばんの楽しみである。病気になると，会社の付属病院のお世話になるが，医療費の個人負担分は後からちゃんと返ってくる。子どもが上級の学校に進むたびに会社からお祝いをもらい，親族が亡くなると必ず会社の同僚が葬儀の手伝いに来てくれる。そして，定年まで無事勤め上げ，退職金をもらって会社を去る。

いま，このような「絵に描いたような男性正規従業員」が企業のなかにどれだけいるだろうか。会社のなかには，次のような従業員が確実に増えている。親と同居しているので，社宅に入るつもりもなければ，ローンを組んで家を買うつもりもない。結婚は考えないわけではないが，別に必ずしなければならないものでもない。会社の食堂はあまりおいしくないので，昼食は弁当屋に注文したり，外へ食べに行ったりする。休みの日まで会社に来てスポーツする気にならないので，家の近くのフィットネスクラブの

会員になって汗を流している。旅行は好きだが，旅先で上司に会いたくないので会社の保養所は絶対に使わない。職場旅行は面倒なだけで，おもしろくない。いまの会社に別に不満はないが，もっといいところがあったら転職したい。退職金の問題はもちろん気になるが，いまならまだ損失はあまり大きくないだろう。

やや極端な例になったが，これまで福利厚生制度を組み立てる際に前提としてきた男性正規従業員像が現実にあわなくなってきていることは事実である。出産や育児をしながら勤めつづける女性も増えている。企業経営の多角化にあわせて，中途採用者も徐々に多くなっている。男性自身のライフスタイルも変化してきた。従業員層が多様になると，企業福祉に対する要求も多様になるのが普通である。これまでの基本方針を見直し，従業員のさまざまなニーズにあわせられるような制度改革を行う企業が現れてきた。

2017年秋に労働政策研究・研修機構が実施した調査（企業2809社，従業員8298人が回答）をみると，企業が今後，新設・拡充したいと考えている福利厚生制度は，メンタルヘルス相談（12.4％），治療と仕事の両立支援策（11.5％），人間ドック受診の補助（10.7％），社内での自己啓発プログラム（10.7％）など，健康・医療関連の分野が多くなっている。他方，廃止・縮小したい福利厚生制度は，ほとんどなく，現状維持が多くを占めている。

従業員が特に必要性が高いと思うものは，人間ドック受診の補助（21.8％），慶弔休暇制度（20.0％），家賃補助や住宅手当の支給（18.7％），病気休暇制度（18.5％）などである。

従業員の構成が正規従業員中心から非正規従業員との混合状態に移行しているにもかかわらず，企業が非正規従業員向けに用意している福利厚生制度は限定的である。西久保［2013］が指摘す

るように，これからは正規従業員以外の従業員にも配慮した福利厚生制度の再編成が急務である。

カフェテリア・プラン｝　従業員個人のニーズにあわせた福利厚生制度として考えられるのが**カフェテリア・プラン**である。カフェテリア・プランとは，1978年にアメリカで始められた制度で，医療保険にかかる費用の抑制を主たる目的としていた。当時，アメリカでは，医者に診てもらったらその分だけ診療請求が増えていく方式の医療保険が主流だった。しかし，それでは保険費用がかさむ一方である。そこで，一定の契約のもとに医療費を安く抑えるタイプの医療制度が新たに導入され，従業員は自分に与えられた権利の範囲内でどの制度を利用するかを選択できるようにした。このプランは，医療制度だけでなく，年金や子どものケアなど企業が用意していた他の福利厚生制度にも適用されたので，多様な従業員の要求に応えることができるようになった（石田［1996]）。

　アメリカで始められた制度を参考にしながら，日本ではじめてカフェテリア・プランを開始したのは，ベネッセコーポレーションである。1995年4月のことであった。ベネッセは，社員の自助努力によるライフプランの形成を支援することを目的に始められた新人事制度の一環として，企業福祉の分野にカフェテリア・プランを導入した。

　従業員の必要にあわせて選択できるカフェテリア・プランは大きな注目を集めたが，実際に利用している企業は少数にとどまっている。経団連が毎年実施している「福利厚生費調査結果報告」によると，2019年にカフェテリア・プランを導入している企業は回答企業の17.1％だった。導入割合が低い理由として，

　(1)　税制上の優遇措置が受けられる項目が限られていること

Column ⑩ 健康経営

　最近，**健康経営**が注目されている。日本においては生産年齢人口が減少し，企業の従業員の高齢化が進んでいる。この状況のなかで，中長期的な企業の成長を実現するには，従業員の能力向上に資する人的資本投資を進めるとともに，従業員が健康に働ける環境を整えることの重要性が高まっている。

　企業が健康経営に熱心に取り組むことは，企業の持続的成長にとって重要な意味をもつため，人材採用のみならず，投資家も注目する事項になっている。近年，株式市場において，E（環境）S（社会）G（ガバナンス）といった「非財務情報」を重視した投資が急速に増えている。健康経営を行い，従業員の生産性向上に務めることは，社会を構成する重要な要素の1つである従業員への投資に当たり，ESGのSに該当するといえる。

　経済産業省などは，健康経営にかかわる顕彰制度として，2014年度から「健康経営銘柄」の選定を始め，2016年度には「健康経営優良法人認定制度」を創設し，毎年企業表彰を行っている。健康経営に取り組む法人を「見える化」することで，「従業員の健康管理を経営的な視点で考え，戦略的に取り組んでいる企業」として社会的に評価を受けることができる環境を整備しようとしている。

　政府が発行した健康経営啓発パンフレットをみると，次のような事例が紹介されている。

　　慢性的な人手不足によるコミュニケーションの悪化や若手社員の離職等の問題を抱えていた印刷業A社は，事業継続のために健康経営をスタートさせた。産業カウンセラーを中心にメンタルヘルス不調者へのフォロー体制の整備，食生活の改善に向けた朝食の提供，自販機の低カロリー飲料への切り替え，運動不足解消に向けた週1回の運動プログラム（ラジオ体操，ヨガ等）の実施などを行ったところ，従業員の体

調が改善され，従業員間の連携が密になった。そして，残業
　　時間を毎年減らすなかで，業績は維持できている。
　　従業員が働きやすい環境を整え，健康面にも気を配ることは，
確実に企業の生産性を高め，競争力に良い影響を与える。健康経
営に取り組んでいるか否かに注目することは，就職先を選ぶ際の
1つの指標になりうるといえよう。

―――――――――――――――――――――――――――――――

(2)　企業が保有している社宅や寮といったストック型の施設
　　の組入れ方が難しいこと
(3)　手間がかかるわりには効果が不明確なこと
(4)　割り当てられたポイントを使い切る従業員が少なく，多
　　くのポイントが使われないままになってしまうこと
(5)　比較的時間に余裕のある働き方をしている従業員は，自
　　分に付与されたポイントを使い切っているのに対して，大
　　切な仕事を任されているために労働時間が長くなる傾向が
　　強い従業員は，ポイントを使う余裕がなく，両者の間に不
　　公平感が生まれていること
の5点があげられている。
　カフェテリア・プランのなかには，子育て支援や介護支援のプ
ログラムが組み込まれており，当事者たちにはとても喜ばれてい
る。また，資生堂では，余ったポイントを自社製品の購入に当て
られるようにしたところ，ポイントを残す人が激減したという。
制度本来の趣旨をどう活かしていくかについて，経営者と従業員
の双方が知恵を出し合っていかなければならない。

総労働費用と従業員の
公正感

　　　　　福利厚生は，企業にとっては紛れもない
　　　　　コストである。なかでも法定福利費は，
　　　　　高齢化の進展とともに，企業の手の届か

ないところで負担増が決められていく。そこで，重要になるのが，**総労働費用**の観点である。春闘での賃上げは，法定福利費にただちに跳ね返り，総労働費用を見かけ以上に押し上げていく。経営者はもちろんのこと，労働組合側も，福利厚生費を含んだ総労働費用を視野に入れて，賃上げ交渉に取り組んでいる。

　福利厚生のあり方を考える場合に重視しなければならないもう1つの点は，従業員のもつ公正感である。企業が福利厚生に資金を費やすのは，第1節で考えたように，従業員に力を発揮してもらうためである。マスコミでどんなにもてはやされている制度であっても，従業員の公正感にあわないならば，制度導入は百害あって一利なしである。自社の従業員が何を求めているのか，人事制度との整合性はとれているか，といった点を検証しながら，福利厚生制度を考えていく必要がある。

演習問題

1　労働者の自発的な能力開発を促進する公的な制度として教育訓練給付制度がある。雇用保険の加入者で一定条件を満たす者は，厚生労働大臣の指定した教育訓練を自己負担で受講した場合，その費用の一部が雇用保険から支給される仕組みだ。では，なぜ雇用保険からこのような給付金を支給できるのだろうか。雇用保険の保険料負担がどのようになっているかを調べ，個人の能力開発を支援することの意義を考えてみよう。

2　アメリカで実施されているカフェテリア・プランの具体例を調べ，日本企業に導入する際にどのような点が参考になるかを考えてみよう。

3　心の病が発生するメカニズムを調べ，どのようにしたらメンタルヘルスの悪化を防ぐことができるか考えてみよう。

文献ガイド

1 佐藤博樹・武石恵美子編［2014］『ワーク・ライフ・バランス支援の課題——人材多様化時代における企業の対応』東京大学出版会。

2 全国労働基準関係団体連合会編［2010］『よみがえる福利厚生——低コストで社員の活力を高める 10 のヒント』労働開発研究会。

3 佐藤博樹・矢島洋子［2018］『新訂・介護離職から社員を守る——ワーク・ライフ・バランスの新課題』労働調査会。

4 西久保浩二［2013］『戦略的福利厚生の新展開——人材投資としての福利厚生，その本質と管理』日本生産性本部生産性労働情報センター。

5 日本経済団体連合会［2020］『第 64 回福利厚生費調査結果報告 2019 年度（2019 年 4 月〜2020 年 3 月）』日本経済団体連合会。

第9章

労使関係管理

労働者の利益をいかに守るか

1 労使関係の制度的枠組み

●労働組合とは何か

労働組合とは

労働組合とは,「労働者が自らの仕事や暮らしの質や条件を維持・改善することを目的として自主的に組織した民主的な団体」(佐藤 [1996]) と定義される。

労働者はなぜ労働組合を結成するのか。資本主義経済のもとでは,労働者は労働力というサービスを市場で提供することによって生計費を賄わざるをえない。しかし,彼らは生産手段から切り離されているために,単独で企業と渡りあうのは不可能である。したがって労働組合という団体を結成することは,「交渉上の地歩」を高め,個人で交渉するよりもより多くの成果を引き出すた

めに不可欠なのである。

使用者は，労働組合結成を含む組合活動を妨害したり，正当な理由がないのに労働組合と交渉することを拒否したりすることはできない。なぜなら，それは**不当労働行為**であり，**労働組合法**で禁じられているからである。

| 労働組合の組織形態 |

ところで，労働組合にはさまざまな組織形態がある。たとえば，同一産業に属する労働者を横断的に組織した**産業別労働組合**や，同一職種の労働者を横断的に組織した**職種別労働組合**，あるいは，特定地域の労働者を組織した合同労組などである。しかし，日本の場合，企業を単位にした**企業別労働組合**（以下，企業別組合）が圧倒的に多くなっている。ただし，こうした個々の企業別組合が，企業グループ・レベルの連合会や協議会といった連合体を形成している場合もある。

企業別組合は，特定の企業ないしはその事業所を組織単位とし，ブルーカラー，ホワイトカラーにかかわらず原則としてその企業の従業員が組合員である。したがって，企業別組合の役員も，当該企業の従業員から選ばれた**企業在籍役員**がほとんどである。

こうした企業別組合は，これまでしばしばカンパニー・ユニオン（御用組合）と混同されてきた。企業を単位に組織化されているので，経営側と癒着し，労働組合としての主体性を確保できないというのが，その理由である。

しかし，こうした理解は正しくない。企業別組合の特徴として「組合財政の独立」，すなわち，経営側から経理面で援助を受けないという点があげられる（佐藤［1996］）。経営側が労働組合に対して経理上の便宜を与えることが不当労働行為であるのは，労働組合法にも明記されている。もっともこうした法律に抵触しない

範囲では，チェック・オフ（組合費の給与からの天引き），組合事務所・掲示板の供与，会社施設・備品の使用といった便宜供与が行われている。

　おそらく，日本で企業別組合が発達したのは，労働市場の構造にその理由があるだろう。労働組合は，労働者の利益を代表するものであるから，その形態は労働者の移動可能性，すなわち労働市場の構造に強く規定される。労働市場が職種を単位に形成されており，労働者が同一職種内で企業横断的に移動する状況では，労働組合も職種を単位にした職種別組合となる。しかし労働市場が個別企業ごとに分断された企業内労働市場を前提とすれば，労働組合も企業ごとに形成されざるをえない。

　もっともアメリカでも，産業別組合傘下の企業には，ローカル・ユニオンというかたちで日本の企業別組合と類似した組織形態がみられる。こうした労働条件決定の分権化は，世界的な傾向である。

　それでは，アメリカの産業別組合とローカル・ユニオンの関係と日本の産業別組合と企業別組合との関係の違いはどこにあるのだろうか。

　まず第1点は，日本は労働者が加入するのは主に企業別組合であり，産業別組合は企業別組合の連合体であるのに対して，アメリカでは労働者は産業別組合に直接加入することである。またこれに関連するが，第2点として，日本では労働者は企業別組合に組合費を納め，企業別組合が産業別組合に産別会費を支払うのに対して，アメリカでは労働者が組合費を納めるのは産業別組合であり，産業別組合がローカル・ユニオンに資金を供給している点も違いとしてあげられる。

　日本では，チェック・オフで徴収された組合費は単組（企業別

組合）→単産（産業別組合）→ナショナルセンター（中央組織）という経路で「上納」されるが，この間に企業別組合の連合体である「労連」が介在する場合も見られる。こうした組合費の多重配分構造は，単組において財政的な余裕を生じさせ，他方上部団体ほど財政力が弱くなるという帰結をもたらすのである（岩崎[1994]）。

| ショップ制と組合員の範囲 |

ところで，労働組合の交渉力の源泉は，いうまでもなく当該企業の従業員の組織化である。そしてそれを規定するのが，ショップ制と組合員の範囲である。

ショップ制とは「ある企業や工場の従業員たる地位の獲得・維持と，特定の労働組合員資格の有無との関係」（白井[1992]）である。ある企業に雇用されることと，その企業に組織された労働組合に加入することの間には，どのような関係があるのだろうか。

日本の場合，ショップ制の形態としては，従業員の地位獲得と組合員資格の有無が無関係な**オープン・ショップ**と，組合員であることは雇用の前提ではないが，雇用された後に従業員としての地位を保つためには組合員でなければならない**ユニオン・ショップ**という2つの形態がある。現状ではユニオン・ショップを採用する企業が8割以上で圧倒的に多くなっているが，これを厳格に運用すると，使用者は組合からの離脱者や除名者を解雇する義務を負う。これを「完全ユニオン」という。しかし実際には，離脱者や除名者の取扱いは「労使で協議する」，あるいは「何も定めていない」となっている。これを「尻抜けユニオン」という。逆に，多くのユニオン・ショップ条項には，組合員を正規従業員に限定するという「**逆締めつけ条項**」がある（白井[1992]）。企業別労働組合が組合員資格を正規従業員以外のどの範囲の労働者ま

で与えているかをみると，パートタイム労働者がいる事業所で当該労働者に組合加入資格があるのは37.3％と低くなっている（厚生労働省［2021b］）。

　なおこのほかに，日本ではほとんどみられないが，労働組合員であることを雇い入れの条件とする**クローズド・ショップ**という形態も存在する。

　いま述べたのは，組合への「入り口」であるが，他方，組合からの「出口」，すなわち組合員の範囲は，どのようなかたちで決められているのだろうか。この点，労働組合法第2条は，「使用者の利益を代表する者」つまり経営側の立場にある者の組合への加入を禁止している。使用者の利益を代表する者が組合に加入することは，経営側の不当な介入につながるため，先に述べた不当労働行為とみなされるからである。

　本来，労働組合法第2条を厳密に解釈すれば，誰が使用者の利益を代表するかは，個々の従業員について検討されるべきである。しかし実際は，それを行うことは困難であり，組合員の範囲は，労使の協定に基づいて，企業内の職制，具体的には役職や職能資格で決められている。たとえば，連合総合生活開発研究所［1994］によれば，組合員の範囲としては，「役職」が47.0％で最も多く，次いで「役職と資格」（29.4％），「資格」（19.4％），となっている（**表9-1**）。しかし，課長クラスと係長クラスでは組織化の程度に顕著な差がある。他方，ライン課長とスタッフ課長との間には，組合員の範囲に顕著な違いはなかった。業種ごとに差があるため一概にはいえないが，課長相当の「職能資格」が組合員範囲の境界である場合が少なくないといえるだろう（久本［1994］）。

　こうした組合員の範囲についての妥当性は，最終的には労働委員会が行う資格審査によって判定される。一般に企業別組合は，

表9-1　組合員の範囲の基準

（単位：％）

	役職	資格	役職と資格	その他	N. A.	計（実数）
企業規模別計	47.0	19.4	29.4	3.4	0.8	381
企業規模別						
499 人以下	49.1	16.4	27.3	5.5	1.8	55
500 人以上	49.2	23.1	21.5	4.6	1.5	65
1,000 人以上	47.8	17.4	31.9	2.2	0.7	138
3,000 人以上	44.6	24.1	27.7	3.6	−	83
10,000 人以上	37.5	18.8	40.6	3.1	−	32
規模 N. A.	62.5	−	37.5	−	−	8

（出所）　連合総合生活開発研究所［1994］。

組合員資格の上限をできるだけ引き上げようとする。その理由としては，組合費収入の増大をはかる，管理・監督職の一部を組合に含めることで彼らの反組合活動を抑止する，彼らが有する経営情報を利用する，などが考えられる。要するに，管理・監督職は組合にとって敵対的な利害関係をもつ者とはみなされていないのである（白井［1996］）。

　いずれにせよ，労働者は一定の職位に昇進する，あるいは一定の資格に昇格することによって，企業別組合から「卒業」する。組合委員長経験者が企業に復帰後取締役等経営を担う立場に就くことを含めて，海外では理解できない点だろう。

　　　　　　　　　　　　企業別労働組合の役員は，専従者と非専

| ユニオン・リーダー |

従者とに分かれる。前者は，企業籍は有するものの役員在任中は組合活動に専念し，社業からは離脱する。彼らの給与は組合が全額支給しており，会社側がこれを負担すると不当労働行為とみなされる。これに対して，社業と組合活動とを掛持ちするのが後者であり，組合活動を行うのは昼休みや就業

時間後に限られている。

岩崎［2011］によれば，専従役員が企業籍を有するのが日本の特徴であり，彼らは任期満了とともに職場に復帰する。産業別労働組合以上の上部団体に派遣される場合でも，企業籍を保持したままなのが一般的である。

労働組合組織率の低下と企業別組合の対応

先述したように日本はユニオン・ショップ制をとる企業が多く，企業への雇用は事実上企業別組合に加入することを意味する。しかしこうした制度的仕組みにもかかわらず，労働組合組織率は趨勢的に低下しているのが現状であり，1940年代後半には50％を超えていたのが，2003年以降は20％を割り込み，その後も低下を続け，2022年は16.5％である。

その理由の第1は，「企業内未組織層」が増大していることである。これは「非正規従業員の増大」と「正規従業員に占める非組合員の拡大」という2つの側面に分けられる（中村・佐藤・神谷［1988］）。「非正規従業員の増大」とは，パートタイマー，アルバイト，臨時工などが増大しているにもかかわらず，企業別組合が彼らの組織化に必ずしも熱心ではないため組織率が低下することである。

他方「正規従業員に占める非組合員の拡大」は，従業員の高齢化によって，「使用者の利益を代表しない管理職・専門職」が増大することである。第3章で説明したように，「役職昇進」と「資格昇格」が切り離されているので，従業員は職務遂行能力が向上すれば管理職層に昇格できる。したがって従業員の高齢化にともない管理職層は増大し，彼らは課長相当の資格に昇格した時点で組合から離脱する。しかし，使用者の利益を代表するライン管理職のポスト数は一定であるため，その他の者は「使用者の利

益を代表しない管理職・専門職」にならざるをえない。

第2の理由は、「企業グループ内人事異動」である。日本の企業は、子会社・関連会社、下請企業からなる企業グループを形成している。そして従業員の異動領域も企業内労働市場を越え、こうした企業グループに拡大しているのが実情である。これが「準企業内労働市場」と呼ばれるものである。

こうした企業グループ内人事異動が組合組織率を低下させる可能性としては、次の2つが考えられる。

まず第1点は、関連企業への出向者が非組合員扱いになる場合である。出向とは、出向元企業に籍を置きながら出向先企業の指揮・命令によって仕事をするという就業形態である。この定義から明らかなように、出向者の本籍はあくまでも異動元（すなわち出向元）企業にあるから、本来は異動元企業で組織化されているはずである。しかし、出向者が出向先で管理職になる場合は、多くの組合が出向者を非組合員扱いにしている。

第2点としてあげられるのは、出向者が出向先に転籍し、かつ出向（転籍）先に組合がない場合である。組合組織率は、企業規模によって差があるから、親企業の企業別組合が関連企業の労働者を組織化の対象とせず、かつ転籍先の企業に組合がない場合は、彼らは非組合員にならざるをえない。

それでは、企業別組合は、こうした企業内労働市場の構造変化にどのように対応しているのだろうか。

まず、「正規従業員に占める非組合員の拡大」への対応として重要であるのは、「使用者の利益を代表しない管理職・専門職」を組織化することである。リスクの一端を負いながら経営目標の実現をめざすというライン管理職適性を、すべての従業員が有しているわけではない。本来は、ライン系列とは異なる別のキャリ

ア・ルートが用意されるべきである。それが確立しないため，「使用者の利益を代表しない管理職・専門職」を含めて管理職層比率が高まり，その結果組合員の組織範囲が縮小して，彼らの「通過集団性」を強めているのである（鈴木［1995］）。

　次に「企業グループ内人事異動」への対応としては，企業内労働市場が企業グループに拡大していることに対応して，企業別組合を企業グループに拡大することが考えられる。「労働組合とは労働市場の中の共通利益の束に沿ってできるものだから，こうした準企業内労働市場をカバーする組織拡大があっても不思議ではない」（稲上［1986］）。これが，先に述べた企業グループ労連や労協である。こうした企業グループ労協のなかには，親企業と中核企業の間で統一労働協約を締結し，労働条件を統一しているところもある（稲上・川喜多編［1988］）。

　これまで述べたことを，表9-2によって確認すると（厚生労働省［2021b］），企業別労働組合が組織拡大の対象として特に重視している労働者としては「新卒・中途採用の正社員」が41.5%で最も多く，続いて「在籍する組合未加入の正社員」(22.6%)，「パートタイム労働者」(13.6%)，「有期契約労働者」(9.6%) となっている。近年最も組織化が進んでいるのは正社員なのである。

2 集団的労使関係における交渉形態
●団体交渉と労使協議制

　前節では，企業別組合を中心にした労働組合の基本的事項について説明した。本節では，労使間の話合いにはどのようなタイプがあるかをみることにしよう。

| 団体交渉と労働協約 | **団体交渉**とは，労働者の雇用・労働条件を決定する労使交渉の最も重要な制度である。 |

日本の特徴は，労働者の**団体交渉権**が憲法第28条で保障されていることであり，使用者（経営者）が正当な理由（たとえば，交渉事項のなかに団体交渉に馴染まないものが含まれている）がなく団体交渉を拒否することは，労働組合法第7条によって不当労働行為とみなされる。こうした団体交渉権は，**団結権**，**争議権**とともに労働三権と呼ばれている。

労働者は，団体交渉を通じて自らの雇用・労働条件の決定に参画し，規制を加えることができる。ただし労働組合法では，具体的に何を団体交渉で取り上げるかを定めていないため，交渉事項の範囲は個別の労使によって決められる。

一般に，労働組合は交渉事項をできるだけ拡大しようとし，他方，使用者は経営権や人事権に固執して，それをできるだけ限定しようとする。厚生労働省［2022b］によれば，過去3年間に「賃金額」については58.8％，「賃金制度」については50.1％，「所定内労働時間」については38.3％，「所定外・休日労働」についても34.8％の組合が，団体交渉をしたと答えている。他方，「雇用・人事」に関する事項で団体交渉を実施した組合は32.1％である。しかし趨勢的には，団体交渉事項はしだいに拡大し，経営の専決事項は縮小している（白井［1992］）。

なお労働組合の組織形態は，先に述べたように企業別組合が一般的であるため，団体交渉は個別企業の使用者と当該企業の企業別組合によって排他的に行われている。

団体交渉の結果を文書化したものが，**労働協約**である。厚生労働省［2022b］によれば，単位労働組合の94.5％が労働協約を締

表 9-2　労働組合が組織拡大の取組み対象として特に重視している労働者

| | 計 | 組織拡大 |
		在籍する組合未加入の正社員
計	100.0	22.6
〈産　業〉		
鉱業，採石業，砂利採取業	100.0	―
建　設　業	100.0	14.7
製　造　業	100.0	10.9
電気・ガス・熱供給・水道業	100.0	13.8
情報通信業	100.0	23.7
運輸業，郵便業	100.0	23.0
卸売業，小売業	100.0	26.7
金融業，保険業	100.0	15.4
不動産業，物品賃貸業	100.0	30.4
学術研究，専門・技術サービス業	100.0	16.3
宿泊業，飲食サービス業	100.0	22.3
生活関連サービス業，娯楽業	100.0	14.6
教育，学習支援業	100.0	41.5
医療，福祉	100.0	28.4
複合サービス事業	100.0	14.1
サービス業（他に分類されないもの)	100.0	47.0
2018 年調査　計	100.0	18.6

（出所）　厚生労働省［2021b］。

結している。労働協約は，当該企業の労働者の労働条件に次の 2
つのかたちで影響を与える。

　まず，就業規則で定める労働者の労働条件その他労働者の待遇
に関する部分が労働協約を下回る場合は，就業規則の当該規定は
無効となり，労働協約の規定が優先される。これは労働協約の**規
範的効力**と呼ばれており，労働組合法第 16 条で規定されている。

　次に労働協約の適用範囲であるが，労働組合法第 17 条によっ

| | の取組対象として特に重視する労働者の種類 | | | | |
新卒・中途採用の正社員	パートタイム労働者	有期契約労働者	嘱託労働者	派遣労働者	不　明
41.5	13.6	9.6	10.7	0.6	1.3
68.2	—	—	—	—	31.8
71.4	0.9	—	5.6	—	7.5
43.6	5.6	17.5	19.1	2.8	0.5
47.7	—	25.8	5.9	—	6.8
66.4	—	7.4	—	—	2.5
38.2	8.5	10.4	17.5	—	2.5
10.7	47.9	2.7	11.6	—	0.4
49.4	3.9	13.8	12.4	5.2	—
59.9	—	9.7	—	—	—
56.5	5.4	3.2	14.3	—	4.3
10.5	44.2	17.7	3.2	—	2.1
37.8	28.1	8.5	10.9	—	—
52.0	—	6.5	—	—	—
54.9	9.6	5.5	1.4	—	0.1
54.8	13.5	16.0	1.6	—	—
36.9	3.5	7.8	4.0	—	0.9
36.9	13.3	11.2	13.0	0.1	7.0

て，労働協約が適用される労働者が事業所労働者総数の4分の3を超える場合，その協約は非組合員にも適用される。ただし適用されるのは，組合員の労働条件の基準を規定した規範的部分に限られる。これが労働協約の**一般的拘束力**（正確には「事業所単位の一般的拘束力」）である（清正・菊池編［2002］）。この規定が存在するのは，非組合員が労働協約の基準以下の条件で働くことによって組合員の労働条件が引き下げられることを防ぐためである。

| 労使協議制 |

労使協議制とは,「労働者の代表と使用者が企業経営上の諸問題,とりわけ労働者の雇用・労働条件や生活上の利害関係に直接・間接に影響する諸問題について,情報や意見を交換する常設的機関」(白井[1992])である。厚生労働省[2019b]によれば,37.1％の事業所がこうした労使の協議機関があると答えている。

団体交渉は,「パイの分配」を決めるために行われる。その意味で労使の利害は基本的に対立している。したがって,交渉の結果が合意に至らない場合には,争議行為に入る可能性がある。いわば団体交渉とは争議行為を背景とした交渉機関である。これに対して,労使協議制で話し合われる内容は,人事制度,設備投資,事業計画など,労使の利害対立があっても,協議によって調整が可能なものが多い。また労使協議制の場合は,労使で意見の一致がみられない場合も,団体交渉を経なければ争議行為に訴えないとの了解があるという点に特徴がある。しかしこうした問題についても,労働者の関心が高い場合は発言・監視をする点に,労使協議制の特徴がある(佐藤[1996])。ただし最近は,団体交渉と労使協議制を上記のように明確に区分けする組合と,基本的にすべての事項を労使協議制で取り上げる組合とに分化している。

ところで,労使協議制の決定方式は,組合の発言権の程度によっていくつかのタイプに分けられる。この点について仁田[1979]によれば,ある大企業における労使の協議・決定方式を組合の発言権の弱いものから強いものへの順に並べると,①説明・報告,②説明・報告・意見開陳,③説明・報告・意見を徴す,④協議,⑤協議決定,の5種類となる。たとえば社内秩序である職制組織の改廃は説明・報告・意見開陳事項であるが,それにともなう要員事項は協議事項である。したがって,後者について合意が得ら

れなければ前者の決定を企業が行っても意味がないという点で，両者の間には相互規定性が存在している。

　これまで，団体交渉と労使協議制について説明してきた。しかし，こうした労使関係の枠組みは，けっして「所与」のものではない。第2次大戦以前は，労働組合は法律で公認されてはいない存在で，労働条件は経営者の恩恵によって与えられる「一方的」なものだった。また戦後，労働組合法，**労働関係調整法**，**労働基準法**の労働三法によって労働者の権利が法律で確立された後も，1940年代後半から50年代にかけては，大量解雇をめぐる激しい労働争議や暴力をともなう激突などさまざまな混乱が続いた。雇用・労働条件の決定が使用者と労働組合の交渉による「双方的」なものになり，経営者の専決事項が縮小するのは高度成長期以降である。今日，日本の労使関係が相対的に安定しているのは，この時期の学習効果によるところが大きいといえるだろう（白井[1992]）。

| 未組織企業における
労使関係 |

これまでは，労使関係という言葉を「使用者と労働組合との関係」という意味で使ってきた。しかし，労働組合とは労働者の利益を代表する団体であるから，労使関係とは厳密にいえば「使用者と労働者との関係」である。このように考えれば，労働組合のない企業，すなわち未組織企業にも労使関係は存在するのである。

　この点，厚生労働省[2019b]によれば，労使協議機関の有無を事業所の労働組合の有無別にみると，組合がある事業所では83.9％があるが，ない事業所でも16.8％は労使協議機関がある。

　佐藤[1994]は，労働組合ではない従業員組織を次の2つのタイプに分類した。まず第1のタイプは，文化・レクリエーション

や共済などを主な活動にしている「親睦型従業員組織」である。これに対して第2のタイプは，労働条件について会社側と話し合っている「発言型従業員組織」である。両者の割合をみると，従業員組織の3分の1弱が発言型従業員組織に分類されている。

集団的労使関係と従業員代表制

集団的労使関係に関して重要なのが，従業員代表制である。労働基準法第36条は従業員が時間外労働を行う前提として，企業と従業員の過半数を代表する組織（これを過半数代表という）と協定を結ぶことを条件としている。時間外労働以外にも，変形労働時間制度や育児・介護休業の運用には，どれもこうした**過半数代表**との協議が必要である。

　それでは，過半数代表とはいったいどのようなものか。労働組合が従業員の過半数を代表していれば，「労働組合＝過半数代表」であり，過半数代表を新たに選任する必要はない。しかし，労働組合が存在しない企業，あるいは労働組合はあるが組合員の減少によって過半数代表に至らない企業は，新たに過半数代表を選任する必要がある。過半数代表者は，非正社員を含む全社員の過半数から投票，挙手など民主的な手続きによって選任される。今後は必要に応じてその都度過半数代表を選任するのではなく，常設委員会を置くべきだという意見もある。その場合は労働組合がある企業では既存の組合との棲み分けをどのようにするかが課題になるだろう。

3 個別的労使関係

●労使関係の主体の変化

集団的労使関係から
個別的労使関係へ

第1節，第2節では，労働組合や従業員組織を一方の当事者，いま一方の当事者を経営者（実質的には人事部門）とする労使関係について説明してきた。労働者が労働組合を結成するのは，先述したように集団を結成することによって，個人で交渉するよりもより多くの成果を引き出せるからである。そのためには，集団を構成する従業員の間に雇用保障や平等主義といった共通の利益の存在が前提となる。これを「集団的労使関係」という。

こうした「集団的労使関係」が成立していたのは，それを労働組合が代表していたからである。しかし，賃金や雇用が人事部門と労働組合ではなく，仮に上司と部下との間で決められるとすれば，どうだろうか。中途採用が増大し，職務給が導入されると，今後は団体交渉や労使協議制などの「集団的労使関係」はもちろんのこと，「個別的労使関係」の重要性が高まるだろう。なぜなら，上司と部下との交渉が重要になるのは，従業員の利益が「集団」的ではなく「個別」化しているからである。「集団的労使関係」のもとでは，賃金は人事部門と労働組合との交渉の結果である賃金テーブルで決められていた。しかし，「個別的労使関係」のもとでは，こうした賃金テーブルの重要性は低下するか，あるいはこれまでよりも，より大括りのものにならざるをえない。

その結果，今後は「個別的労使紛争」がより頻繁に発生することが予想される。上司と部下との交渉で賃金が決められるシステムは，一見納得性が高いと思われるが，「上司が部下の能力を過

小評価する」「部下が意図的に低い目標を設定して高い成果を上げようとする」といった危険性を常にはらんでいる。とくに，人間には自分の能力を高く評価する性向があるとすれば，この点はなおさらであろう。

個別的労使紛争の処理システム

それでは，こうした個別的労使紛争を処理する機関としてはどのようなものが考えられるだろうか。

従来，個人の権利・義務に関する係争は裁判所に，不当労働行為など集団的労使関係に関する紛争は労働委員会に，それぞれゆだねられていた。しかし「個別的労使紛争」を取り扱う機関は近年まで存在しなかった。

こうした個別的労使紛争を処理する選択肢としては，以下の2つが存在する。まず第1は，企業のなかに人事部門やライン管理職，労働組合などからなる紛争処理機関をつくることである。個別的労使紛争の対象になるのは，おそらく人事考課の結果や賃金額といった，優れて個別企業的な問題であり，この点からすれば企業内に処理機関が存在することは望ましい。反面，処理機関が企業のなかにあると，何か問題が生じた場合，労働者がそれを紛争というかたちで表に出しにくいという問題もある。

したがって第2点は，企業外の個別的労使紛争を取り扱う専門機関を利用することである。現在，国の地方労働局においては，個別労働紛争解決促進制度が運用されている。また，都道府県によっては，個別労働関係の紛争に関する相談・斡旋が，集団的労使関係を担当する労働委員会で行われている。2006年からは，労働審判制度も活用されている。しかしこの点については，労働組合の代表や人事部門のスタッフによって構成されている従来の苦情処理委員会の役割も忘れてはならない。

演習問題

1 労働者は，なぜ労働組合を結成するのだろうか。考えてみよう。

2 労働組合が，日本では企業別組合というかたちで個別企業ごとにつくられる理由はどこにあるのだろうか。

3 ユニオン・ショップ協定をもつ企業が多いにもかかわらず，労働組合組織率が低下している理由は何か，議論してみよう。

4 「集団的労使関係」と「個別的労使関係」の違いは何だろうか。また「個別的労使関係」が重要になっている背景としては，どのような点があげられるか，まとめてみよう。

文献ガイド

1 岩崎馨［2011］『日本の労働組合——戦後の歩みとその特徴（改訂版）』日本生産性本部生産性労働情報センター。

2 白井泰四郎［1992］『現代日本の労務管理（第2版）』東洋経済新報社。

3 白井泰四郎［1996］『労使関係論（新版）』日本労働研究機構。

4 中村圭介・佐藤博樹・神谷拓平［1988］『労働組合は本当に役に立っているのか』総合労働研究所。

5 フリーマン，R. B. = J. L. メドフ（島田晴雄・岸智子訳）［1987］『労働組合の活路』日本生産性本部。

6 首藤若菜［2017］『グローバル化の中の労使関係——自動車産業の国際的再編への戦略』ミネルヴァ書房。

第 10 章

人事労務管理の変遷と展望

歴史的・国際的な位置づけ

1 第 2 次大戦後の人事制度の変遷

●中長期の視点で人事制度を考える

労働需給の推移に影響
する要因

　　賢者は歴史に学び，愚者は経験に学ぶと
いわれる。現在の日本企業で採られてい
る人事制度は，長い歴史のなかで形作ら
れてきたものである。新興企業であれば，過去のしがらみのない
人事制度を採用することが可能だが，歴史のある企業だと，それ
ぞれの時代を反映した制度の残滓（ざんし）を背負っている場合が多い。現
在の制度を理解するには，歴史に学ぶことが重要である。この節
では，第 2 次大戦後から現在までの約 80 年間に，日本企業の人
事制度がどのように変わってきたのかを，時代背景とともに整理
してみたい。

　　企業の人事制度は，そのときどきの経済情勢や社会情勢と無縁

であることはできない。労働移動が激しく，離職率が高ければ，その企業に長く勤めることが有利な制度を導入して，転職を食い止めようとする。長期勤続者が得になる退職金制度がそれに当たる。好景気にともなって各社の採用意欲が高まると，賃金制度に影響が出てくる。若年層をひきつけるために初任給を上げる一方，転職確率の低い中高年層の賃金を相対的に低くして賃金原資の増加を抑えようとする。これは，賃金カーブの傾きが緩やかになることを意味する。

　図10-1は，企業の人事制度に影響を与える要因をまとめたものである。上半分は労働供給，下半分は労働需要を示している。人口構成の変化は，労働力構成を変化させ，労働供給量を変動させる。労働供給には，労働に対する考え方（たとえば，1つの企業に長く勤めることへのこだわり）や進学率，家計の状態などが影響を与える。

　他方，労働需要は，経済情勢によって変化する。景気がよければ，財・サービスへの需要が高まるので，それに応えるために企業は多くの人を採用しようとする。逆に，不況になると，人を減らす行動に出る。労働の需要と供給の状態を示すのが，失業率や有効求人倍率である。これらの項目について，以下，概観してみたい。

(1)　労働力構成の変化：少子高齢化

　日本の人口は，1946年の7575万人から2008年の1億2808万人をピークとし，その後減少に転じた。2022年の人口は1億2495万人であり，2008年に比べると313万人減少している。日本は，人口規模でみると，世界で11番目に多い国である。しかし，現在のペースで人口減少が進んでいけば，順位は確実に落ちていく。人口は経済力の指標の1つであり，世界経済における日

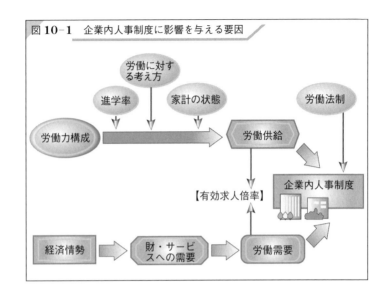

図 10-1 企業内人事制度に影響を与える要因

労働に対する考え方

進学率　家計の状態

労働法制

労働力構成

労働供給

企業内人事制度

【有効求人倍率】

経済情勢 → 財・サービスへの需要 → 労働需要

本の相対的地位の低下は否めない。

　年代ごとの人口増加数をみると，2008年までの人口増加は，1970年代までが中心になっていることがわかる。1946年から50年にかけて837万人の増加がみられ，その後，50年代1019万人，60年代1036万人，70年代1240万人と10年ごとに1000万人を超える人口増加があった。しかし，1980年代になると，増加数は655万人になり，90年代は332万人，2000年から2008年まででは115万人にとどまった。

　この人口増加率の低下は，**少子化**の結果である。合計特殊出生率（1人の女性が生涯に産む子どもの平均数）は，1950年代から70年代初めまでは2を超えていたが，70年代半ば以降低下傾向が顕著になり，2005年には1.26になった。その後，出生率はやや持ち直して，1.4前後で推移していた。しかし，新型コロナウイルス感染症の影響で2022年には過去最低だった1.26に並んだ。

人口数を維持していくには，2.07の合計特殊出生率が必要だといわれている。現在の水準はそれにほど遠く，今後も確実に人口減少が進んでいくと予想されている。

　少子化と同時に発生しているのが，人口構成の**高齢化**である。人口全体に占める65歳以上の割合は，1950年には4.9％だったが，60年5.7％，70年7.1％，80年9.1％，90年12.0％，2000年17.3％，10年23.0％と着実に上昇し，22年には29.1％になった。日本は，世界で最も高い高齢化率を示している。

(2) 労働に対する考え方

　働くことに対する考え方は，時代とともに変化する。日本生産性本部は，同本部が主催する新入社員研修に参加した新入社員たちに，毎年，意識調査を実施している。この調査項目のなかに，「若いうちは自ら進んで苦労するぐらいの気持ちがなくてはならないと思いますか。それとも何も好んで苦労することはないと思いますか」という設問がある。昔から「若いときの苦労は買ってでもしろ」といわれてきたが，「苦労すべきだ」という回答は，1970年代初めの60％から90年前後には40％に低下した。しかし，その後，2012年にかけて70％に増加していった。バブル崩壊後，どちらかというと買い手市場になり，厳しい就職活動を経験した新入社員は，仕事を通して自分の能力を高めていくことが必要だと感じていたと考えられる。他方，労働市場が人手不足に転じてきた頃から，「苦労すべきだ」という回答が急速に低下し，2019年には43.2％になり，逆に「好んで苦労することはない」という回答が37.3％と過去最高になった。この変化は，企業内での若年層育成に影響を与える。少し厳しく指導すると，「パワハラ」だといわれるなどのため，管理職たちが若手の教育に苦労しているという実態がある。若年層育成方式の見直しが，多くの企業の課

題になっている。

(3) 進 学 率

進学率も労働供給に大きな影響を与える。表 10-1 は，1955 年から 5 年ごとに高校と大学・短大への進学率をまとめたものである。第 2 次大戦後，新規学卒者の労働供給は，中学卒業者から高校卒業者，大学・短大等の卒業者へと移ってきた。1960 年代から 70 年代にかけて高校進学率が上昇したために，中卒者の供給が減少し，高卒者の供給が増加した。1970 年代以降の大学・短大進学率の上昇は，労働供給の中心を高卒者から大卒者に変化させた。

(4) 家 計 の 状 態

一般に，家計が苦しくなると家族構成員の多くが働きに出るといわれる。日本の実質賃金は，1950 年代から 97 年にかけて上昇基調にあったため，生活水準も確実に上昇してきた。しかし，

表 10-1 進学率の推移

(単位：%)

年	高 校	大学・短大
1955	51.5	10.1
60	57.7	10.3
65	70.7	17.0
70	82.1	23.6
75	91.9	37.8
80	94.2	37.4
85	93.8	37.6
90	94.4	36.3
95	95.8	45.2
2000	95.9	49.1
05	96.5	51.5
10	96.3	56.8
15	98.0	56.5
20	98.8	58.6
22	98.9	60.4

(出所) 文部科学省『文部科学統計要覧』『学校基本調査』。

1998年以降は，実質賃金が対前年比でマイナスになることもめずらしくなくなった。総務省の「家計調査」を使って世帯人員のうち何パーセントが働いているかをみると，1965年の38.7％から95年の46.5％まで一貫して上昇し，96年以降は減少している。経済的な常識とは反対の傾向が出ているが，それは世帯人員の減少によるところが大きい。

「国民生活基礎調査」によると，平均の世帯人員は1986年が3.22人だったが，2022年に2.25人に減少した。これは，同じ期間で，単独世帯が18.2％から32.9％に増加した一方で，夫婦と未婚の子のみの世帯が41.4％から25.8％に，三世代世帯が15.3％から3.8％にそれぞれ減少したことによっている。2019年に単独世帯（28.8％）が，夫婦と未婚の子のみの世帯（28.4％）を抜いて，日本で最も多い世帯の形態になった。世帯構成の変化は社会のあり方に影響を与える。特に，高齢の単独世帯の増加は，孤独死などの問題につながるため，社会全体でどう支えあっていくかが重要になってくる。

(5) 経済成長：高成長から低成長へ

図10-2にあるように，日本の経済成長率は，1950年代後半から70年代半ばまで，年平均9％を超える高い数値を記録した。いわゆる高度経済成長である。1973年に発生したオイルショックは，物価高騰を招き，高成長時代に終わりを告げた。1974年には第2次大戦後初めてマイナス成長を記録した。

その後，日本経済は「安定成長」の時代に入る。1975年から86年にかけての成長率は，2〜5％で推移した。次に到来したのが，いわゆるバブル景気である。1987年から90年にかけての平均成長率は5.5％に達した。しかし，好景気は長続きせず，1991年以降，再び成長率が低迷する。1993年，98年，2001年と3回のマ

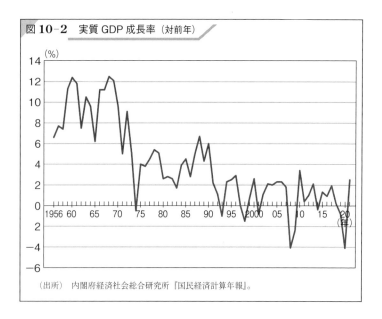

図 10-2 実質 GDP 成長率（対前年）

（出所）　内閣府経済社会総合研究所『国民経済計算年報』。

イナス成長を経験し，平均成長率も 1.2％であった。

　2002 年 2 月に始まった景気拡大は，いざなぎ景気（1965 年 10
月〜70 年 7 月の 57 ヵ月）を超えて 2007 年 10 月まで 69 ヵ月にわ
たって続いた。確かに経済指標は景気拡大を示していたが，いざ
なぎ景気に比べると成長率が低かったため，一般の国民は「景気
がいい」と感じられないまま，2008 年 9 月の「リーマン・ショ
ック」を経験することになった。GDP 成長率は，2008 年にマイ
ナス 4.1％，09 年にはマイナス 2.4％に落ち込んだ。しかし，
2012 年 12 月の総選挙の結果登場した第 2 次安倍内閣の成長戦略
により，13 年には 2.1％に上昇した。ただ，2014 年 4 月の消費税
引上げを受けて成長は減速し，14 年は再びマイナス成長になった。

　2015 年以降は，景気拡大基調に転換し，「いざなみ景気」（2002
年 2 月〜08 年 2 月）を超える長期の景気拡大が続いているといわ

れていたが，2019年度になって景気に陰りが見えはじめた。そして，2020年2月に始まった新型コロナウイルス感染症が経済活動に大きな打撃を与えた。感染拡大防止のためには他の人との接触を避けることが推奨され，消費は低迷した。2023年5月に感染症の分類が2類から5類に変更されたことで，経済活動は活気を取り戻してきた。外国人観光客の増加も経済の回復に寄与している。

(6)　失業率と有効求人倍率

　労働の需給バランスを示すのが，**失業率**や**有効求人倍率**である。日本の失業率は，第2次大戦直後から1950年代にかけては2％以上の水準だったが，60年代に入ると1％台に低下した。しかし，第1次オイルショック後の不況の影響を受けて，1977年に2％を超えると，94年まで2％台で推移した。バブル崩壊後の不況は，失業率の上昇をもたらし，1995年から97年が3％台，98年から2000年が4％台，01年から03年が5％台と上昇を示した。2004年以降は，景気の緩やかな拡大の影響を受けて，再び4％台に下がったが，いわゆるリーマン・ショック後の不況のため，09年以降は5％前後の高い値になった。しかし，景気回復とともに失業率も低下し，2018年には2.4％に低下した。その後，新型コロナウイルス感染症の影響で2020年と21年は2.8％に上昇したが，2022年には2.6％になった。経済活動の大幅な落ち込みにもかかわらず失業率が大きく上昇しなかったのは，雇用調整助成金が寄与したためである。

　有効求人倍率は，失業率以上に労働市場の状況を反映して変動するといわれる。**図10-3**にあるように，第2次大戦後，最も有効求人倍率が高かったのは，高度経済成長の末期にあたる1973年の1.76である。バブル経済のときに，多くの企業が大

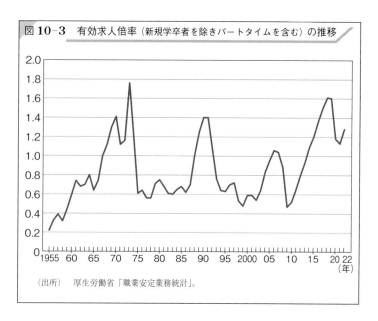

図 **10**-**3**　有効求人倍率（新規学卒者を除きパートタイムを含む）の推移

（出所）　厚生労働省「職業安定業務統計」。

量採用を行ったが，その頃をはるかに超える人手不足の状況が
1970 年代の初めにあったのである。

　バブル景気の崩壊は労働需要を減退させ，1990 年代半ばから
2002 年まで，有効求人倍率は低迷した。その後，2004 年に上昇
に転じ，06〜07 年には再び 1 を超える水準になったが，08 年以
降は再び低迷した。しかし，アベノミクス効果や 2020 年東京オ
リンピック開催が決まったこともあり，14 年には 1 を超える水
準になり，19 年には高度経済成長期に迫る水準になった。2020
年には，新型コロナウイルス感染症のために低下したが，1 を下
回ることはなかった。

　⑺　労　働　法　制

　労働関連法の改正や新たな制定は，企業内の人事制度に影響を
与える。1980 年代以降，労働基準法の度重なる改正，男女雇用

機会均等法，労働者派遣法，育児・介護休業法，パート労働法，高年齢者雇用安定法，労働契約法，女性活躍推進法，パートタイム・有期雇用労働法などの制定と改正が相次いでいる。法律は，日本社会で企業活動を行う際に最低限守らなければならないルールであるが，有能な人材を採用するには，法律で決められた以上の条件を提示する必要がある。

人事制度の変遷 　第2次大戦後から今日までの人事制度は，何回かの大きな節目を経験しながら変化してきた。研究者によって「節目」のとらえ方は異なるが，ここでは，電産型賃金，学歴別年次別管理，職務給導入への挑戦と挫折，能力主義管理と職能資格制度，成果主義の導入と反省という5つの観点から整理してみたい。

(1) 電産型賃金（孫田［2000］を参照）

第2次大戦は，日本の生産力を大きく破壊し，人々の生活もなんとか生存できる程度の水準にまで低下させた。そのようななかで制定され，その後の日本企業の賃金制度に大きな影響を与えたのが**電産型賃金制度**である。電産とは，全国9つの配電会社と発電送電会社の従業員が第2次大戦直後に結成した日本電気産業労働組合協議会（略称電産協）のことである。1946年10月，「生活費を基準とする最低賃金制度の確立」をめざして，電産協は経営に対して賃金制度と水準に関する要求を提出した。当時は，賃金制度が存在しないに等しい状態だったので，電産協が作成した賃金制度は，その内容が合理的だったこともあり，経営側の反対もほとんどなく，電力産業に導入されることになった。

電産型賃金制度の体系は，**図10-4**に示したとおりである。基準賃金を構成する基本賃金は，生活保障給，能力給，勤続給の3つからなっており，生活保障給は本人給と家族給によって構成

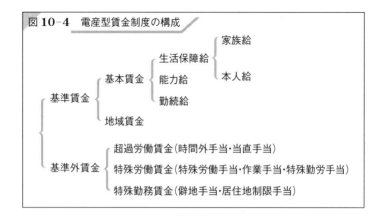

図 10-4　電産型賃金制度の構成

```
基準賃金 ┬ 基本賃金 ┬ 生活保障給 ┬ 家族給
        │        │          └ 本人給
        │        ├ 能力給
        │        └ 勤続給
        └ 地域賃金

基準外賃金 ┬ 超過労働賃金（時間外手当・当直手当）
          ├ 特殊労働賃金（特殊労働手当・作業手当・特殊勤労手当）
          └ 特殊勤務賃金（僻地手当・居住地制限手当）
```

されていた。①当時の日本企業で一般的だった身分制（本社採用で月給制の職員と事業所採用で日給制の工員との間に人事処遇上のさまざまな格差をつける仕組み）を採用せずに，全員が1つの制度のもとに統合されたこと，②月当たりの計算にしたこと，③本人の年齢や勤続などの要素と，能力給という人事考課によって変動する可能性のある部分をもっていたこと，④摂取カロリー，栄養，エンゲル係数などの要素から生活保障給を算出したこと，⑤労働基準法制定以前にもかかわらず時間外割増を明示していたことなど，透明性や納得性の高い画期的な制度であった。

　1947年4月時点の基準賃金の構成比は，生活保障給67％（本人給47％と家族給20％），能力給20％，勤続給5％，地域賃金8％となっていた。能力給部分が2割と低いものの，組合員間の平等を基本原則とする労働組合が，個人の能力による差を賃金に反映することを是認していた点は，その後の日本企業の賃金制度を考えるうえで重要な方向性を示したといえる。

　電力産業にとどまらず，日本全体の賃金制度に大きな影響を与えた電産型賃金であるが，1951年の電力再編によって会社の体

制が変わり，電産協の分裂などで労組の力も低下していったため
に，他の制度に取って代わられることになった。

(2) 学歴別年次別管理

戦後の混乱も 1950 年代初めになると徐々に収束し，日本経済
は高度成長に向けて着実に生産力を回復してきた。労働力の供給
は，義務教育修了者を中心としており，農村部の過剰労働力が大
きな供給源となっていた。1955 年当時，高校進学率は 51.5％と
中学卒業者の半数強の水準であり，大学進学率はまだ 10.1％だっ
た。

企業は，中卒者を現場第一線に配置し，高卒者を事務・技術系
の中核人材として採用することが一般的であった。大学卒業者は，
数として少なかったために，一部の大企業を除けば，例外的な採
用でしかなかった。先に述べたように，高校進学率が 1960 年代
から 70 年代にかけて上昇したために，中学を卒業してすぐに働
き始める人が大きく減少した。新規学卒者の就職において，高卒
の割合が中卒を上回るようになったのが 1966 年である。それに
呼応して，普通科高校の卒業者を生産現場に配置することが試行
され，やがて一般的になっていった。

1950 年代以降の人事制度の基本は，**学歴別年次別管理**という言
葉で表現できる。最終学歴と入社年次で従業員をグループ化して
いけば，管理できるという状況だった。賃金は，学歴別に初任給
を決め，あとは毎年の定期昇給によって積み上がっていく方式だ
った。1950 年代から 60 年代には，物価上昇を上回る賃上げが実
現されたので，ベースアップと定期昇給をあわせた賃金上昇額が
対前年比月額 2 万円を超えることもあった。

定期昇給には，個人別の人事考課が反映されるので，個人によ
って昇給額が異なるのが普通だった。そのため，初任給と毎年の

定期昇給の積み重ねという賃金制度は，従業員の数だけ賃金額があるといわれるほど複雑になり，管理上の煩雑さが増していた。また，仕事上の失敗や病気などの理由で評価が低くなった場合，その差を挽回することが難しい点も問題点として指摘されるようになった。この問題を解決するために出てきたのが，職務遂行能力に基づいた職能資格制度であるが，その説明に入る前に，1960年代半ばに取り組まれた職務給化の動きをみておこう。

(3)　職務給導入への挑戦と挫折（岩崎［2000］を参照）

　1960年代初頭，日経連が賃金の「近代化」をめざして，**職務給**を導入することを大きな目標として掲げた。これは，1955年に設立された日本生産性本部が50年代終わりから60年代にかけて派遣したアメリカ経営視察団の影響があるといわれている。この視察団に参加して，アメリカの先進企業の経営を目の当たりにした日本企業の経営者たちは，自社の人事管理，とくに賃金制度が「遅れている」という問題意識をもつに至った。アメリカ企業では，職務給が一般的であり，仕事ごとに賃金が決まっている。誰が担当しても同じ仕事であれば賃金は同じという仕組みが，当時の経営者にはとても新鮮に映った。

　そこで，日本企業でも職務給の導入が取り組まれることになる。この動きに最も熱心だったのが，鉄鋼産業と電機産業だった。職務給は，職務内容を一定の方式で分析（職務分析）して，点数換算するなどして評価し，各職務の賃金率（1時間当たりの賃金額）を設定することによって決まる。職務分析とその評価には膨大な労力と時間が費やされるのが一般的である。

　鉄鋼産業や電機産業で取り入れられた職務給であったが，さまざまな問題が発生した。1つの大きな問題点は，技術進歩のスピードが速く，毎年のように新しい技術が導入される状況のなかで

は，職務内容の変化が激しく，職務分析が追いつかないことであった。時間とコストをかけて実施した職務分析の結果が出てくる頃には，現場では新しい職務が発生しているという状況が珍しくなかった。職務があまり変わらない状況であれば職務分析による職務給を維持できたが，1960年代の日本企業の変化に対応できる仕組みではなかった。

　もう1つの問題点は，職場の労働実態と職務給制度があわなかったことである。日々の生産を円滑に進めるために，現場では他の人の仕事を手伝ったり，一時的に仕事を交代したりすることが日常茶飯事であった。また，生産の拡大にともなって新工場が建設されると，中核を担う要員は既存の工場からの配置転換でまかなわれた。新しい工場に異動したとき，厳格に職務給を適用すると賃金が下がるケースが出てくることもあるが，これでは，配置転換を受け入れてもらえない。そこで，経営側は，役付工への昇進などの労働条件引上げを提示し，配転が円滑に進むように配慮した。

　賃金制度は，経営目標を達成する手段の1つとして存在するのであって，それ自体が目的になることはない。鳴り物入りで導入された職務給制度であったが，経営にとってプラスにならないことがわかった時点で，表舞台から姿を消していくことになった。

　(4)　**能力主義管理と職能資格制度**（石田［2000］，八代（充）ほか
　　　編［2010］を参照）

　1960年代半ば，学歴別年次別管理に限界を感じていた経営側は，新しい管理の仕組みを求めて精力的に研究を始めた。その集大成が，1969年に日経連から発表された『能力主義管理』（日経連能力主義管理研究会編［1969］）である。当時の主要企業21社の人事担当部課長によって構成される能力主義管理研究会を1966

年10月に発足させ，毎月ほぼ2回の研究会を2年間続けた。『能力主義管理』という本は，その研究会の報告書である。この書物は，その後の日本企業の人事管理に大きな影響を与えることになった。

同書において，**能力主義管理**は次のように定義されている。「能力主義管理とは（中略）従業員の職務遂行能力を発見し，より一層開発しさらにより一層有効に活用することによって労働効率を高めるいわゆる少数精鋭主義を追求する人事労務管理諸施策の総称である」。学歴や入社年次ではなく，職務遂行能力という指標を提示し，これを基準として従業員の育成，配置，処遇を決めていこうというものである。また，能力主義管理の理念として，企業における経済合理性と人間尊重の調和を掲げ，仕事を通した自己実現をめざすべきだという価値観を明確にした点も画期的であった。

従業員を職務遂行能力によってグループ化するという発想は，学歴や年次といった属性ではなく，個々の従業員の能力を客観的に評価して仕事を配分し，処遇を決めることにつながった。これは，伝統ある日本企業に残っていた身分制を完全に払拭することになったし，形式的には学歴差を従業員の序列づけから消し去る効果をもった。まさに，個人尊重，人間尊重を基本とした考え方を日本企業の人事に提供したのである。

この理念を受けて始まったのが，**職能資格制度**である。職務遂行能力によって従業員を職能資格に分類し，職能資格を基準にして賃金額を決める。職能資格は，仕事と緩やかに対応しており，そのときどきの情勢にあわせて，柔軟に配置を変化させることができる。この仕組みは1970年代以降，多くの日本企業に普及し，日本を代表する人事制度になった。しかし，制度の運用が年功的

になったことやバブル崩壊後の長くて深い不況の影響により，そのマイナス面が強調されるようになり，1990年代半ば以降，成果主義的な制度が登場することになる。

(5) 成果主義の導入と反省

職能資格制度の問題点　職能資格制度は，従業員のやる気を引き出す仕組みになっていないという批判を浴びた。積み上げ方式の職能資格制度では，有能な従業員を適切に動機づけできないとされたのである。この問題点を解消し，高い成果を出した人には，それに見合った処遇をすることを目的として導入されたのが，「**成果主義的人事制度**」である。1990年代半ば以降の賃金制度改正は，職能資格制度を基盤とした制度から成果・業績基準を使った制度への転換であった。

これからの賃金制度をどうするかという点を議論するとき，これまでの制度をどう整理するかが重要である。現行制度では対応できない問題は何か，なぜ現行制度が機能しなくなったのかについての検討を抜きにして，新しい制度をつくっても効果はない。職能資格制度基準の賃金制度は，何が問題だったのだろうか。

図**10-5**は，職能資格制度のもとでの賃金，仕事，業績の関係を示したものである。賃金と業績は，職能等級を介して緩やかにつながっていた。賃金は職能等級ごとに決められ，仕事は職能等級を参考にしながら配分されていた。

1990年代のバブル崩壊後の不況下で出てきた問題は，職能等級と仕事の関係が図10-5の不等号①のようになったことである。企業の売上げが低迷し，仕事が減っていったため，企業は職能等級に見合った仕事が用意できず，賃金が業績を上回ることになってしまった。1980年代以前も，不況のときはこのような状況がみられたが，不況は短期で解消したため，さほど大きな問題にな

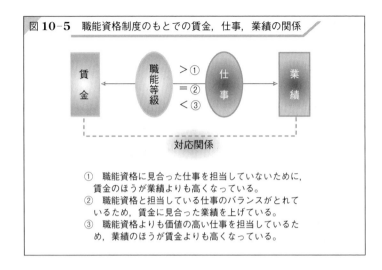

図 **10-5** 職能資格制度のもとでの賃金，仕事，業績の関係

賃金 ⇔ 職能等級 >① =② <③ 仕事 → 業績

対応関係

① 職能資格に見合った仕事を担当していないために，賃金のほうが業績よりも高くなっている。
② 職能資格と担当している仕事のバランスがとれているため，賃金に見合った業績を上げている。
③ 職能資格よりも価値の高い仕事を担当しているため，業績のほうが賃金よりも高くなっている。

ることはなかった。ところが，1990年代の平成不況は長くて深かったため，不等号①が常態化してしまった。

　職能資格制度ができた頃の日本企業では，不等号③の状態が一般的だった。賃金よりも業績のほうが高いのだから，企業にとっては受け入れやすい仕組みだった。従業員もこの制度には納得していた。短期的には賃金と業績のバランスはとれていなかったが，価値の高い仕事を任されることによって昇進確率が高まり，将来，上位の役職に昇進して高い給料をもらえるという期待をもつことができたからである。

　このように考えてくると，職能資格制度を基盤とした賃金制度の問題点は，職能等級と担当する仕事のバランスが不等号①の方向に崩れ，しかもその状態が固定化された点にあることがわかる。この問題を解消する方策として，仕事と職能等級の対応関係をより厳格にすることがあったが，大半の企業はその解決策をとらず，「成果主義」というまったく別の基準を使って賃金を決めること

にしたのである。

「成果主義」と目標管理制度　成果や業績に基づいた賃金制度は，とても合理的にみえる。いい仕事をして高い成果を出した人にはそれに見合った賃金を払うというのは，誰も反対できない論理である。しかし，「成果や業績をどう測るのか」という具体論になったとき，従業員の不満が大きくなった。

多くの企業は，成果主義を実行するために**目標管理**制度を導入した。目標管理制度は，期首に立てた目標を基準として期末に評価する仕組みである。目標の達成度で評価されるのだから，従業員にとって目標は低いほどいい。目標が適切か否かを判断するのは第一線の管理職だが，彼らも自分自身の課題達成に追われているため，部下と十分な対話をする余裕をもてず，目標のチェックがおろそかになった。従業員が達成しやすい目標を立てるようになったために，難しい仕事に挑戦する人が少なくなり，かえって業績が低迷する企業もみられた。

目標の立て方とその達成度の判断基準も問題になった。職場では毎日のように新しい課題が発生する。それらにいかにうまく対処するかが企業の生産性を決める。しかし，あらかじめ予測できないことだから，具体的な目標としては書きにくい。書いたとしても，「新しい状況に適切に対応する」といった表現になる。適切に対応したか否かは，事後的に上司が判断せざるをえない。目標管理制度は，客観的な評価をめざしたはずだが，現実には上司の主観が入ることを排除できなかった。

また，目標が古くなるという問題も発生した。半年前に立てた目標は，評価をする時点で古くなってしまい，ほとんど意味をなさないことがしばしば起こった。もちろん，制度設計上は，課題が変わるごとに目標を書き換えることになっていたが，課題解決

に忙しい管理職たちは，いちいち目標設定書を取り出して改訂する手間はかけたがらなかった。

「成果主義」への反省　　大きな期待とともに導入された「成果主義」であるが，実際に運用していくなかでさまざまな問題が発生し，見直しを迫られることになった。成果主義の最大の問題点は，職場の実態に配慮せず，論理的に正しいと思われる仕組みを実施しようとしたことであった。

人事制度は，経営者の意図を実現するための道具である。「わが社をこういう会社にしたい。そのためには，このようなことができる人材が必要だ。だから，このような制度改革を実施した。従業員は，強い会社の構築をめざして，ともに努力してほしい」。人事制度は，経営者から従業員に対するメッセージである。必要とされる人材像について，具体的かつ明確に示されなければならない。

わかりやすければそれでいいかというと，そうでもない。自分たちの現状とあまりにもかけ離れていたり，職場で日々大切にしていることに反していたりすると，自分たちの目標として共感することができず，絵に描いた餅に終わってしまう。1990年代半ば以降に導入された「成果主義」の多くは，従業員が大切にしてきたことを無視したために画餅になったのである。最近，一部の大企業で導入されているジョブ型雇用制度（*Column*②参照）が同じ轍を踏まないか，注視していく必要がある。

各職場には，その職場の生産性を上げるために大切にされていることがある。それは，第一線の管理職に話を聴かないとわからない。「人事部は成果・業績を上げた人を高く評価しろというが，私はチームワークを考えて，成果・業績は平均的だけれども職場を活性化させる役割を果たしている人を高く評価したいし，実際

にそうしている」,「この職場では,成果が出るのに1年以上かかるし,成果自体がみえにくい。だから,部下の行動をしっかり観察して評価するようにしている。人事部がつくった制度は,職場実態にあわせて適当に運用している」。人事担当者が職場に行ってマネジャーと話をすれば,このような話は次から次へと出てくるはずである。ユーザーが使いやすい人事制度をつくることが,人事部に求められている。

2 人事労務管理の国際比較
●ホームカントリー効果か,マーケット効果か

何を比較するのか

本節では,人事労務管理の国際比較について取り上げることにしよう。

一般に,学問体系の中心にあるのが「理論」と「実態」であるとすれば,それを貫く横軸は「歴史」であり,縦軸が「国際比較」である。われわれは理論を踏まえて実態を分析するわけだが,その実態というのは過去の歴史の延長にあり,また他国と比較した場合さまざまな共通点や相違点が存在する。そこでこうした共通点や相違点がいったいいかなるものであり,それを規定する要因は何かを明らかにするのが国際比較研究である。国と国との相互依存が高まっている今日では,他国の状況を正しく理解することが重要であり,人事労務管理もその例外ではない。

人事労務管理の国際比較については,共通性を重視するものから,各国の特異性を強調するもの,またそれを規定する変数に関しても技術から文化までさまざまである。たとえば長期雇用や年功賃金,新規学卒採用は日本独自の雇用慣行であるという言説が,過去から現在に至るまで繰り返されている。しかし,こうした言

説は「暗黙の国際比較」に基づくものがほとんどであり，必ずしもデータに依拠しているわけではない。

この点，小池［1981］は，日本とECの賃金統計の比較によって長期勤続（長期雇用）や年功賃金はホワイトカラーについては日本の特徴ではなく，各国共通である，むしろ日本の特徴は，ブルーカラーの賃金がホワイトカラー同様年功的に上昇すること，すなわち「ブルーカラーのホワイトカラー化」にあることを早くから指摘している。

ホワイトカラー・管理職層に関する日・米・英・独4ヵ国間比較である小池・猪木編［2002］によれば，「日本は新規学卒採用，イギリスは中途採用」というのはステレオタイプであり，イギリスでも新規学卒採用は行われている。確かに労働市場は日本よりも流動的であるのだが，中途採用はジョブ・グレイドの特定階層に限られているのが実際である。要するに「新規学卒採用は日本だけ」という言説は間違いで，新卒採用そのものは日英の共通点，それが労働力の供給源のどの程度を占めるかということにこそ，日英の違いがあるといえるだろう。

しかし，国際比較研究に対するさまざまな立場の違いにかかわらず，そこには最低限押さえておくべき点がある。それは，「同じ対象を比較する」ということである。

たとえば，「アメリカの人事労務管理と日本の人事労務管理は何が異なるか」を研究するとしよう。その場合，アメリカの人事労務管理と日本の人事労務管理を調べて両者を比較することになる。その場合，もしアメリカはホワイトカラーについて調べ，他方日本はブルーカラーについて調べたとすれば，調べた結果明らかになった事柄は果たしてアメリカと日本の比較なのか，あるいは，ブルーカラーとホワイトカラーの違いなのかを判別すること

ができなくなってしまう。

　ここから明らかなように，国際比較研究を行うためには，国の違いという変数以外は可能なかぎり条件を一定にしなければならない。これを「他の変数をコントロールする」という。コントロールすべき変数としては，①産業，②企業規模，③従業員タイプ（正規従業員，ホワイトカラー，ブルーカラー，学歴），などがあげられるだろう。

| 国際比較の3つのタイプ

これまで，人事労務管理の領域で行われた国際比較研究は次の4つに分類できる。以下では，ホワイトカラー・管理職層を対象としたものを検討することにしたい。

　まず第1は地域間で異なる資本国籍企業を比較すること，たとえば「アメリカのアメリカ企業」（ゼネラルモーターズ）と「日本の日本企業」（トヨタ自動車）を比較することである。

　この点に関する研究成果である小池・猪木編［2002］は，先述した4ヵ国の企業に対して大卒ホワイトカラーの雇用管理に関する聴き取り調査と郵送質問紙調査を実施した。その結果，①「日本＝ジェネラリスト」という通念とは裏腹に，「幅広い1職能型」が優位を占めている，②技能形成の中心はOJTであり，職業資格が重要である場合も入口までにすぎない，③レンジ・レートのグレイド給が普及しており，不確実性をこなすノウハウの形成に適している，といったことが各国の共通点として明らかにされたのである。

　ところで，この第1のタイプには，2つの研究方法がある。1つは「直接投資型」とでも呼ぶべきもので，調査者が母国の調査を行うとともに，自ら他国にも出向いて調査を行うというもの。こうした調査には自らの枠組みに従って調査研究を行えるという

メリットがあるが，反面，言語の問題や調査対象の選定という点が制約になる場合が少なくない。

　他方，いま1つは，言語や調査対象の選定で優位性のある母国の研究者が各々の国の調査を行う「国際協調型」である。この種の調査は「餅は餅屋」という原則に従って行われるので，社会的分業を活用できるというメリットがある。しかし，研究の枠組みが充分共有されていないと，各国研究者の思惑で調査が行われがちになり，結果として何を比較しているのかわからなくなってしまうのが難点である。ちなみに，小池・猪木編［2002］は「直接投資型」である。

　第2は，同一多国籍企業のなかで本社と進出先の現地法人とを比較する。具体的には日本本社と現地法人の相違点・共通点を，本社から現地への人事労務管理の移転度合いの代理指標とする研究である。

　この系譜に属する代表的な研究として，「日本的経営」と呼ばれるものがどの程度海外に移転可能かという点を検討した石田［1985］がある。石田によれば東南アジアとアメリカの日本人経営者を対象とする面接調査の結果，雇用保障や階層平等主義，経営参加といった要素は海外に移転可能であり，反面日本企業が移転に努めているがその成果に乏しい要素として，従業員の集団主義的行動，組織への一体感，職務行動の融通性などがあげられる。また，東南アジアとアメリカとの間には，相違点よりも共通点のほうが遥かに多いことも明らかになった。

　さらに，第3は同一多国籍企業を異なる進出先間で比較することである。ホワイトカラー・管理職層を対象にしたものではないが，酒向［1995］は，日系の電機メーカーでドイツに進出した工場とイギリスに進出した工場を比較し，異なる環境が経営パフォ

ーマンスにどのような影響を与えているかを検討した。その結果,
ドイツ工場の労働者はイギリスに比べて高い資格をもっているに
もかかわらず,イギリスの日本企業工場とドイツの日本企業工場
の間には,大きな差が認められなかった。この点酒向は,①製品
設計と製造技術が日本でほとんど決められてしまう結果,両者の
間でパフォーマンスの差が出る余地がなくなっている,②電子機
器産業に関するかぎり,イギリスの労働力の質で充分であり,ド
イツのそれは過剰品質の可能性がある,といった点を指摘してい
る。

同一産業・同一市場に
おける国際比較

以上明らかなように,人事労務管理に関
する国際比較については,これまで多く
の研究が行われているが,今後さらなる
研究が必要と思われるのは,「同一産業,同一地域における国際
比較」である。これまで,国際比較の3つのタイプについてみて
きたが,これらはいずれも日本とイギリス,本国と現地法人,多
国籍企業の異なる進出先といった異なる地域間の比較である。こ
うした地域間比較研究は,いずれも価値があるが,たとえばロン
ドンで操業している日系,米系,仏系の金融機関は,ロンドンの
労働市場で競争している一方,本国の経営慣行からも制約を受け
ている。したがって,多国籍企業の人事労務管理を規定する要因
として,資本国籍という**ホームカントリー効果**と,同一地域とい
う**マーケット効果**,そして産業におけるベストプラクティスとい
う**インダストリー効果**のいずれが大きいかを明らかにするために
は,同一産業,同一地域で競争している異なる資本国籍の企業の
人事労務管理を比較することが必要になる。これが国際比較研究
の第4のタイプである。

　この点の有する含意は,きわめて重要である。なぜなら,もし

ホームカントリー効果が支配的であれば，当該地域への外資系企業の参入は，資本国籍ごとに異なる雇用制度が並立することになり，結果雇用制度の多様化をもたらすだろう。他方，マーケット効果が重要であれば，外資の参入は一時的には多様化をもたらすが，長期的には当該市場に土着の雇用制度への収斂がみられるだろう。さらに産業内ですでに主流となっている人事労務管理のやり方が存在すれば，逆に進出先（受入れ国）において，こうしたベストプラクティスへの「模倣」が予想されるだろう。果たして，現実はどのようなものだろうか。

イギリスの投資銀行　　　この点，ロンドンで投資銀行6社（日系3社，英系1社，仏系1社，スイス系1社）に行われた聴き取り調査の結果，日系投資銀行の人事労務管理はローカルのベストタレントを確保するため，経験者の中途採用やコーポレート・タイトル，ボーナス・プールや評価制度等，多くの点でローカルのベストプラクティスに歩み寄りが見られることがわかった。

　他方，日系投資銀行は海外株式を海外機関投資家に販売するというビジネスよりは，日本株というプロダクトを重視することによってロンドン市場で他国籍の競争相手と自らを差異化するという戦略を採用している。その結果，日本株式を機関投資家に販売し，欧州株式を日系機関投資家に販売するエクイティ部門では，主要ポストは日本人出向者で占められている。

　また，日本人出向者とローカル・スタッフとの間には，「日本人出向者＝ジョブ・タイトルとリンク，ローカル・スタッフ＝マーケット・レート」という「2重構造」が存在しており，日本人出向者の給与は，日本国内と同様職能資格制度により昇給しているのが実情である。

以上のことから日本人出向者の存在が日系投資銀行の「差異化戦略」を可能にしており，表面上の制度とは裏腹に，実は「日本的経営」が巧妙に移転されていることが窺われる。反面このことは，ローカルのベストタレント獲得を困難にして，日系投資銀行のビジネスをいっそう日系企業依存型にする可能性を孕んでいる。

東京の投資銀行　これまで述べたのは，ロンドンの調査結果であったが，東京において投資銀行6社（日系1社，米系1社，英系1社，仏系1社，スイス系2社）を対象にして，賃金制度に関して行われた同種の調査の結果，ロンドン同様日系と外資系の間には大きな差異が存在した。すなわち日系では「長期雇用」とその帰結である職能資格制度が処遇の中心となっており，昇給原資は経営側と労働組合の団体交渉によって決められる。昇給を最終的に決めるのは人事部門であり，人事考課に従って従業員のランクづけが行われていた。

　これに対して外資系では，マクラガンというコンサルティング会社の賃金サーベイによって，労働条件を互いに競争的にしており，ワールドワイドで新規学卒者の初任給を共通にしているところもある。また労働組合はなく，ワールドワイドで決定された昇給原資が部門や地域に配分されていくので人事部門は直接昇給に関与することはなく，むしろ原資の配分権限を有する直属上長との関係が重要である。

　しかし，こうした外資系のなかでも，米系とそれ以外の間には無視できない差異がある。米系では，タテ割りの人件費が地域で完結しているのに対して，欧州系ではグローバルの人事部門による昇給勧告や部門でなくタイトル（第3章で説明した資格制度に相当する）によってサラリー・レンジが設定され，また初任給を中位に抑える代わりに小刻みに昇給させるなど，さまざまな「ヨコ

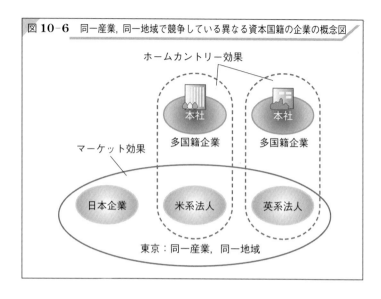

図 10-6 同一産業，同一地域で競争している異なる資本国籍の企業の概念図

ホームカントリー効果

本社
多国籍企業

本社
多国籍企業

マーケット効果

日本企業 米系法人 英系法人

東京：同一産業，同一地域

グシ」が刺されている。したがって東京という同一地域で競争している投資銀行の賃金制度は，資本国籍によって，①部門完結型（米系），②部門プラス人事部門混合型（欧州系），③人事部門主導型（日系），という3つのタイプに分かれており，「マーケット効果」もさることながら「ホームカントリー効果」が重要なのである（図10-6）。

　さらにリーマン・ショック以降の東京で，引き続き投資銀行の人事労務管理を日系と外資系とで比較した結果，たとえば，破綻した米系投資銀行を継承したことをきっかけに「グローバル型社員」を創設した日系のA社は，国内の主要拠点と海外拠点で処遇を統一したが，逆に国内で2つの異なる制度をもつことになった。新たに国内で創設された国際業務を対象とした職掌では，外資と同等の報酬を提供する代わりに，従来の総合職と同じ雇用保障は提供していない。つまり，日系投資銀行が日本で，しかも被

買収ではなく買収によって自らの人事制度を変革しているのである。これは，ホスト国においてベストプラクティスへの「模倣」が生じているという点で，きわめて特徴的な事例であるといえるだろう。

本節の調査結果の詳細は，八代（充）［2017］を参照されたい。

3 戦略的人的資源管理

> **人事管理から人的資源管理へ**

アメリカやイギリスでは，1960年代までは人事労務管理の講義や教科書のタイトルとして Personnel Management（人事管理論）が使われていたが，70年代になるとそれに代わり Human Resource Management（人的資源管理論）が使われはじめ，80年代に入ると Human Resource Management が一般化した。この変化の背景には，企業経営における「人材」像と人事労務管理の役割の位置づけの変化がある。たとえば，ゲスト（Guest［1987］）は，Personnel Management と Human Resource Management は異なるとし，後者の特徴として，人的資源管理を経営戦略に有機的に統合していることや，人的資源の最大限の活用を強調していることなどを指摘している（**表 10-2**）。

Personnel Management は，「人材」を労働市場から調達可能な労働力，つまり「代替可能」なものとしていたのに対して，Human Resource Management は，「人材」を「人的資源」と捉えて，能力開発によって「人的資源」を開発することができ，またマネジメントのあり方によって，「人的資源」のもつ企業経営への貢献の程度が大きく異なるものになるとする。このことは，

表10-2　人事管理論と人的資源管理論の特徴の比較

	人事管理論	人的資源管理論
時間や計画の視点	短期的 受動的 その場限りの対応	長期的 能動的 戦略的
心理的契約	法遵守	コミットメント
組織統制	他律（外部管理）	自律（自己管理）
従業員関係	多元的 集合的 低い信頼	一元的 個別的 高い信頼
組織構造	機械的 中央集権化 公式的で限定的な役割	有機的 分権化 柔軟な役割
役　割	専門職	ライン・マネジメントへの統合
評価基準	コスト最小化	人的資源の最大活用

（出所）　Guest［1987］より作成。

「人的資源」が企業経営の競争力を左右する１つの要因であることを意味すると同時に，「人的資源」の開発やマネジメントのあり方，言い換えれば Human Resource Management が，企業経営の競争力を左右するとの理解がある（須田［2010]）。

　こうした考え方は，企業の競争優位の源泉を議論する競争戦略論における**資源ベース理論**（resource-based view）と呼応するものであった。資源ベース理論は，企業の競争力の源泉を企業内部の経営資源の蓄積に求める。もちろん経営資源のすべてが競争力の源泉となるのではなく，①経済価値を生み出すもの，②稀少性が高いもの，③模倣困難性が高いもの，④代替不可能性が高いもの，などがそれに該当する。言い換えれば他社との差別化に貢献するあるいは他社が簡単に模倣することができない経営資源が，自社

の競争力を支える。これを「人的資源」に当てはめれば，企業固有の知識やスキルの開発・蓄積が企業の競争力の源泉の1つを構成する。

| 戦略的人的資源管理 | Human Resource Management が企業経営の競争力を左右すると考えると，企業の競争力あるいは経営戦略の実現に貢献できる Human Resource Management の具体的なあり方が，人的資源管理論の研究対象となる。こうして企業の経営戦略に貢献できるような Human Resource Management を重視した考え方が，Strategic Human Resource Management（SHRM：戦略的人的資源管理論）である。戦略的人的資源管理論では，企業戦略や企業の競争力に貢献できる人事戦略や人事制度のあり方などが研究対象とされる。

ところで従来の Personnel Management が，Human Resource Management へと呼称だけでなく理論の枠組みや内容を変えたとしても，現実の企業経営における人事部や人事管理の機能や位置づけがそれに対応したものへと変化したかどうかに関しては実証研究を必要とする（ジャコービィ［2005］）。企業経営における人事部や人事管理の実態は従来と大きく変わらないという研究もある。

ここで，本書のタイトルは初版から人事労務管理を踏襲し，人的資源管理を使用していない理由について触れておきたい。日本企業における人事労務管理は，人的資源の開発を重視し，人的資源を企業の競争力を支える資源と考えてきたため，特別に呼称を変える必要がないと判断したことによる。ただし，近年，日本において戦略的人的資源管理への関心が高まってきた背景には，企業内における人事部の地位や発言力が以前に比べて低下してきたことがあろう。

戦略的人的資源管理論には，企業の経営戦略と人事戦略や人事管理制度との関係として，ベストフィット・アプローチとベストプラクティス・アプローチの2つの考え方がある。前者は，経営戦略によってそれに適合的な人事戦略や人事管理制度が異なるものとするのに対して，後者は経営戦略とは別に，企業に好業績をもたらす望ましい人事戦略や人事管理制度が存在すると考えるものである（コンティンジェンシー・アプローチとも呼ばれる）。

前者のベストフィット・アプローチに基づくものとして，M. E. ポーターの競争戦略に基づいて3つの競争戦略（イノベーション戦略，高品質戦略，コスト削減戦略）を想定し，それぞれの適合的な人事戦略や人事管理制度を明らかにした研究をあげることができる（Schuler and Jackson［1987］）。この研究は，異なる競争戦略にはそれぞれに適合的な従業員に求められる役割行動が存在し，その役割行動の実現に貢献する人事戦略と人事管理制度を整理している。この考え方は，企業の置かれた環境によって競争優位を獲得できる競争戦略が異なるだけでなく，それぞれの競争戦略に適合的な人事戦略や人事管理制度を選択することの必要性を主張する（対外的なフィットの重視）。この議論は，経営戦略—人事戦略—人事管理制度の間の「整合性」や「一貫性」の重要性を指摘する議論である。

他方，後者のベストプラクティス・アプローチに分類できる研究の多くは，良好な経営業績を持続的に実現できている企業には，共通した人事戦略や人事管理制度が存在することを明らかにしようとするものである。人事管理にかかわる従来の研究の多くは，ベストプラクティス・アプローチに分類できるとみることもできる。たとえば，科学的管理法，人間関係論，行動科学などは，唯

一望ましい管理手法を明らかにしようとしたと考えることができる。人事管理におけるこうした研究として，J. フェファーの研究をあげることができる。それは，好業績企業の人事戦略や人事管理制度に共通した特徴を明らかにし，①高い雇用保障，②慎重な選抜に基づく採用，③組織設計における自律的管理チームと権限の委譲，④組織のパフォーマンスに連動した報酬制度，⑤幅広い教育訓練，⑥組織内のさまざまな処遇格差の縮小，⑦企業内における情報共有の7つに整理している（フェファー［2010］）。

　ベストフィットとベストプラクティスの両アプローチは，人事戦略と人事管理制度が，企業の競争優位を支えるものであると考える点では共通している。この点では，競争優位の源泉を企業内の経営資源に求める資源ベース理論とも共通しており，いずれも経営資源のなかでも人的資源を重視するものである。言い換えれば，他社が模倣できず外部から調達できない「人的資源」が競争優位の源泉と考えるもので，人的資源の開発の重要性の指摘となる。ただし，ベストプラクティス・アプローチは，企業の競争優位を支えることができる人的資源のあり方は1つで，そのため人的資源を支える人事戦略と人事管理制度には共通した特徴があること，つまり普遍的なものであることを主張する点に特徴がある。

　ベストフィットとベストプラクティスの両アプローチは，異なる視点と考えることもできるが，詳細にその内容を検討すると，両者の議論は次元の違いとして整理することもできる。それは，第1に，企業環境や経営戦略によってそれぞれに適合的な人事戦略や人事管理制度が存在すると同時に，それぞれに適合的な人事戦略や人事管理制度にはベストプラクティスが存在すると理解できること，第2に，経営戦略などに適合的な人事戦略や人事管理制度は異なるものであるが，異なる人事戦略や人事管理制度には

共通した基本的な原理や原則があることによる（Boxall and Purcell [2008]）。前述したフェファーの研究による7つの特徴のいくつかは，こうした基本的な原理や原則を明らかにしたものと考えることができる。

　また，企業環境や経営戦略あるいは経営戦略と人事戦略との間のベストフィットとは別に，人事管理制度の施策間の整合性，つまり内的なフィットの重要性を指摘する研究も注目されている。内的なフィットは，ベストフィットとベストプラクティスとは別の次元の議論であるが，人事管理制度の設計に際しては重要な視点である。また，同様の考え方として，人事管理制度のまとまりを人事管理制度の束（bundle）と呼び，個々の人事管理制度ではなく，人事管理制度を1つのまとまりのあるシステムとして理解し，人事管理制度における個々の施策間の整合性や一貫性に着目することで，人事管理制度の施策の組合せや一貫性の程度とその効果などを実証的に把握する研究などが行われている。こうした研究からは，人事管理制度における望ましい組合せが主張されることになる（Perry-Smith and Blum [2000]）。こうした考え方は，日本においてもワーク・ライフ・バランス施策が有効に機能するためには，各制度の一貫性が重要なことを明らかにする研究に適用されている（高村 [2011]）。

演習問題

1 日経連『能力主義管理』が書かれた背景を調べ，最近の人事制度改革の議論と比較してみよう。

2 最近，人事制度を改定した企業を調べ，なぜ制度を変えなければならなくなったのか，制度を変えることによって何を期待しているかを整理してみよう。

3 人事労務管理の国際比較に際しては，「他の条件をコントロールする」ことが重要である。その理由が何かを考えてみよう。

4 同一産業，同一地域で競争している，異なる資本国籍の企業の人事労務管理を規定する変数として何が重要か，話し合ってみよう。

5 ベストフィット・アプローチとベストプラクティス・アプローチの異同について考えてみよう。

文献ガイド

1 兵藤釗［1997］『労働の戦後史（上・下）』東京大学出版会。

2 八代充史ほか編［2010］『能力主義管理研究会オーラルヒストリー——日本的人事管理の基盤形成：戦後労働史研究』慶應義塾大学出版会。

3 ジャコービィ，S. M.（鈴木良始ほか訳）［2005］『日本の人事部・アメリカの人事部——日米企業のコーポレート・ガバナンスと雇用関係』東洋経済新報社。

4 白木三秀［1995］『日本企業の国際人的資源管理』日本労働研究機構。

5 オルコット，G.（平尾光司ほか訳）［2010］『外資が変える日本的経営——ハイブリッド経営の組織論』日本経済新聞出版社。

6 須田敏子［2005］『HRM マスターコース——人事スペシャリスト養成講座』慶應義塾大学出版会。

終 章 幸せな職業人生を送るために

終 章 幸せな職業人生を送るために

**K本章で学ぶ
ey Words**

就職 就社 キャリア開発 売れる能力 問題を発見する力
リスキリング ポジティブ・アクション 統計的差別 ブラック企
業 ブラック・バイト ワーク・ライフ・バランス（WLB）支援
男女雇用機会均等施策 WLB管理職

1 「就社」社会の採用管理と大学生のキャリア意識
●学問こそが人生の座標軸

「就社」と「就職」　　大学生にとって人事労務管理といえば，
かつては「総資本 vs. 総労働」といった
イデオロギーだったが，昨今の若者にとっては，なんといっても
自分が就職できるかどうか，また結婚しても勤めつづけられるか
どうかが一大関心事であろう。

いま「就職」と書いたが，日本の労働市場は職業別というより
は企業別，したがって，学生の活動は厳密にいえば「就職」では
なく，会社を選択する「就社」である。就職活動は自分がどのよ
うな仕事をするかという問題意識が前提になるが，「就社」社会
の「就職」活動の問題は「どの会社に入りたいか」。人は誰しも
人気企業に入りたいもの。給与は高いし，業績は安定している，

やりがいのある仕事もできる。業界1位でも2位でも，する仕事に違いはないと思いきや，「社格」で仕事の広がりが異なるともいわれる。これを若者の「寄らば大樹の陰」志向などと訳知り顔で批判することは意味がない。毎年，就職したい企業ランキングが公表されるが，それらは時代によって大きく変化している。さらに，リクルートワークス研究所［2001］の分析をみると，就職ランキングは必ずしも企業のパフォーマンスを反映しているわけではない。

　さて，「就社」社会の従業員は「就職」社会のそれとは異なり，与えられた役割をこなすために自らの労働力を切売りするのではない。会社とはいわば「家」であり，構成員は少々オーバーにいえば，「全人格的」に会社とかかわることになる。したがって，仕事の出来不出来はもちろんのこと，入社に際しては「家風」に馴染むか否かが決定的に重要である。家風に馴染みやすい新規学卒者が好まれる理由は，この点にあるといえるだろう。

　企業は新卒社員を一人前の戦力ではなく，将来の「ノビシロ」に期待して採用する。本書でるる説明したように，企業は訓練を施すことによって彼らを育成し，処遇でメリハリをつけていく。しかし，このノビシロ，学問的には可塑性・訓練可能性というが，これを見極めるのは容易ではない。指定校制度，リクルーター制度，インターンシップ，職種別採用と，手を変え品を変え，さまざまな仕組みが登場する理由は，この点にこそあるといえるだろう。ただし最近は，このノビシロを無視し，コスト安の労働力として新卒者をとらえている「ブラック企業」が存在するのは言語道断である。

| 新入社員の心構え | 　新入社員の心構えについて，4つの点を述べたいと思う。 |

第1に，会社による人づくりとは，大学の授業のようにテキストに従って整然と行われるわけではない。新入社員研修や課長研修といったOff-JTは，事前に想定される問題点を伝達する「想定内」の世界である。しかし，この世の中すべてを想定内にすることは不可能である。OJTは上席者がやらせてみて問題点を指摘・指導するもの，「想定外」の世界といえば聞こえはいいが，ありていにいえば「後出しじゃんけん」である。仕事も変わるし，それをする人の資質や能力も千差万別。またそもそも，仕事というのは肝心要のことこそ，実際にやらせてみないと伝わらないものである。OJTとは，若者からすれば未知の世界に引き込まれた挙句，あそこが悪い，ここがダメだといわれるのは理不尽極まりないだろうが，仕事を通じた人の育成とはそうしたものという覚悟が必要である。逆に，新人をお客様扱いして「上げ膳据え膳，下にも置かない」という会社があったら，その会社は人を育てるつもりがないと考えたほうがいい。

　第2に，会社に入るといろいろ思うに任せないこともあるだろうが，「石の上にも3年」という言葉どおり，大事なのは簡単に辞めないことである。仕事の経験がないとはいえ，会社を選んだのは自分自身，誰かに決められたわけでも押しつけられたわけでもない。それを「ミスマッチ」などと他人に転嫁するのは言語道断である。辛いことがあっても，学ぶべきことは学び，吸収できるものは吸収し，そのうえで将来の自分のキャリアを考える。こうした姿勢が肝要である。

　そもそも人材育成というのは，会社が個人の持ち味を見極めたうえで行われるものではない。企業と新入社員との間には「情報の非対称性」が存在し，それゆえに，あの仕事はどうだろう，この仕事を任せてみよう，といったプロセスを通じて育成が行われ

ていく。すなわち「情報の非対称性」は人材育成と表裏一体である。反対に情報の非対称性が存在せず，各人の持ち味が完全に開示されているところでは，できそうにない仕事を任されることもないだろうが，それでは人は育たない。企業が期待を寄せているのは「知りすぎた中高年」ではなく，「可能性に溢れた若者」であるが，「可能性」には「ミスマッチが生じる可能性」も含まれているということは，覚えていたほうがいい。

　第3に，最近，キャリア教育に関する書籍は枚挙に暇がなく，さまざまな講座も次々に導入されている。大学の就職部も，その少なからずが「キャリアセンター」に改組された。こうした試みを否定するつもりはまったくないが，キャリア教育の本を読み講座を受講しても，それだけではキャリアの展望は開けない。「就社」であれ「就職」であれ，自分が何を通じて社会に貢献したいのかというビジョンを明らかにし，それを実現するためにはどこに身を置くべきか，周到な情報収集を行うこと，これに尽きると思う。大学の4年間は，こうした自らの立ち位置を固めるためにこそ，使われるべきである。

　またキャリア教育やインターンシップによって，あまり早くから「大人の論理」で若者が手垢にまみれるのは，考えものである。確かに大学は社会への準備過程であり，社会に扉を開かなければならない。しかしそれは，子どもを無理矢理大人にすることではない。学問，読書，スポーツ，恋愛，談論風発，こうしたさまざまな事柄を経験しながら子どもは大人に成長していく。大学とは，若者にこうした経験をする機会を総合的に与え，その過程で大人としての心構えや物の考え方を教えていく場である。保護者の多くはお金と時間を，大学は学ぶ場を，各々学生に提供している。大学生の皆さんは，こうした恵まれた環境を活かし，ぜひ社会に

出てから何をするかを主体的に考えてもらいたい。

　最後に第4点，筆者は専門学校の重要性を認識しているが，大学の役割は専門学校のそれと同じではない。大学で身につけるのは物の見方や論理的思考能力であり，「人事を専攻した人を人事部門に配属すべき」などというのは，浅はかな考え方である。そもそも大学の4年間，とりわけ後半の2年間で勉強できることは限られている。しかも大学の専攻と企業の職能との結びつきが強まると，大学で人事を勉強した人しか人事の仕事に就けないことになり，はなはだよろしくない。

　もちろん大学生が，自らの市場価値を高めるため在学中から資格取得に精を出すのは悪いことではない。しかし大学の使命は，即効性ある「スキル」ではなく，即効性に欠けるが長続きする「学問」を伝えることにある。こうした「学問」こそが，人生の座標軸となり，物の見方の指針となるのである。大学生活をどのように過ごすかは，その後の人生を左右する。大学生の皆さんには，ぜひ人生でかけがえのない4年間を有効に過ごしていただきたい。

2 キャリア開発とは売れる能力を維持すること
●第一線で活躍しつづける秘訣

| 能力の賞味期限 |

　能力には賞味期限があるといわれる。どんなに高い能力をもっていたとしても，需要がなくなればその値段は下がるし，場合によっては値段が付かなくなることがある。その最もいい例が，和文タイピストである。1980年代の初めまで，和文タイプライターを操作して文書を清書するという仕事は，とても大切なものであり，一定の給料

を保障されていた。しかし，ワード・プロセッサーが出て以降，和文タイプは急速に必要とされなくなり，和文タイプを操作する能力への需要も激減し，やがて消滅した。その結果，和文タイプを使って文書を清書する能力には値段が付かなくなってしまった。

　どんな能力も需要の変化にさらされている。今日はとても重宝されていたとしても，明日はどうなるかわからない。少なくとも65歳，可能なら70歳まで現役であり続けることが求められている現在，継続的な**キャリア開発**がますます重要になっている。筆者は，キャリア開発を「**売れる能力を維持すること**」と表現している。これから何が売れる能力になるのかを予測し，自分自身の能力を高めていくことが，キャリア開発なのである。

| 売れる能力とは |

では，どのような能力が「売れる能力」になるのだろうか。それを正確に予測するのはとても難しい。常に現場第一線の動向を注視しながら，みつけていくしかない。ただ，どのような状況になっても必要とされる能力はある。それは，問題を発見し，その原因を究明し，対策を立て，周囲の人々を説得して，問題解決に向かって人々の力を結集していく能力である。これは，人間が組織をつくって仕事をしていくかぎり，必ず必要とされる能力である。しかも，この能力は，万人が等しくもつことができないという特徴がある。

　まず，**問題を発見する力**であるが，何が原因かよくわからないけれど，なぜかうまくいかないという状況は，どんな組織にも必ずある。そんなときに問題点を鮮明にし，「これがわれわれを悩ませている問題だ」と明確に示す能力はとても重要である。

　問題が明確になれば，その原因を探ることもできるようになるし，解決策も自ずとみえてくる。もちろん，組織が置かれている状況によってとることができる解決策には制限がかかるが，1歩

も2歩も前に進むことが可能になる。

　次に難しいのが，周囲の人々を説得し，納得してもらって，問題解決のために力を出してもらうことである。人間には感情があるので，同じことをいわれても，誰がいうかによって受け入れられるか否かが変わってくる。なかなか合理的に行動できないのが人間である。そんなとき，「あの人がここまでいうのであれば，何とかしよう」とか「よくわからないけれど，あの人のいうことに従ってみよう」と思わせられるかどうかが重要になってくる。人間的な魅力といわれるものである。

　問題を明確にする能力と人々の力を結集できる人間的魅力——これらは，どんな状況になっても必ず必要とされる能力である。しかし，「この教科書を全部暗記すれば身につきますよ」というものではないので，獲得が難しい能力であることも事実だ。

　では，どうすればこの能力を磨くことができるのだろうか。

同質化が邪魔をする

同じものをみても人によって感じ方が違うし，同じ話を聞いても，そこから得られるものは各人それぞれである。そのような違いが生じるのは，私たちが，自分のなかに蓄積している情報や経験・体験を駆使して，受け取った情報を理解しようとするからである。

　以前みたことのあるものと似ていれば，「ああ，あれと同類だな」と自分のなかのデータベースに分類する。誰かの意見を聞いたとき，「自分と同じだな」とか「自分とはちょっと違うな」と判断し，その線に沿って相手の意見を自分のなかに位置づけていく。各人がもっているデータベースが違うので，同じものを受け取っても，受け止め方が異なるのである。

　同じ組織で働いていると，共通のデータベースができあがり，構成員の物の見方が似てくる。それは，しばしば社風という言葉

で表現される。社風は，共通の価値観をもつことと表現することもできる。ある状況に置かれて，右か左か選ばなければいけないときに基準を提供するのが社風なのである。

　社風は，一体感をつくっていくうえでとても大切である。しかし，まったく新しい発想を生み出しにくいという限界を含んでいることは否めない。新しい状況に直面し，これまでとは異なる対処をしなければならないとき，価値観を共有しているがゆえに，構成員のなかからは他の人とは違う見方や意見がなかなか出てこない。だからこそ，外部のコンサルタントを入れる意味がある。まったく異なる視点から状況を分析してもらうことで，新しい考え方を知ることができるからである。

| 同質化を避ける方法 | では，同じ組織のなかにいながら異なる視点をもつにはどうしたらいいだろうか。

　①常に外部の情報に接していること，②社内の他部門の人と議論する場をもっていることの，2つが有効である。仕事がおもしろくなってきたり，忙しくなってきたりすると，会社のなかに閉じこもりがちになる。すると，発想が一面的になり，多様な考え方ができなくなる場合が多い。忙しいときほど外に出て，いつもは会わない人に会ったり，全然分野の違う人と話をしたりすることが必要である。社会人向けの大学院に行って勉強したり，外部の勉強会に出たりするのも効果的である。外の世界を知ると，会社のなかで悩んでいることが実はそんなに重要ではないことに気づいたり，斬新な解決策を思いついたりするものである。

　もう1つの点，社内の他部門の人と議論することは，足元を見据えるために重要である。現場で何が起こっているのかを知らずに問題の本質をつかむことはできない。最近，多くの会社で部門間の連携が悪くなったといわれる。自分のところに割り当てられ

た仕事さえしていればいいという風潮がみられるのは残念なことである。仕事は、皆で力をあわせて遂行していくものであり、横の連携なしに、いい仕事ができるはずがない。

そこで有効なのが、横の連携を深める会合である。同期入社の人たちが集まって語り合う会や、課長会、部長会といったものも考えられる。月に1回、できれば2回くらい集まって、現状報告をするとよい。「いま、ウチの職場でこんなことが話題になっている」とか「最近、こんなことをお客様からいわれた」といった情報を交換すると、何が仕事をやりにくくしているのかがみえてくる。問題発見は、現場をしっかりみて、顧客の声を聴き、異なる発想をすることで可能になる。自分のなかに、常に「いつもとは違う見方をする自分」を育てていくことが必要である。

リスキリング（学び直し）のすすめ

政府は、2021年3月に制定した「第11次職業能力開発基本計画」において、次のように述べている。「労働者は、日々の業務を通じて職業能力の向上を図るとともに、企業任せにするのではなく、若年期から自身の職業能力開発の必要性を継続的に意識しながら、時代のニーズに即したリスキリングやスキルアップを図っていく必要がある。」

リスキリングは、学び直しと表現されることもある。これまでに培ってきた職業能力とは異なる分野の能力開発に取り組むことである。キャリアコンサルタントの支援を受けることも奨励されている。時代の要請に合わせた能力開発の必要性は、強調してもしすぎることはない。

3 女性活躍推進に求められるもの
●管理職登用への道

女性登用のメリット | 企業における女性の活用，とくに管理職等基幹的職務への登用は，人事労務管理の最大の課題である。就業者における女性の割合は 5 割前後と，他の先進諸国と比べてそれほど大きく違わないが，役職者に占める女性の比率は，係長相当職以上（役員を含む）で見ても，12.9％に過ぎない（厚生労働省［2022a］）。また，女性の活躍度合いを示した国際指標によれば，日本は下位に低迷している。

女性を管理職に登用することには，さまざまなメリットが存在する。第 1 に，日本の企業は男性の新規学卒者を労働力の主要な供給源にしていたが，少子高齢化によってしだいに細りつつある。女性の活用は，こうした人口構造の変動に適うものといえる。

第 2 に，女性のなかで管理的役割に到達する者が増えれば，他の女性の目標になり，やる気を高めるのは明らかである。

また第 3 に，女性の利用が多い商品，女性固有の商品や女性が購買決定権を有する財やサービスを提供する企業では，女性を有効に活用しない手はない。こうした事例は，食品メーカーの営業担当から劇場の支配人まで枚挙に暇がないといえるだろう。

女性雇用管理の歴史 | ここで簡単に女性雇用管理の歴史を振り返ると，1985 年に日本は女子差別撤廃条約を締結し，この条約を批准するために国内法規の整備が必要とされた。1986 年に男女雇用機会均等法が施行され，募集・採用と配置・昇進に関して女性を男性と均等に取り扱うことが「努力義務」とされ，教育訓練，福利厚生，定年などは女性に対する

差別的取扱いが禁止された。1992年，育児休業法が施行，95年には，育児・介護休業法として改正された。従来，雇用管理における男女間の取扱いの主要な理由として，結婚・出産にともなって女性が労働市場から退出することがあげられていたが，これらの法整備によって女性の長期勤続の道が整えられたのである。

その後2006年に男女雇用機会均等法は改正され，雇用管理のすべての領域において男女双方に対する差別が禁止された。1997年の改正では，**ポジティブ・アクション**に対する国の態勢が確立された。ポジティブ・アクションとは，「雇用管理における男女の機会および待遇の均等確保に積極的に取り組み，女性の能力発揮を促進し，能力を活用できる条件を整備する」ことである。こうしたポジティブ・アクションは，男女雇用機会均等法という「機会の均等」の枠内での差別の是正をめざすものであり，あらかじめ役職者に占める女性枠を設定するアファーマティブ・アクションの「結果の平等」とは，理念を異にするものである。

それでは，こうした法律の改正は，企業の人事労務管理にいかなる影響を及ぼしたのだろうか。

まず，1986年の男女雇用機会均等法の施行によって，コース別雇用制度が普及したという点があげられる。この制度はすなわち，転勤を前提に昇進の機会が存在する総合職と，転勤が存在しない，あるいはあっても自宅通勤圏内に限定される代わり，昇進に天井が設定される事務職に「分割」し，どちらを選択するかを女性本人に選択させるというものである。現在は総合職，一般職，さらには一般職の昇進の上限を引き上げて賃金テーブルも総合職と同一金額であるという「地域限定総合職」というように，選択肢も拡大している。

次に，1997年の改正によってポジティブ・アクションが導入

された結果，企業は女性管理職の育成計画を策定するようになった。先述した女性活用のメリットは，多くの企業が「潜在的」には理解しているが，過去の慣習に縛られていると「顕在化」させるのは困難である。女性活躍推進という形で行政が企業の「お尻を叩く」のは，その意味では当を得た政策といえるだろう。

　以上で明らかなように，男女雇用機会均等法が施行されて以来40年ほどで，法律・制度の整備や企業の人事制度改革により，かつてとは正に隔世の感がある。「職場結婚では女性が退職するのが当たり前」などといった慣例はまったく過去の遺物であり，夫婦が同一企業に勤務することもめずらしくなくなった。また，金融機関に勤める女性総合職が上司に結婚を告げたところ，会議室に招き入れられて曰く「辞めないよね？」。結婚・出産は，少なくともタテマエの世界ではキャリア形成の制約ではなくなったのである。

なぜ女性の管理職登用は進まないのか

もっとも，制度レベルではこれだけ雇用均等政策が促進されているのに，本節のはじめに述べたように，女性の管理職登用は遅々として進まない。偏見や差別，長時間残業に象徴される「社畜」を強いる企業風土など，企業側の要因はあまたあげられる。しかし，女性の管理職登用が進まない理由として，「女性が昇進を希望しない」という点が無視できないことは，多くの調査で指摘されている。もちろんここには，企業や上司がこれまで女性を活用しなかった結果，女性の意欲が低下したという「鶏と卵」の関係が存在するのも事実である。さらに，管理職が長時間労働であることも女性が昇進を望まない最大の理由である。ポジティブ・アクションによって，せっかく女性の登用の道が整備されても，肝心の女性が食指を動かさなければ話は進まない。

もちろん仕事に対する意識は個人の自由であり，いまの日本にもキャリア志向の女性は存在する。こうした女性が，女性一般的にみられる属性によって不利益をこうむる（これを「統計的差別」という）ことがあってはならない。従来の研究によれば，これまで管理職に昇進した女性の多くは入社時点から仕事に対する意識が明確だったわけではない。彼女たちの多くは，入社後責任ある仕事を任せられ，理解ある上司の導きによってキャリア追求を選択している。こうした個別管理の結果，上司から上がってくる情報に基づいて，人事部門がいわば「後追い」で意欲・能力ある女性を管理職に登用していたのが，これまでの実情であった（八代（充）［1995］）。

　しかし「後追い」はあくまで「後追い」であり，結局スタートからキャリアを追求している男性の後塵を拝することになりがちである。キャリアをめざすつもりがあるのならば，肝要なのは入社時点でそれを選択できることである。確かにコース別雇用制度に転換制度は存在するが，率直にいって転換実績はきわめて少ないということは，心にとめておいてもらいたい。

　入社時点でキャリアを選択した女性たちにとって，次なる試練は，結婚や出産にともなうワーク・ライフ・バランスの実現である。育児・介護休業法の整備などによって，結婚や出産はイコール退職ではなくなった。しかし，就業規則に定められた育児休業期間をフルに取得するか途中で復帰するのか，あるいは産前産後休暇のみにとどめるのかは，個人の選択である。企業内昇進が主流の日本企業では，昇進の前提は同一企業への長期勤続。したがって，育児・介護休業法制の整備による雇用継続は本来キャリア形成にとってプラスのはずであるが，ワーク・ライフ・バランスとキャリア形成は，現状では「二筋道」である場合が少なくない。

この問題を解決するためには，子育て中の社員のみでなく全社員の働き方改革とカップルでの子育てをあたりまえとすることである。

　最後に1点。仕事の失敗は人生に付き物。失敗と性差は関係ない。しかし悲しいかな，男性の失敗は「〇〇はダメだ」といわれるのに，女性の失敗は「だから女性は」となるのが日本社会である。女性の失敗は女性に対する新たな偏見の温床となり，女性の管理職への足を遠のかせてしまう。こうした偏見こそ問題であることはいうまでもないが，この悪循環を断ち切らないかぎり，女性の管理職登用は進まない。

さらなる高みへ：
2030年東証プライム
女性役員比率30%

2023年，女性活躍推進は新たな段階を迎えた。政府は2030年までに東証プライム市場に属する企業の女性役員比率を30%以上にすることを目指すと発表したのである。ただ女性活躍を推進するために必要なのは，目標値を達成することもさることながら，企業の中で「タメ」を作ることである。女性部長を増やすためには女性課長のタメが，女性の課長を増やすためには女性の係長のタメがなければパイは大きくならない。企業はこれをパイプラインと呼んでいる。会社経営に携わる役員は必ずしも社内登用だけが給源ではないが，企業内労働市場も有力な給源であることは他の役職と変わりはない。要は結果を出すためには，プロセスが必要なのである。

　また社外取締役は文字通り「社外」から迎えることになるが，企業経営に高い見識のある人は早い段階から「人材争奪戦」となり，兼職も限りがある。こうした状況のもとで数値目標の達成が自己目的的になると，社外取締役の要件とは無縁な，単に知名度の高い人にお願いすることになりかねない。こうした「素人取締

役」が，老練な執行役にいとも簡単に御せられてしまう事態だけは，なんとしても避けなければならないのである。

4 ブラック企業やブラック・バイトにいかに対処すべきか
●労働法令に関する基礎知識を

ブラック企業やブラック・バイト

2010年代の初め頃から，ブラック企業やブラック・バイトが，マスコミの記事などに取り上げられるようになった（今野[2012]）。ブラック企業は，暴力団など反社会的な団体とのつながりをもつ企業を指すこともあるが，一般的には，労働関係法令を遵守せずに違法労働を常態化させている会社を意味することが多い。それに加え，就業規則など制度面では法令を遵守しているものの，職場の実態をみると，過重労働，低い賃金水準，教育訓練機会の欠如，職場におけるパワハラ・セクハラの横行など，不適切な人材活用が行われている企業が含まれる。後者の企業は，人材を育成することなく使い捨て，新しい人材を常に大量に採用していることが多い。前者の法令違反の企業でも当然，後者の不適切な人材活用が行われていることになる。低賃金の企業には，月給は高い水準にあるものの賞与や昇給がない等，勤続を重ねても賃金が改善しないところなどもある。なお，ブラック企業の人材活用の特徴がアルバイトにも当てはまる場合が，ブラック・バイトである（*Column ⑪*）。

法令違反が常態化している企業は労働基準監督署などで取り締まることが可能であるが，後者の不適切な人材活用の企業に関しては，制度面では法遵守ができているため，取締りが難しいことが少なくない。

ブラック企業に就職しないようにするた
めには，何が大事なのか。企業が，意図
的に法令を遵守していない場合は，その
状況などがわかる情報を開示しないことが多い。そのため，採用
数や離職数，採用者に占める女性比率，男女別の勤続年数，管理
職に占める女性比率，育児休業の取得者数など，人材活用にかか
わる情報を開示していない企業には，注意が必要となる。なお，
こうした人材活用の実態がわかる情報は，求人案内だけでなく，
大企業だと CSR レポートなどにも掲載されている。

人材活用の実態に関するデータを読む際にも，いくつか留意が
必要となる点がある。たとえば，急成長企業であれば採用数は多
くなるが，採用数が多い背景として離職者数も多いのかどうかを
確認すべきである。また勤続年数は，企業の設立時期に影響され
るため，設立時期を考慮して評価する必要がある。

ブラック企業に対して，安心して働ける企業を「ホワイト企
業」と定義し，ホワイト企業の条件や見分け方を紹介している書
籍もある（経済産業省監修［2013］；高橋［2013］）。

ここでは，女性が働きやすくかつ活躍できる企業の見分け方を
紹介しよう。「働きやすさ」（ワーク・ライフ・バランス〔WLB〕支
援）の基準と，「活躍」（男女雇用機会均等施策）の基準を組み合わ
せて企業を評価するものであり，両者を組み合わせた分析枠組み
が，**図終-1** である。

同図の第 2 象限にあるような企業は，WLB 支援が充実してい
るために，女性の定着率が高く結婚や出産をしても働き続ける人
が多い。しかし，男女雇用機会均等施策の充実度が低いため，男
女による職域分離が存在し，女性が配置されている職域は技能を
あまり必要としない下位の職位の仕事に限定されており，女性管

「ブラック・バイト」と呼ばれるようなアルバイトがある。こうした企業でアルバイトをすることにならないように，事前に勤務先の労働条件などを確認することが大事である。ブラック・バイトの例として，「急なシフト変更を命じたり，試験期間などにシフトを入れたりする」「人手が足りないなどを理由に休みをとらせない」「退職を申し出ても辞めさせない」などがある。こうしたアルバイトをすることがないように，事前に労働条件などを確認することが大事になる。もしそうしたアルバイトを始めてしまった場合は，厚生労働省の地方労働局の「総合労働相談コーナー」に相談してほしい。

第1に，アルバイトの労働条件であるが，求人広告の内容ではなく，正式に採用されたときにアルバイト先から渡される「労働条件通知書」の内容を確認してほしい。働き始める前には必ず，口頭でなく書面での労働条件の明示を求め，渡された「労働条件通知書」を確認し，それを保管しておこう。

第2に，アルバイトでも，残業を頼まれた場合は，残業手当がある。労働基準法の定めによって，たとえば，1日8時間を超えて働いた場合，通常の賃金の25％以上の割増賃金（残業手当）が支払われる。

第3に，一定の条件を満たせば，短時間勤務のパートやアルバイトでも年次有給休暇が取れる。有給休暇は，あらかじめ働くことになっている日に仕事を休んでも，賃金を支払ってもらうことができるもので，次の条件を満たす場合，取得できる。取得できる条件は，①週1日以上または年間48日以上勤務し，②雇われた日から6ヵ月以上継続勤務し，③決められた労働日数の8割以上出勤した場合である。

第4に，仕事が原因の病気やけが，通勤途中の事故には，労災保険が適用される。病院で受診する場合，窓口で労災保険を使う

ことを申し出れば，原則として治療費は無料である。また，仕事
が原因のけがなどで仕事を休み，バイト代がもらえない場合は，
休業補償制度がある。会社が法律を守らないで労災保険の加入手
続きをしていない場合でも，労災保険の請求が可能で，補償を受
けることができる。

詳しくは，厚生労働省が作成している下記の「アルバイトを始
める前に知っておきたいポイント」を参照してほしい。

https://www.check-roudou.mhlw.go.jp/parttime

理職は少ない。他方，第4象限の企業では，雇用機会均等施策が
充実しているため，男女による職域分離がなく，女性の職域が広
く，その結果として女性の管理職が多い。しかし，WLB 支援が
不十分なため，女性の定着率は低く，既婚女性や子どもをもった
女性が少ない。

両者に対して，第1象限の企業は，WLB 支援と雇用機会均等
施策の両方が充実しているため，男女の職域分離がなく，女性の
管理職も多く，同時に女性の定着率が高く，既婚女性や子どもを
もった女性も多く，女性が能力を発揮して活躍できる。つまり，
就職に際しては WLB 支援と男女雇用機会均等施策の両者が充実
している企業を探すことが求められる。

この分析枠組みを具体的な企業に当てはめる方法であるが，
「WLB 支援」の基準としては，結婚や出産などのライフ・イベン
トがあっても女性が働き続けることができること，つまり男女の
勤続年数の差が少ないことを，また「活躍」（男女雇用機会均等施
策）の基準としては，管理職に占める女性比率を参照するとよい。
この2つの基準は，公表資料から作成することが比較的容易であ
るため，2つを組み合わせることによって企業を評価することが

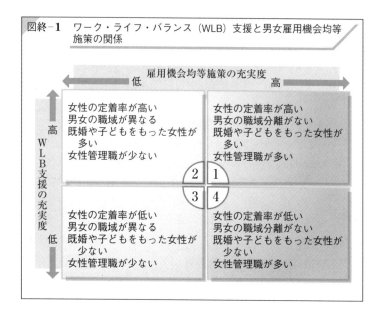

図終-1　ワーク・ライフ・バランス（WLB）支援と男女雇用機会均等
　　　　施策の関係

雇用機会均等施策の充実度
低　　　　　　　　　　　　　　高

WLB支援の充実度　高

女性の定着率が高い
男女の職域が異なる
既婚や子どもをもった女性が
　多い
女性管理職が少ない

女性の定着率が高い
男女の職域分離がない
既婚や子どもをもった女性が
　多い
女性管理職が多い

② ①
③ ④

女性の定着率が低い
男女の職域が異なる
既婚や子どもをもった女性が
　少ない
女性管理職が少ない

女性の定着率が低い
男女の職域分離がない
既婚や子どもをもった女性が
　少ない
女性管理職が多い

WLB支援の充実度　低

可能となる。

就職してしまった場合
は

　ブラック企業に対抗するためには，まず，
労働法令に関する基礎的な知識をもつこ
とが必要である。たとえば，学生アルバ
イトであっても，最低賃金を下回る賃金で雇用することは違法で
あり，一定の勤務条件を満たせば有給休暇取得の権利があるなど，
労働者としての権利を知っていることが大事になる。また，勤務
した企業の就業規則に育児休業の規定がなくても，育児・介護休
業法に関する知識があれば，労働者の権利として育休の取得を請
求できる。育児休業は，労働者の権利として，育児・介護休業法
に定められているのである。労働法令の知識を欠いていると，法
令違反の企業で働いていても，法令違反であることがわからない。
そのため，本書でも説明している労働法令などの基礎知識を最低

限でも学んでおくことは，自己防衛策としてきわめて重要である。もちろん労働法の専門家になるわけではないので，学ぶのは基礎的な知識のみでよい。そうした基礎的な知識があれば，働いていて「おかしい」と感じたときに，自分で労働法令を調べることができるようになる。

　もう1つ，法令違反であることを勤務先や上司に説明しても聞き入れられない場合には，厚生労働省の地方労働局に設けられている「総合労働相談コーナー」に相談するという方法もある。総合労働相談コーナーでは，解雇，労働条件，募集・採用，いじめ・嫌がらせ，セクシュアル・ハラスメントなどといった労働問題のあらゆる相談を，専門の相談員が，電話あるいは面談で受け付けている。総合労働相談コーナーの場所や電話番号は，インターネットで検索できる。ぜひ一度，ホームページを確認しておこう (*Column* ⑰)。

5 大学で人事労務管理を学ぶことの意味
●現場の管理職が人事管理の担い手

──────────
企業経営における人事
労務管理の担い手
──────────

　人事労務管理（以下，人事管理）を学んだことは，企業に就職した際には役に立たないと考えている人が多いのが，現状である。その最大の理由は，「大学を卒業して企業に就職しても自分は人事部で仕事をすることはない」というものだ。人事部で働くことを希望する学生が少ないだけでなく，人事部に配属されている社員の数も他の職能分野より少ないため，人事部を希望しても配属される可能性もまた低い。しかし，人事管理の担い手は，人事部だけではない。企業経営における人事管理機能の総量を仮

に測定できるとして，そのうち人事部が担っているのは2割程度であり，それ以外の8割は，人事部ではなく部下をもった管理職が担っている。つまり，将来，管理職をめざすのであれば，人事管理を学んだことが活かされることになる。

企業経営における人事
管理の役割

第1章で学んだように，企業経営における人事管理の役割は，企業の労働サービス需要を充足することにある。人事管理としては，企業の労働サービス需要の質・量を適切に把握し，労働サービスを充足できる職業能力を保有した人材を採用・育成することになる。さらに，採用・育成した人材を業務に配置し，その人材が，業務に必要な労働サービスを提供するようにする。つまり人事管理としては，人材の採用・育成や配置だけでなく，仕事に配置された人材が自己が保有する職業能力を発揮して労働サービスを提供するように，仕事への意欲を維持・向上させることが必要となるのである。それは，職業能力が高くても，仕事意欲が低くては，職業能力に見合った労働サービスが提供されないことによる。わかりやすく説明すると，「ほどほどに働けばいい」と考えている従業員には，いい仕事はできない。こうした人事管理の役割の大部分を担っているのが，部下をもった職場の管理職である。この点を次に説明しよう。

人事管理の担い手
としての管理職

管理職は，「部下の働きを通じて自己の課せられた課題を遂行する者」と定義できる。つまり，管理職の仕事は，部下の働きに依存するため，「他者依存性」が特徴となる。言い換えれば，管理職は自分で仕事をするのでなく，部下に仕事をしてもらうのである。そのため，管理職への昇進前，一般職の時代に優秀だった人材が，管理職として有能とはかぎらないことにもなる。

「自分で仕事を遂行すること」と「部下に仕事をしてもらうこと」には，大きな相違があるからである。

　管理職の仕事の仕方を，営業課長を例に説明してみよう。営業課長は，通常，売上げや利益などの達成目標を与えられている。目標は，半年などの期間で更新されることが一般的である。課長は，まず新しい目標を達成するために次の期にどのような営業活動をすべきなのか，次の期の新しい営業計画を立案する。たとえば，既存顧客への販売額を拡大するために，付加価値の高い商品を売り込むための企画（提案型営業）や，新しい顧客を開拓して販路を拡大するための営業活動を考えるのである。この営業計画が確定したとして，営業課長は1人で計画の遂行を担うわけではない。管理職には部下がいる。そのため営業課長の仕事の進め方は次のようになる。

　第1に，立案した営業計画を遂行するうえで必要な業務を部下に割り振る。その際，単に業務を割り振るだけでなく，業務内容の意味を部下が理解できるように説明することが求められる。一見，重要でない業務にみえても重要な業務というのもあるからである。業務の内容や意味を正しく理解することが，部下にとって仕事の出発点となる。

　第2は，部下の人材育成である。部下に担当させたい業務と，部下が保有している職業能力に，乖離が生じることが少なくない。もちろん部下の職業能力に見合った業務に割り当てるという方法もある。しかし，管理職がそうした方法を選択すると，部下の職業能力は高まらない。部下からすると常に自分の職業能力に見合った業務しか担当できないことになるからである。職業能力を高める方法にはOJTとOff-JTという2つの方法があるが，OJTでは，仕事を経験することで自動的に職業能力が高まるわけではな

い。少し背伸びが必要な業務に取り組むことで，能力が高まる。もちろん，その業務に必要な勉強をしたり，上司や先輩からの適切なアドバイスをもらったりすることも大事である。

　第3が，部下が仕事に意欲的に取り組めるようにすることである。すでに説明したように，高い職業能力を保有していても，職業能力を発揮して業務を遂行しようとする仕事意欲が低い場合には，仕事は十分に遂行されない。管理職による部下のモチベーション管理が大事になるのは，このことによる。部下のモチベーションを高める方法は1つではなく，部下が仕事などに期待する内容にも依存するが，一般的には，部下が希望する業務を配分する，部下の働きぶりを適切に評価する，能力開発機会を提供する，仕事上の障害があればそれを除去する支援をする，などといったことである。

　以上のような管理職のマネジメントには，部下への業務の割当てや説明などといった業務マネジメントだけでなく，業務遂行に必要な能力の育成や仕事意欲の喚起などの部下マネジメントが含まれ，後者が人事管理の機能に該当するのである。

WLB管理職

とりわけ最近は，管理職のマネジメントのなかでも，業務遂行に必要な能力の育成や仕事意欲の喚起などといった前述の部下マネジメントの重要性が高まっている。それは，部下の主体的な職務遂行が仕事の成果を規定する業務が増えていることによる。また，管理職に求められるマネジメントのあり方は，その対象となる部下が変化すれば，それに応じた変革が求められる。そのため最近，管理職には，職場の構成員の価値観が多様化していることへ対応するだけでなく，すべての部下が性別や時間制約の有無にかかわらず保有している能力を発揮し，かつ仕事に意欲的に取り組むようにする業

務マネジメントや部下マネジメント，つまりダイバーシティ・マネジメントが，求められるようになってきている。

　女性の活躍できる場の拡大や時間制約のある社員の能力発揮のための業務マネジメントや部下マネジメントにおいては，前節でも述べたような WLB 支援が不可欠である。部下の WLB の実現に管理職の果たす役割は重要であるが，しかし，実は部下の WLB を支援できる「WLB 管理職」は特別な管理職ではない。むしろ部下の WLB を支援できることは管理職の基本的な要件であり，多くの職場において，WLB 管理職こそが望ましい管理職像となってきている。

　自らが育児や介護を経験した人でないと WLB 管理職になれないわけではない。WLB 管理職は，組織成果の達成面で単に有能であるだけでなく，部下の働きを通じた課題達成という管理職自身の役割遂行のため，部下が能力を発揮しかつ仕事に意欲的に取り組めるよう，部下の WLB の実現を支援するなどのマネジメントの重要性を認識している人である。自分自身の生き方や働き方に関する考え方，さらには環境変化に応じて，業務マネジメントや部下マネジメントのあり方を変えることのできる柔軟な人でもあるのである。

Seminar Questions

1 これまで女性の登用が進まなかった理由として，どういった
ところに原因があると考えられるか，話し合ってみよう。

2 アルバイトをしている読者は，勤務先の時間給が，地域の最
低賃金の水準を上回っているか調べてみよう。最低賃金額は，
厚生労働省の各都道府県の労働局のホームページで確認する
ことができる。

3 卒業後の勤務先を探す際，企業が作成している募集案内など
以外で，当該企業に関する労働条件や働き方の実態を調べる
には，どういった方法があるか考えてみよう。

4 大学の専攻と企業の配属は連動しているべきか，あるいは特
別連動させる必要はないか，考えてみよう。

文献ガイド

LITERATURE

1 海老原嗣生［2015］『なぜ7割のエントリーシートは，読ま
ずに捨てられるのか？——人気企業の「手口」を知れば，就
活の悩みは9割なくなる』東洋経済新報社。

2 ロベルト，M. A.（飯田恒夫訳）［2010］『なぜ危機に気づけな
かったのか——組織を救うリーダーの問題発見力』英治出版。

3 経済産業省監修［2013］『ホワイト企業——女性が本当に安
心して働ける会社』文藝春秋。

索　引

ま　行

【有斐閣アルマ】
新しい人事労務管理〔第 7 版〕
Contemporary Human Resource Management〔7th edition〕

1999 年 5 月 20 日 初　版第 1 刷発行	2015 年 10 月 15 日 第 5 版第 1 刷発行
2003 年 3 月 30 日 新　版第 1 刷発行	2019 年 12 月 15 日 第 6 版第 1 刷発行
2007 年 4 月 15 日 第 3 版第 1 刷発行	2023 年 12 月 20 日 第 7 版第 1 刷発行
2011 年 11 月 5 日 第 4 版第 1 刷発行	2024 年 11 月 30 日 第 7 版第 2 刷発行

著　者	佐藤博樹・藤村博之・八代充史
発行者	江草貞治
発行所	株式会社有斐閣
	〒101-0051 東京都千代田区神田神保町 2-17
	https://www.yuhikaku.co.jp/
装　丁	デザイン集合ゼブラ＋坂井哲也
組　版	有限会社ティオ
印　刷	大日本法令印刷株式会社
製　本	大口製本印刷株式会社
装丁印刷	株式会社亨有堂印刷所

落丁・乱丁本はお取替えいたします。定価はカバーに表示してあります。
©2023, H. Sato, H. Fujimura, A. Yashiro.
Printed in Japan ISBN 978-4-641-22227-4